央财精算科技智库丛书

聚焦保险未来之变局，

科学谋划精算学科与科研的布局发展

数说保险

陈 辉——著

中国经济出版社
CHINA ECONOMIC PUBLISHING HOUSE
·北 京·

图书在版编目（CIP）数据

数说保险 / 陈辉著 . -- 北京：中国经济出版社，
2021.1（2023. 8 重印）
ISBN 978-7-5136-6359-5

Ⅰ . ①数… Ⅱ . ①陈… Ⅲ . ①保险业 – 研究报告 – 中国 Ⅳ . ① F842

中国版本图书馆 CIP 数据核字（2020）第 186574 号

责任编辑　张梦初　陈宇慧　戴　瑛
责任印制　巢新强
封面设计　任燕飞

出版发行　中国经济出版社
印 刷 者　北京建宏印刷有限公司
经 销 者　各地新华书店
开　　本　710mm × 1000mm　1/16
印　　张　19.5
字　　数　287 千字
版　　次　2021 年 1 月第 1 版
印　　次　2023 年 8 月第 2 次
定　　价　65.00 元
广告经营许可证　京西工商广字第 8179 号

中国经济出版社 **网址** www.economyph.com **社址** 北京市东城区安定门外大街 58 号 **邮编** 100011

本版图书如存在印装质量问题，请与本社销售中心联系调换（联系电话：010–57512564）

保险，是技术问题，更是数据问题；保险经营，是分析过去，更是预测未来。可见，保险本身就是一个数据问题，分析过去，是为了去伪存真；预测未来，是为了把握规律；数说保险，是为了鉴往知来。

“央财精算科技书系”序言

精算：从更数理走向更技术

自2003年建院以来，中央财经大学中国精算研究院无论是在学术研究还是在学生培养上都取得了卓越的成绩，被教育部列为“人文社会科学重点研究基地”，被教育部、国家外国专家局列为“高等学校学科创新引智计划——保险风险分析与决策学科创新引智基地”，被北美精算师协会（SOA）授予“Centers of Actuarial Excellence”（CAE）认证，取得英国精算师协会和北美精算师协会精算职业考试免考认证等。学校颁布的“中央财经大学一流学科建设高校建设方案”里，更是对精算未来的发展寄予了厚望。

回忆过去，精算学科取得了优异的成绩；面向未来，面向业界，精算将走向何方？这成为精算学科必须思考和解决的问题。只有发展面向未来和业界的精算技术，方能打造具有一流影响力、支持多学科发展的中国精算智库。

2019年，根据中央财经大学建设世界一流大学（学科）方案要求以及“打造具有一流影响力的中国财经高端智库”的宏伟蓝图，中国精算研究院规划了“面向未来和业界应用的精算科技研究与精算智库建设”一流学科建设项目，致力于把精算基础研究和应用研究、学术研究与智库服务紧密地结合起来，构建面向未来和业界应用的精算技术体系，打造具有一流影响力、支持多学科发展的中国精算科技智库——央财精算科技智库。

为推动“面向未来和业界应用的精算科技研究与精算智库建设”项目的落地，中国精算研究院在原中国精算研究院大数据中心、金融科技中心的基础上成立了中国精算科技实验室（CIAS Lab）①，为“央财精算科技智库”搭建了研究平台和服务平台。

为推动“央财精算科技智库”建设，中国精算科技实验室面向业界，坚持问题导向和需求导向，聚焦保险业未来之变局，科学谋划精算学科与科研的布局及发展，把精算基础研究和应用研究、学术研究与智库服务紧密地结合起来，构建了面向未来和业界应用的“央财精算科技书系”②。

“央财精算科技书系”，将全面展示中央财经大学精算学科的特色，充分发挥中央财经大学精算学科的优势，努力走出一条具有鲜明学科特色的精算、保险智库建设之路，成为国内国际具有一流影响力的精算、保险思想库和智囊库。

中国精算科技实验室

2020年3月

---

① 中国精算科技实验室，是中央财经大学中国精算研究院下设研究机构，是在原中国精算研究院大数据中心、金融科技中心的基础上发展成立的，是基于中央财经大学一流学科建设项目“面向未来和业界应用的精算科技研究与精算智库建设”搭建的研究平台和服务平台。

② “央财精算科技书系”编审委员会秘书处设在中央财经大学中国精算研究院（地点：中央财经大学沙河校区，邮箱：fintech@yangcai.org），由中国精算研究院联合央财国际研究院等团队策划统筹编辑，由教育部人文社会科学重点研究基地重大课题（编号：16JJD790060）、高等学校学科创新引智计划（111 计划 B17050）、中央财经大学“双一流”建设项目中央财经大学“科研创新团队支持计划”等资助。

前言

精算作为一个历史悠久的学科，在当今时代受到了大数据、人工智能、区块链等科技的影响。我们可以肯定这些新技术和新业态未来将有所改变，甚至颠覆传统精算。

最近几年，人工智能、大数据等技术已经引起精算行业的高度重视。中国精算师协会、英国精算师协会、北美精算师协会等都成立了专门的跨领域研究工作组，致力于前沿技术的研究，并与传统精算模型和技术相结合，探索精算师如何将这些技术运用于日常工作，并为保险业务带来更大价值。

毋庸置疑，精算是现代保险制度的数理基础，“数理”是精算的当然属性。但随着科技的进步，精算被赋予越来越多的科技内涵，其属性也在渐变。我们已经能够明显地感觉到，科技在精算中的作用和地位变得更加重要和突出。

因此，精算将从一个更数理的平台走向一个更技术的平台。这是一种必然的趋势，也是一个不争的事实。值得我们思考的是，这种变化带来的不仅是提升效率，也不仅是提供可能，它的背后还有一些更深层次的东西，即精算存在的基础和方式。

面向未来，面向业界，精算将走向何方？这成为精算学科必须思考和解决的问题。只有发展面向未来和业界的精算技术，才能引领全球精算变革方向。为此，我们需要重新思考未来的精算，重新定义未来的精算，并借此构建全新精算学科体系。

我们的一个基本判断是：精算的未来将属于科技，科技将成为构建精算未来的核心力量。所以，我们要思考“融合金融科技的精算与风险量化”的发展思路；规划“精算：从更数理走向更技术”的发展路径；设计“面向未来和业界应用的精算技术”的发展研究；提出“构建全新精算支撑体系，引领全球精算变革”的发展方向；确立“打造具有一流影响力、支持多学科发展的中国精算学科体系”的发展目标。

精算科技能产生蝴蝶效应，加速许多事情的进程。关于精算科技的影响，我们总是看到各种各样的碎片化信息和思考，但很少有人能将精算科技与其对保险、精算等的影响结合在一起进行研究。为此，我们希望通过“央财精算科技书系”，重新思考未来的精算，重新定义未来的精算，借此构建全新精算支撑体系，引领全球精算变革方向。

“央财精算科技书系”初步规划了《数说保险》《漫谈保险》《闲叙保险》《保险思辨》《保险属性与空间》《保险与疫情》《保险力量》等；本书基于笔者在公众号“小城不小”连载内容整理而成。数说保险，保险数说。保险，是技术问题，更是数据问题；保险经营，是分析过去，更是预测未来。可见，保险本身就是一个数据问题，分析过去，是为了去伪存真；预测未来，是为了把握规律；数说保险，是为了鉴往知来。

本书由陈辉撰写，感谢央财国际研究院提供的数据支持，关于本书内容可以通过笔者公众号“小城不小”讨论。

笔者在撰写过程中，参考了国际国内的相关著作、论文、报告和案例，中央财经大学中国精算研究院的多位专家学者提出了许多有益的修改意见，在此一并表示感谢。由于时间紧迫和笔者水平有限，书中疏漏、错误之处在所难免，敬请读者批评指正。

最后，再次重申一点，本书观点难免偏颇，但笔者只想通过数据说明问题，且仅代表个人观点，欢迎讨论。

中央财经大学中国精算研究院　陈辉

2020 年 4 月于北京

目录

第一篇　数说保险业

第二篇　数说保险观

第三篇　数说保险2019

第一篇

数说保险业

第一章 中国保险业

中国保险业与世界保险业（1980—2019年）

一、中国保险业概况

自1805年成立第一家保险公司以来，中国保险业已经走过了200多年的历史。自1949年中华人民共和国成立以来，中国保险也经历了初步发展（1949—1958年）、停办（1958—1979年）、恢复发展（1979年至今）3个大的阶段。中国保险业自1979年恢复以来，获得了快速发展。尤其是近年来，党中央国务院十分重视保险业发展，在多份重要文件中提出要大力发展保险业，并出台了一系列促进保险业改革发展的政策措施，使我国保险业实现了长足发展。

2018年，原中国保险监督管理委员会（以下简称“原中国保监会”或“原保监会”）和原中国银行业监督管理委员会（以下简称“原中国银监会”或“原银监会”）合并，合并后为中国银行保险监督管理委员会（以下简称“中国银保监会”或“银保监会”）。

中国保险业，按照保险机构分类，可以分为保险集团公司、财产保险公司、人身保险公司、再保险公司、保险资产管理公司、保险中介公司（保险代理或保险销售、保险经纪、保险公估、保险中介集团）等，本书重点分析财产保险业或公司（以下简称“产险”或“产险公司”）和人身保险业或公司（以下简称“寿险”或“寿险公司”）。

本章简述了1980—2019年中国保险业发展概况，主要针对保费收入、保险密度、保险深度等数据进行梳理和讨论。根据最新的国际比较数据，2019年，中国保险业保费收入达到4.26万亿元，总资产达到20.56万亿元，保费规模占世界保险市场的11.6%。保险密度为436.6美元/人，同比增长10.2%；保险深度为4.3%，同比增长4.1%。保险业为全社会提供风险保障共6470万亿元，同比下降6.2%；赔款和给付共12894亿元，同比增长4.9%。中国保险行业的国际地位大幅提升，世界排名从2010年的第6位上升至2019年的第2位，2019年度中国对全球保费增长的贡献为93.6%，全球保险市场增幅基本由中国保险市场贡献。

二、中国保险业保费收入（1980—2019年）

表1-1显示了1980—2019年中国保费收入总额及结构。1979年中国保险业恢复发展，1980年保费收入为5亿元，1990年保费收入为150亿元，2000年保费收入为1595亿元，2010年保费收入共14528亿元；2019年保费收入达到42644亿元，分别是1980年、1990年、2000年、2010年的8529倍、283倍、27倍和3倍。

从寿险和非寿险的结构看，20世纪80年代初期，非寿险占绝大多数份额，随后比重逐渐下降。1997年寿险比重第一次超过非寿险，此后寿险比重逐渐上升，2008年达到最高值75%，最近几年寿险和产险市场格局开始稳定，维持在7：3左右。

从图1-1可以看出，中国的保费收入在2000年之后出现第一次快速上升，在2006年之后又出现一次快速上升，这两次上升均与新型人身保险产品（包括分红保险、投资连结保险、万能保险）的引入和推动有关。

表 1-1　1980—2019 年中国保费收入总额及结构

年份	总保费 / 亿元	寿险		非寿险	
		保费 / 亿元	占比 /%	保费 / 亿元	占比 /%
1980	5	—	0	5	100.0
1981	5	—	0	5	100.0
1982	7	0	0.3	7	99.7
1983	10	0	1.0	10	99.0
1984	15	1	5.0	14	95.0
1985	26	4	17.0	22	83.0
1986	42	11	26.8	31	73.2
1987	67	25	37.2	42	62.8
1988	95	38	39.6	57	60.4
1989	120	46	38.2	74	61.8
1990	150	56	37.5	94	62.5
1991	213	83	38.9	130	61.1
1992	341	142	41.6	199	58.4
1993	466	199	42.7	267	57.3
1994	495	162	32.7	333	67.3
1995	615	194	31.6	421	68.4
1996	800	330	41.2	470	58.8
1997	1117	567	50.8	550	49.2
1998	1247	667	53.5	580	46.5
1999	1393	768	55.1	625	44.9
2000	1595	958	60.1	637	39.9
2001	2109	1392	66.0	717	34.0
2002	3053	2246	73.6	807	26.4
2003	3880	2986	76.9	894	23.1
2004	4319	3194	74.0	1125	26.0
2005	4925	3644	74.0	1281	26.0
2006	5639	4059	72.0	1580	28.0

续表

年份	总保费 / 亿元	寿险		非寿险	
		保费 / 亿元	占比 /%	保费 / 亿元	占比 /%
2007	7033	4947	70.3	2086	29.7
2008	9784	7338	75.0	2446	25.0
2009	11137	8144	73.1	2993	26.9
2010	14528	10501	72.3	4027	27.7
2011	14339	9560	66.7	4779	33.3
2012	15488	9958	64.3	5530	35.7
2013	17222	10741	62.4	6481	37.6
2014	20234	12690	62.7	7544	37.3
2015	24282	15859	65.3	8423	34.7
2016	30959	21693	70.1	9266	29.9
2017	36581	26040	71.2	10541	28.8
2018	38017	26261	69.1	11756	30.9
2019	42644	29628	69.5	13016	30.5

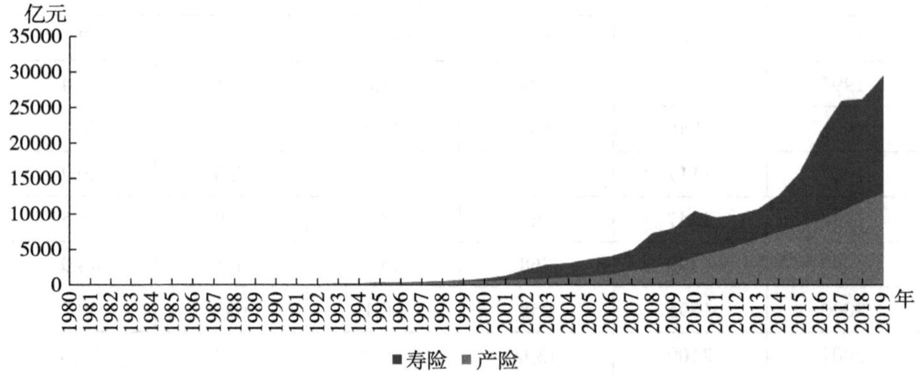

图 1–1　1980—2019 年中国保费收入

表1–2对1980—2019年中国保费实际增长率与世界保费实际增长率进行了对比，此处实际增长率扣除了名义增长率中的通货膨胀影响。图1–2直观地显示了两者之间的对比情况。

从图1–2中可以看出几个特点：第一，中国保费收入增长呈现周期波动的特点，30年间大约存在5个周期；第二，随着技术的升级，中国保费收入增长率的平均值呈现逐渐下降的趋势；第三，在绝大多数年份，中国保费收入实际增长率高于世界保费收入实际增长率，而且超出的幅度还很大。只有1994年、2011年是特例，例如1994年中国保费收入的名义增长率只有6.2%，而当年的通货膨胀率超过24%，所以导致出现–17.8%的实际增长率。

表 1–2　1980—2019 年中国保费和世界保费实际增长率

年份	中国保费 / 亿美元	实际增长率 /%	世界保费 / 亿美元	实际增长率 /%
1980	3	—	4671	–1.0
1981	3	12.4	4789	1.1
1982	3	20.7	4933	3.2
1983	5	53.4	5176	3.4
1984	6	43.6	5564	7.7
1985	9	58.1	6460	11.9
1986	12	52.9	8773	17.4
1987	18	47.7	10575	8.3
1988	25	19.0	12353	9.4
1989	32	7.6	12692	3.4
1990	31	21.2	14074	1.5
1991	40	36.8	15155	2.5
1992	62	50.8	16728	4.6
1993	81	19.0	18183	5.5
1994	57	–17.8	19653	2.7
1995	74	6.1	21572	3.5
1996	96	20.0	21323	1.7
1997	135	35.9	21490	5.0
1998	151	12.5	21903	3.1
1999	168	13.3	23662	5.3
2000	193	14.0	24917	7.5
2001	255	31.3	24551	1.2
2002	369	45.9	26710	5.6

续表

年份	中国保费 / 亿美元	实际增长率 /%	世界保费 / 亿美元	实际增长率 /%
2003	469	25.6	29954	2.4
2004	522	7.1	33069	2.9
2005	601	12.0	34604	2.4
2006	707	12.8	36987	4.0
2007	925	19.0	41325	4.1
2008	1409	31.4	41964	–4.3
2009	1630	14.6	40881	–0.2
2010	2146	26.3	43100	2.2
2011	2220	–6.3	45740	–0.8
2012	2454	5.3	46145	2.3
2013	2825	8.4	46145	0.3
2014	3307	15.2	47837	3.4
2015	3742	18.3	46024	4.3
2016	4641	25.0	46948	2.0
2017	5622	16.3	49575	3.2
2018	5529	1.7	51932	1.5
2019	6113	9.0	52555	1.2

注：①我国实际保费增长率由以人民币计价的名义保费收入剔除通货膨胀后得到；②以美元计价的我国名义保费收入由人民币计价收入除以各年内平均汇率（人民币对美元汇率）得到；③世界保费收入及其实际增长率均由瑞士再保险 Sigma 数据库得到；④ 2019 年世界保费及增长率为估算值。

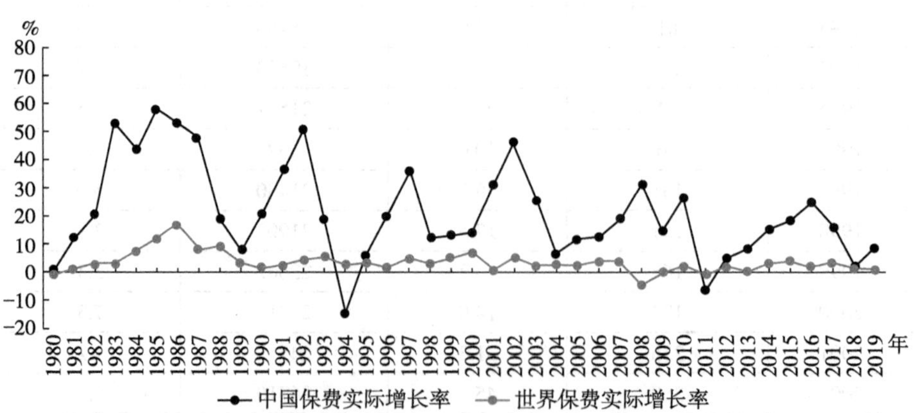

图 1–2　1980—2019 年中国保费和世界保费实际增长率

由于过去30年间中国保险业基本保持了一个比世界明显更快的增长速度，中国保费收入占世界份额逐年提高，由原来的几乎为零上升为2019年的11.6%，详见表1–3。

图1–3直观地显示了这一变化趋势，2000—2017年中国保费占世界保费份额逐年上升，2018年略有下降，2019年继续保持上升态势。

表 1–3　1980—2019 年中国保费收入占世界保费份额

年份	中国保费 / 亿美元	世界保费 / 亿美元	份额 /%
1980	3	4671	0.1
1981	3	4789	0.1
1982	3	4933	0.1
1983	5	5176	0.1
1984	6	5564	0.1
1985	9	6460	0.1
1986	12	8773	0.1
1987	18	10575	0.2
1988	25	12353	0.2
1989	32	12692	0.3
1990	31	14074	0.2
1991	40	15155	0.3
1992	62	16728	0.4
1993	81	18183	0.4
1994	57	19653	0.3
1995	74	21572	0.3
1996	96	21323	0.5
1997	135	21490	0.6
1998	151	21903	0.7
1999	168	23662	0.7
2000	193	24917	0.8
2001	255	24551	1.0

续表

年份	中国保费 / 亿美元	世界保费 / 亿美元	份额 /%
2002	369	26710	1.4
2003	469	29954	1.6
2004	522	33069	1.6
2005	601	34604	1.7
2006	707	36987	1.9
2007	925	41325	2.2
2008	1409	41964	3.4
2009	1630	40881	4.0
2010	2146	43100	5.0
2011	2220	45740	4.9
2012	2454	46145	5.3
2013	2825	46145	6.1
2014	3307	47837	6.9
2015	3742	46024	8.1
2016	4641	46948	9.9
2017	5622	49575	11.3
2018	5529	51932	10.6
2019	6113	52555	11.6

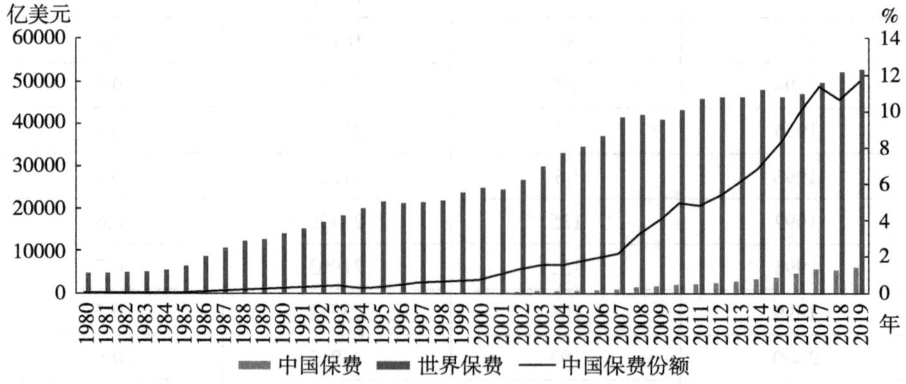

图 1–3 1980—2019 年中国保费收入占世界保费份额

中国保险密度和保险深度（1980—2019年）

一、保险密度和保险深度

保险密度是指按照当地人口计算的人均保费，它与保费收入总量从不同角度反映了保险的规模，同时也体现了一个国家或地区保险的普及程度。

保险深度是指保费收入占该地区国内生产总值（GDP）之比，它反映该地区保险业在国民经济中所处的地位。

从各地区、各险种的保险密度来看，中国与全球平均保险密度相差已经不大，但是，与保险发达国家相比，还有一定的差距。

二、保险业保险密度（1980—2019 年）

表1-4显示了1980—2019年中国和世界保险密度的对比情况，图1-4直观地显示了两者的增长状况。

从图1-4中可以看出，世界保险密度在1984—2011年之间保持了较快增长势头，2011年之后变化不大；2008年国际金融危机抑制了世界平均保险密度的增长，2009年甚至比2008年有所下降，但中国保险密度仍然保持了快速增长的态势，对于中国这样一个人口大国而言是十分不易的。根据2019年数据，中国保险密度相当于世界平均水平的65.1%。

表 1-4　1980—2019 年中国和世界平均保险密度

年份	中国保险密度 / 美元	世界平均保险密度 / 美元	中国与世界平均比 /%
1980	0.3	103.0	0.3
1981	0.3	104.0	0.3
1982	0.3	106.0	0.3
1983	0.5	109.0	0.5

续表

年份	中国保险密度 / 美元	世界平均保险密度 / 美元	中国与世界平均比 /%
1984	0.6	115.0	0.5
1985	0.8	132.0	0.6
1986	1.1	176.0	0.6
1987	1.6	208.0	0.8
1988	2.3	239.0	1.0
1989	2.8	242.0	1.2
1990	2.8	264.0	1.0
1991	3.5	279.0	1.2
1992	5.3	302.0	1.8
1993	6.8	323.0	2.1
1994	4.8	344.0	1.4
1995	6.1	372.0	1.6
1996	7.9	363.0	2.2
1997	10.9	361.0	3.0
1998	12.1	364.0	3.3
1999	13.4	388.0	3.4
2000	15.2	403.0	3.8
2001	20.0	391.0	5.1
2002	28.7	420.0	6.8
2003	36.3	464.0	7.8
2004	40.1	505.0	7.9
2005	46.0	522.0	8.8
2006	53.8	550.0	9.8
2007	70.0	603.0	11.6
2008	106.1	605.0	17.5
2009	122.2	581.0	21.0
2010	160.0	604.0	26.5

续表

年份	中国保险密度 / 美元	世界平均保险密度 / 美元	中国与世界平均比 /%
2011	164.8	636.0	25.9
2012	181.2	633.0	28.6
2013	207.6	625.0	33.2
2014	241.8	637.0	38.0
2015	272.2	607.0	44.8
2016	335.6	614.0	54.7
2017	404.5	641.0	63.1
2018	396.3	663.0	59.8
2019	436.6	671.0	65.1

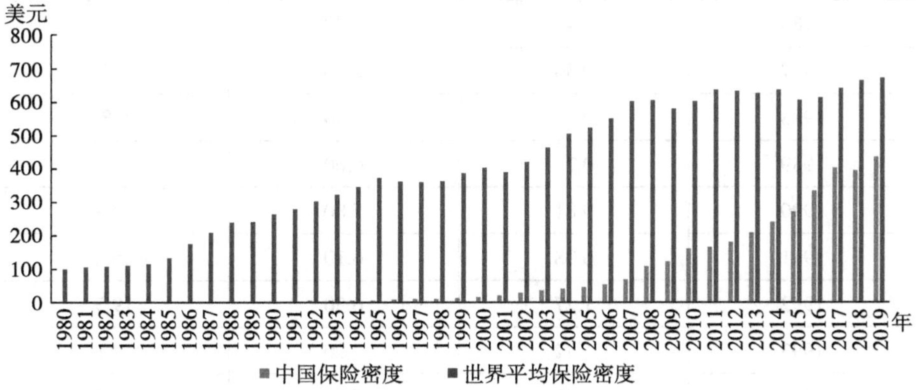

图 1-4　1980—2019 年中国和世界平均保险密度

三、保险业保险深度（1980—2019 年）

表1-5显示了1980—2019年中国和世界平均保险深度的对比情况，图1-5直观地显示了两者的增长情况。

从图1-5中可以看出，世界平均保险深度在20世纪80年代呈现较为明显的上升趋势，自1993年之后基本保持在7%~8%的水平。中国保险深度整体呈现上升趋势，但2003年以来，随着中国GDP的高速增长，保险深度进入一个相对平稳的时期。根据2019年数据，中国保险深度相当于世界平均水平的70.1%左右。

表 1-5　1980—2019 年中国和世界平均保险深度　%

年份	中国保险深度	世界平均保险深度	中国与世界平均比
1980	0.10	4.10	2.5
1981	0.11	4.20	2.6
1982	0.12	4.40	2.8
1983	0.17	4.50	3.8
1984	0.21	4.70	4.4
1985	0.29	5.20	5.5
1986	0.41	6.00	6.9
1987	0.56	6.20	9.0
1988	0.63	6.40	9.8
1989	0.71	6.00	11.8
1990	0.81	5.80	13.9
1991	0.98	6.10	16.0
1992	1.27	6.50	19.5
1993	1.32	6.90	19.1
1994	1.03	6.90	14.9
1995	1.01	6.90	14.7
1996	1.12	6.60	17.0
1997	1.41	6.70	21.1
1998	1.48	6.80	21.7
1999	1.55	7.10	21.9
2000	1.59	7.30	21.8
2001	1.90	7.30	26.1
2002	2.51	7.60	33.0

续表

年份	中国保险深度	世界平均保险深度	中国与世界平均比
2003	2.82	7.50	37.6
2004	2.67	7.40	36.1
2005	2.63	7.20	36.5
2006	2.57	7.00	36.7
2007	2.60	6.90	37.7
2008	3.06	6.40	47.9
2009	3.20	6.60	48.4
2010	3.53	6.30	56.0
2011	2.94	6.10	48.2
2012	2.88	6.00	47.9
2013	2.90	5.90	49.2
2014	3.14	5.90	53.3
2015	3.53	6.00	58.8
2016	4.15	6.00	69.1
2017	4.40	6.00	73.3
2018	4.14	5.90	70.1
2019	4.30	6.07	70.9

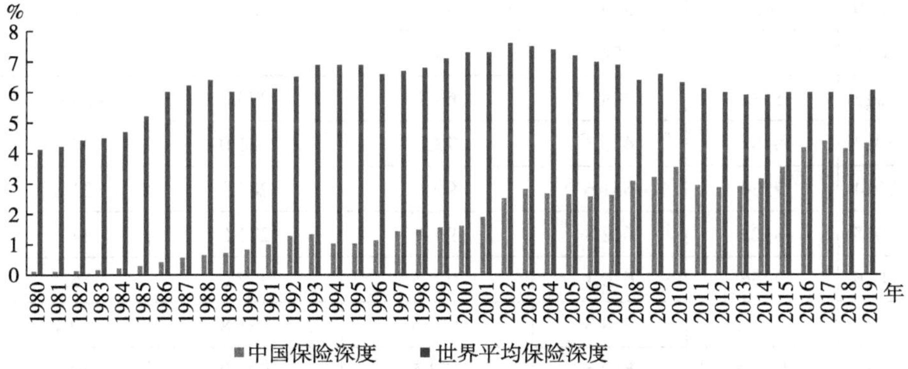

图 1-5　1980—2019 年中国和世界平均保险深度

四、产险保险密度（2000—2019 年）

2019年，中国财产保险市场的保险密度达到了929.7元，同比增长10.4%。从20年的保险密度来看，产险市场的保险密度增长迅速，从2000年的50.2元增长到2019年的929.7元，增幅达到1750%（见表1–6和图1–6）。

表 1–6　2000—2019 年中国与世界财产保险市场保险密度

年份	中国产险保费收入 / 亿元	中国保险密度 / 元	中国保险密度 / 美元	世界平均保险密度 / 美元	中国与世界平均比 /%
2000	637	50.2	6.1	151.9	4.0
2001	717	56.1	6.8	156.6	4.3
2002	807	62.8	7.6	174.0	4.4
2003	894	69.2	8.4	198.4	4.2
2004	1125	86.5	10.5	213.8	4.9
2005	1281	98.0	12.0	216.9	5.5
2006	1580	120.2	15.1	229.3	6.6
2007	2086	157.9	20.8	244.0	8.5
2008	2446	184.2	26.5	254.4	10.4
2009	2993	224.3	32.8	244.5	13.4
2010	4027	300.3	44.4	252.0	17.6
2011	4779	354.7	54.9	272.3	20.2
2012	5530	408.4	64.7	273.7	23.6
2013	6481	476.3	78.1	281.0	27.8
2014	7544	551.6	90.1	283.2	31.8
2015	8423	612.8	94.4	271.5	34.8
2016	9266	670.1	100.5	277.0	36.3
2017	10541	758.3	116.6	288.8	40.4
2018	11756	842.5	122.5	303.0	40.4
2019	13016	929.7	133.3	306.6	43.5

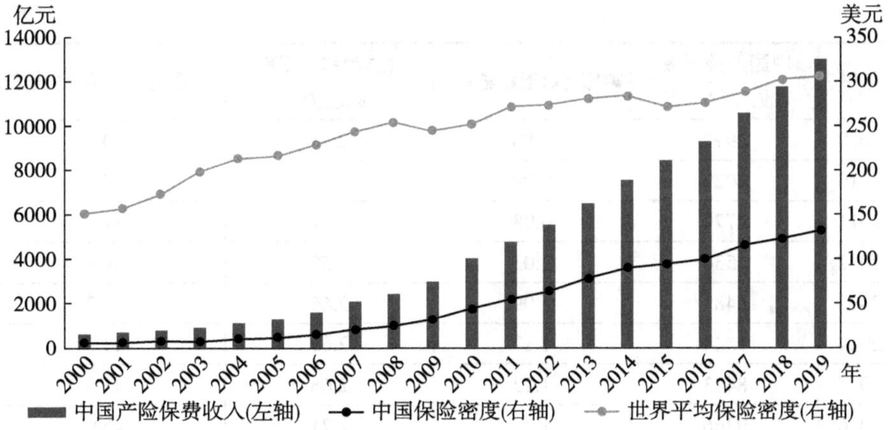

图 1-6 2000—2019 年中国与世界财产保险市场保险密度

五、产险保险深度（2000—2019 年）

2019年，中国财产保险市场保险深度达到了1.31%，同比增长2.7%。从20年保险深度的变化趋势来看，产险市场的保险深度表现为较为稳定的增长，从2000年的0.64%增长到2019年的1.31%，增幅达到107%（见表1-7和图1-7）。

表 1-7 2000—2019 年中国与世界财产保险市场保险深度

年份	中国产险保费收入 / 亿元	中国保险深度 /%	世界平均保险深度 /%	中国与世界平均比 /%
2000	637	0.64	2.75	23.1
2001	717	0.65	2.92	22.1
2002	807	0.66	3.15	21.1
2003	894	0.65	3.21	20.3
2004	1125	0.69	3.13	22.2
2005	1281	0.68	2.99	22.9
2006	1580	0.72	2.92	24.7
2007	2086	0.77	2.79	27.7
2008	2446	0.77	2.69	28.5

续表

年份	中国产险保费收入 / 亿元	中国保险深度 /%	世界平均保险深度 /%	中国与世界平均比 /%
2009	2993	0.86	2.78	30.9
2010	4027	0.98	2.63	37.2
2011	4779	0.98	2.61	37.5
2012	5530	1.03	2.59	39.6
2013	6481	1.09	2.65	41.2
2014	7544	1.17	2.62	44.7
2015	8423	1.22	2.68	45.6
2016	9266	1.24	2.71	45.9
2017	10541	1.27	2.70	46.9
2018	11756	1.28	2.70	47.4
2019	13016	1.31	2.77	47.4

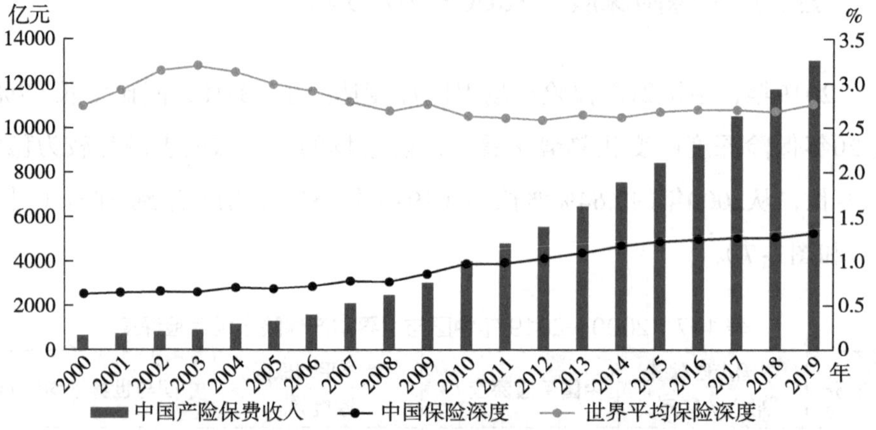

图 1-7 2000—2019 年中国与世界财产保险市场保险深度

六、寿险保险密度（2000—2019 年）

2019年，中国人身保险市场的保险密度达到了2116.2元，同比增长12.4%。从20年的保险密度来看，国内寿险市场的保险密度增长迅速，从2000年的75.6元增长到2019年的2116.2元，增幅达到2699%（见表1-8和图1-8）。

表 1-8 2000—2019 年中国与世界人身保险市场保险密度

年份	中国寿险保费收入 / 亿元	中国保险密度 / 元	中国保险密度 / 美元	世界平均保险密度 / 美元	中国与世界平均比 /%
2000	958	75.6	9.1	251.1	3.6
2001	1392	109.1	13.2	234.4	5.6
2002	2246	174.8	21.1	246.0	8.6
2003	2986	231.0	27.9	265.6	10.5
2004	3194	245.7	29.7	291.2	10.2
2005	3644	278.7	34.0	305.1	11.2
2006	4059	308.8	38.7	320.7	12.1
2007	4947	374.4	49.2	359.0	13.7
2008	7338	552.5	79.6	350.6	22.7
2009	8144	610.3	89.3	336.5	26.6
2010	10501	783.1	115.7	352.0	32.9
2011	9560	709.6	109.9	363.7	30.2
2012	9958	735.4	116.5	359.3	32.4
2013	10741	789.4	129.5	344.0	37.6
2014	12690	927.8	151.6	353.8	42.9
2015	15859	1153.7	177.8	335.5	53.0
2016	21693	1568.9	235.2	337.0	69.8
2017	26040	1873.2	287.9	352.2	81.7
2018	26261	1882.0	273.7	360.0	76.0
2019	29628	2116.2	303.4	364.4	83.3

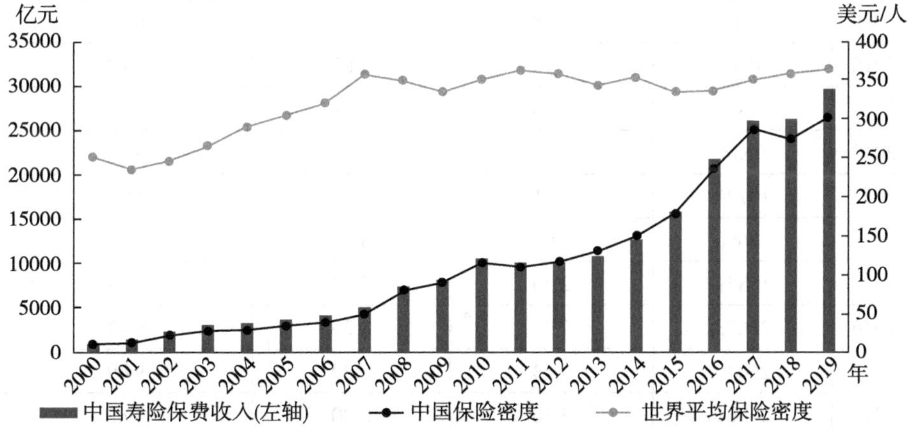

图 1-8 2000—2019 年中国与世界人身保险市场保险密度

七、寿险保险深度（2000—2019 年）

2019年国内人身险保险深度升至2.99%，同比增长4.7%。从20年保险深度的变化趋势来看，国内寿险市场的保险深度波动性较大，从2000年的0.96%逐年增长到2010年的2.55%，自2011年开始逐年下降，到2014年又开始增长，直到2019年上涨到2.99%（见表1–9和图1–9）。

表 1–9　2000—2019 年中国与世界人身保险市场保险深度

年份	中国寿险保费收入 / 亿元	中国保险深度 /%	世界平均保险深度 /%	中国与世界平均比 /%
2000	958	0.96	4.55	21.0
2001	1392	1.26	4.38	28.7
2002	2246	1.84	4.45	41.4
2003	2986	2.17	4.29	50.6
2004	3194	1.97	4.27	46.2
2005	3644	1.95	4.21	46.2
2006	4059	1.85	4.08	45.3
2007	4947	1.83	4.11	44.6
2008	7338	2.30	3.71	62.0
2009	8144	2.34	3.82	61.1
2010	10501	2.55	3.67	69.4
2011	9560	1.96	3.49	56.2
2012	9958	1.85	3.41	54.3
2013	10741	1.81	3.25	55.8
2014	12690	1.97	3.28	60.2
2015	15859	2.30	3.32	69.4
2016	21693	2.91	3.29	88.3
2017	26040	3.13	3.30	94.9
2018	26261	2.86	3.20	89.2
2019	29628	2.99	3.30	90.7

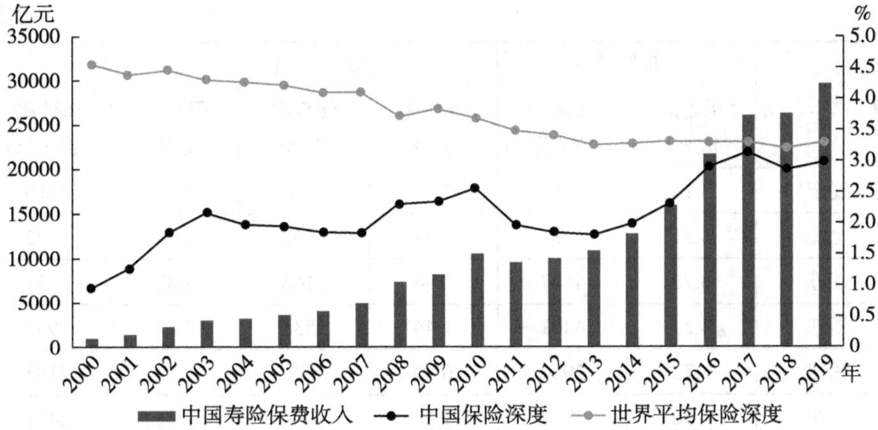

图 1-9　2000—2019 年中国与世界人身保险市场保险深度

八、地区保险深度和保险密度（2019 年）

2019年国内各地区保险深度和保险密度如表1-10所示，其中保险深度最高的是黑龙江，为6.99%；保险密度最高的是北京，每人为9640元。按照2019年12月31日人民币对美元的汇率折算，2019年全球保险密度为4681元，从表1-10可以看出，北京、上海已经超过了该数值；2019年全球保险深度为6.07%，黑龙江超过了该数值。

表 1-10　2019 年国内保险市场保险深度和保险密度

地区	保险业		财险		寿险	
	保险深度 /%	保险密度 / 元	保险深度 /%	保险密度 / 元	保险深度 /%	保险密度 / 元
全国合计	4.30	3046	1.18	832	3.13	2214
总公司本级	0.01	4	0	3	0	0
东部地区	4.51	4133	1.22	1119	3.29	3013
北京	5.87	9640	1.29	2112	4.58	7528
天津	4.38	3956	1.08	974	3.30	2981
河北	5.67	2620	1.63	754	4.04	1866

续表

地区	保险业		财险		寿险	
	保险深度/%	保险密度/元	保险深度/%	保险密度/元	保险深度/%	保险密度/元
辽宁	5.18	2964	1.49	854	3.69	2110
上海	4.51	7084	1.38	2162	3.13	4922
江苏	3.76	4647	0.94	1166	2.82	3481
浙江	4.21	4491	1.44	1538	2.77	2953
福建	2.77	2957	0.80	852	1.97	2105
山东	4.56	3215	1.11	784	3.44	2431
广东	5.11	4771	1.33	1244	3.77	3527
海南	3.82	2145	1.34	755	2.47	1389
中部地区	4.20	2347	1.09	608	3.11	1740
山西	5.19	2369	1.34	610	3.85	1759
吉林	5.79	2525	1.57	683	4.23	1842
黑龙江	6.99	2538	1.49	539	5.51	1999
安徽	3.63	2119	1.22	711	2.41	1407
江西	3.37	1790	1.05	558	2.32	1232
河南	4.48	2522	0.98	552	3.50	1970
湖北	3.77	2916	0.87	671	2.90	2245
湖南	3.51	2018	1.00	575	2.51	1443
西部地区	3.97	2136	1.17	628	2.81	1508
重庆	3.88	2934	0.93	705	2.95	2229
四川	4.61	2566	1.10	613	3.51	1953
贵州	2.92	1350	1.33	617	1.59	734
云南	3.20	1528	1.28	611	1.92	916
西藏	2.16	1044	1.46	705	0.70	339
陕西	4.01	2666	0.84	560	3.16	2106
甘肃	5.10	1679	1.58	521	3.51	1157
青海	3.32	1619	1.41	687	1.91	932
宁夏	5.27	2844	1.82	981	3.45	1863

续表

地区	保险业		财险		寿险	
	保险深度/%	保险密度/元	保险深度/%	保险密度/元	保险深度/%	保险密度/元
新疆	4.81	2592	1.65	892	3.15	1700
内蒙古	4.24	2873	1.24	838	3.00	2035
广西	3.13	1341	1.02	437	2.11	904

中国保险业监管回顾（1980—2019年）

一、中国保险监管的历程

改革开放以来，随着国内保险业务的恢复发展，我国保险监管正式起步并逐步完善。特别是党的十八大以来，在习近平新时代中国特色社会主义思想的指引下，按照党中央国务院及金融稳定发展委员会决策部署，我国保险监管顺应经济金融发展趋势，初步构建起比较系统、科学规范、运行有效的现代保险监管体系，在防范化解风险、保护消费者权益、推动保险业服务经济社会等方面发挥了积极作用。

改革开放以来，我国保险监管经历了人民银行负责、成立保监会、组建银保监会等阶段，探索推动了一系列改革创新，经受住了诸多风险和挑战的考验。

（一）逐步探索现代化、专业化、规范化的新兴保险市场监管体系

（1）1979—1997年的起步阶段。1979年，国内保险业务全面开始恢复，由中国人民银行领导和监督管理。同时，保险法规制度建设也开始起步，国务院于1983年颁布《财产保险合同条例》，1985年颁布《保险企业管理

暂行条例》。1995年，《保险法》颁布实施，标志着我国保险业进入依法监管阶段。

（2）1998—2018年的专业监管阶段。1998年，国务院批准设立中国保险监督管理委员会，专司保险监管职能，并于2003年升格为正部级单位。加入世贸组织后，国务院于2001年出台《外资保险公司管理条例》，2006年出台《机动车交通事故责任强制保险条例》，2012年出台《农业保险条例》，规范相关领域。保监会成立后，探索出台了一系列规章和规范性文件，形成了保监会机关、省级派出机构（36家）、地市级派出机构（13家）三级架构，初步建立了中国特色的现代保险监管体系。特别是2017年4月以来，原保监会党委认真贯彻中央经济工作会议、全国金融工作会议等精神，大力加强党的领导，落实全面从严治党，围绕“防风险、治乱象、补短板、服务实体经济”打出“1+4”组合拳，有序推进风险处置，全面重塑监管，保险市场保持了平稳运行。

（3）2018年3月开始进入新的阶段。2018年3月，中央发布《深化党和国家机构改革方案》，决定将银监会和保监会的职责整合，组建中国银行保险监督管理委员会，不再保留银监会和保监会，保险监管开始踏上新时代的新征程。

（二）初步搭建以偿付能力、公司治理、市场行为“三支柱”的现代保险监管框架

（1）偿付能力监管。偿付能力监管是现代保险监管的核心。1995年《保险法》正式提出偿付能力概念，原保监会于2003年发布偿付能力监管指标规定，于2009年设立“偿付能力监管委员会”，并根据新的形势于2012年启动以风险为导向的第二代偿付能力监管制度体系（以下简称“偿二代”）建设，到2016年初步建成。目前正在推进偿二代二期工程建设，提高了偿付能力监管的科学性、有效性。

（2）公司治理监管。公司治理是现代企业制度的重要基石。随着保险

公司建立现代企业制度和上市，原保监会于2006年发布指导意见，正式引入公司治理监管，重点强化股权、资本、管理层等监管，有效落实“三会一层”制度，提高公司治理实效。

（3）市场行为监管。市场行为监管是市场有序运行的重要保障。我国保险业恢复初期以市场行为监管为主，原保监会成立后逐步过渡到市场行为监管和偿付能力监管并重，此后再过渡到以偿付能力监管为核心、以公司治理监管为基础、以市场行为监管为抓手的“三支柱”监管框架。

（三）积极构建全面、全流程、全方位保险风险防控体系

（1）全面风险管理理念。在保险业务规模小、保险机构还不成熟的初期，行业更加关注业务发展，对风险管理不够重视。随着保险业的发展，监管部门着力强化保险机构的主体作用，推动建设全面覆盖、全程管理、全员参与的风险管理体系，督促保险机构强化稳健经营理念。

（2）全流程风险防控机制。监管部门逐步从重视事后监管转向重视事前防范、事中控制。健全事前风险防范和预警机制。应用风险管理技术，建立监测指标体系，做到早发现、早介入、早处置，从源头上防范风险。健全事中风险识别和控制机制。发挥偿二代“指挥棒”作用，加强市场分析和日常监管，及时识别和控制风险。健全事后风险化解和救助机制。建立保险保障基金制度，率先在金融业建立起市场化的风险自救机制。

（3）全方位处置突出风险。争取党政部门和行业内外支持，从经营管理各方面着手，全方位应对突出风险隐患。原保监会于1999年紧急下调预定利率，迅速控制新的业务利差损风险，并通过增量业务逐步化解存量风险。先后于2007年、2011年运用保险保障基金成功化解新华人寿、中华联合的风险。2008年有效应对平安投资富通失利风险。2016年以来先后对有关问题公司派出监管组和调研组；2018年2月依法接管安邦保

险集团（已改名大家保险），运用保险保障基金注资，着力化解重大风险隐患。

（四）持续深化公司治理、产品业务、资金运用、基础建设四大关键改革

（1）推动建立现代企业制度。支持国有保险机构在金融业中率先完成改制上市，2003年，中国人保、中国人寿、中国再保险三家国有保险公司全部完成重组改制，中国人保财险、中国人寿股份先后在海外上市，为国有金融企业改革积累了经验。2004年，中国平安在中国香港上市。目前我国已有9家保险公司上市。2017年4月以来，修订完善《保险公司股权管理办法》，出台《保险集团公司管理办法》，强力规范保险企业公司治理。

（2）推进保险产品定价机制改革。财产险方面，推进商业车险费率改革，完善定价方式，下调费率浮动系数下限。人身险方面，2000年我国引进分红险、万能险、投连险等新型产品，从2013年开始按照"普通型、万能型、分红型三步走"的路径，初步完成了费率市场化改革，放开已经持续执行14年的2.5%的预定利率上限限制。

（3）深化保险资金运用改革。改革开放初期，保险资金运用较为混乱，形成了大量不良资产。为此，1995年颁布的《保险法》对保险资金运用进行了严格限制，这种简单的管控方式固然有利于控制风险，但同时也极大制约了保险资金运用的活力和生产力，造成了其他风险。从2012年开始，原保监会加大保险资金运用改革力度，逐步扩大市场主体的投资自主权，支持保险资金进入实体经济和资本市场，有效激发了市场活力。

（4）探索基础制度和基础设施改革。国务院先后于2006年、2014年出台促进保险业改革发展的产业政策，并针对农业、巨灾、健康、养老等保险出台了相关补贴、税优政策。监管部门探索推动成立中国保险信息技术管理有限责任公司、中保投资公司、上海保险交易所，加快建设全国车险、农险、健康险、保单登记等信息平台，制订生命表和行业纯风险损失率表，健全精算制度，为强化监管、促进保险业健康发展、发挥保险功能作用提供了支撑。

（五）日益扩大保险业股比、地域、业务领域等对外开放

（1）逐步放开股权比例限制。2001年中国加入世贸组织，两年过渡期后，取消了合资非寿险公司外资持股比例限制；五年过渡期后，取消了外资保险经纪公司外资持股比例限制，允许合资人身险公司外方股东持股比例达到50%。2018年4月，银保监会将外资人身险公司外方股比放宽至51%，三年后将不再设限。

（2）逐步放开经营地域限制。1992年开始，上海、广州先后对外开放保险业。中国于2001年加入世贸组织，三年过渡期后，将开放地域从上海、广州、大连、深圳、佛山五个城市逐步放宽至全国。

（3）逐步放开业务领域限制。中国于2001年加入世贸组织，两年过渡期后，允许外资非寿险公司经营除法定保险业务以外的全部非寿险业务；三年过渡期后，允许外资人身险公司经营全面的寿险业务；四年过渡期后，取消外资保险公司就非寿险、个人意外和健康保险有关业务向指定再保险公司分保的要求；五年过渡期后，将申请设立保险经纪公司的外方总资产要求从5亿美元降低至2亿美元；2012年对外资非寿险公司放开交强险业务；2018年4月，允许符合条件的境外投资者来华经营保险代理业务和保险公估业务；放开外资保险经纪公司经营范围，与中资一致。

二、中国保险监管的成就

一是坚持以人民为中心，消费者权益得到了有力维护。商业车险和人身险费率改革后，全国商业三责险责任限额较改革前增加27.4万元，车均保费下降16.7%，寿险产品价格平均下降15%左右，实现了让利于民、激发市场活力的初衷。

二是坚持问题导向，保险风险得到了有效防范。针对重点风险隐患，摸清风险底数，制定风险预案，打造坚固防线，整合精干力量，成立整顿组、监管组或接管组，先后有效防范化解和处置了一批重大风险隐患。

三是坚持强化监管，保险市场实现了有序运行。40年来，我国保费规模从4.6亿元增长至2019年的4.26万亿元，年均增长26.4%。2019年末保险业总资产达20.56万亿元，净资产达2.48万亿元，当年利润总额达3133亿元。多层次保险市场体系初步形成，市场主体从1家增加到231家（不含互助保险机构5家），其中产险88家，人身险91家，再保险12家，集团和控股13家，资产管理25家；专业中介机构2647家，兼业代理机构3万余家。

四是坚持回归本源，推动保险业服务经济社会取得了显著进步。一方面，发挥了风险保障的独特功能，2019年为经济社会提供风险保障共6470万亿元，共赔付1.29万亿元。另一方面，发挥了保险长期资金的独特优势，保险资金运用余额达18.52万亿元，连续多年支持“一带一路”建设、长江经济带建设、棚户区改造、京津冀协同发展、振兴东北老工业基地、绿色金融等。

五是坚持内外并举，我国保险业在全球的地位实现了质的飞跃。我国保险业开放早、程度高，在“引进来”和“走出去”相结合中逐步提升了竞争力。2017年我国保险市场规模超过日本成为全球第二，2019年全球市场份额约为11.6%，有9家保险公司进入全球500强，一家公司作为新兴市场唯一代表进入全球9家系统重要性保险机构之列，我国已经成为全球最重要的新兴保险市场。来自16个国家和地区的境外保险公司在我国设立57家外资保险法人机构，2019年保费收入共3057亿元，市场份额约占7.2%。

在取得成绩的同时，对照党中央国务院的要求和人民群众的需求，我国保险监管和改革发展还存在不少问题，风险隐患依然不小，监管短板仍需补齐，发展质量亟待提高，服务能力差距明显，保险监管任重而道远。

三、中国保险监管的使命

一是要注重疏堵结合，抓好风险防范处置。要制订实施保险业风险防范行动纲要，有序化解存量风险，严控增量风险，注重标本兼治，坚决打好防范化解风险攻坚战。积极稳妥处置突出风险。坚持问题导向，分类施策，扎实做好重点机构、重点领域的风险防范处置，切实守住不发生系统性风险底线。健全日常风险防范化解机制。坚持疏堵结合，筑牢风险防线，强化责任追究，提升保险业风险防范能力和水平。

二是要全面深化改革，提升保险供给质量。推进简政放权，完善市场准入，深化商车险、意外险定价机制、经营销售等领域改革，发挥市场在资源配置中的决定性作用，有效提升保险产品和服务质量。深化监管改革，推进偿二代二期工程建设，加快推进公司股权、信息披露、偿付能力、精算报告、资金运用等领域制度的修改完善，加强资产负债匹配管理，加快补齐制度短板。

三是要推动回归本源，更好满足经济社会需求。围绕经济高质量发展要求，以服务供给侧结构性改革为主线，推动保险业回归本源，提升服务经济社会的能力。扩大环境污染责任保险范围，引导保险资金参与绿色低碳产业，支持污染防治。推动农业保险“扩面提标增品”，探索实践巨灾保险，提升大病保险保障水平和信息共享程度，开展建档立卡贫困人口补充商业医疗保险，支持精准脱贫。参与多层次医疗和养老保障体系建设。拓宽保险资金支持实体经济的渠道。

四是要服务国家战略，积极扩大对外开放。站在国家开放战略全局高度谋划保险业对外开放，推动我国保险业提升国际竞争力。认真落实中央要求，放宽外资机构股比限制，推动外资投资便利化，优化外资机构监管规则，尽快将放开合资人身险公司外资持股比例、放宽外资准入代表处设立前置限制、放宽外资进入保险中介领域限制等政策落地。完善保险业“走出去”审慎审核标准，继续推进偿二代国际化战略。

第二章 中国保险投资

中国保险投资数据（2002—2019年）

一、保险资金运用概况

（一）保险业资产概况

中国保险业总资产从2002年的0.65万亿元增加到2019年的20.56万亿元，年均增长22.54%；总负债从2002年的0.65万亿元增加到2019年的18.08万亿元，年均增长21.65%；净资产从2002年的0.00万亿元增加到2019年的2.48万亿元，年均增长47.55%（见表2–1、图2–1）。

表 2–1　2002—2019 年保险业总资产、总负债和净资产情况

年份	保险业总资产 / 万亿元	保险业总负债 / 万亿元	保险业净资产 / 万亿元	保险业总资产增长率 /%	保险业总负债增长率 /%	保险业净资产增长率 /%
2002	0.65	0.65	0	—	—	—
2003	0.91	0.89	0.02	40.5	37.0	718.6
2004	1.19	1.16	0.03	29.9	30.7	6.2
2005	1.52	1.49	0.03	28.4	29.2	–3.1
2006	1.97	1.79	0.18	29.6	19.6	561.4
2007	2.90	2.47	0.43	47.0	38.0	133.5

续表

年份	保险业总资产/万亿元	保险业总负债/万亿元	保险业净资产/万亿元	保险业总资产增长率/%	保险业总负债增长率/%	保险业净资产增长率/%
2008	3.34	3.06	0.28	15.2	23.9	–34.4
2009	4.06	3.67	0.39	21.6	20.1	37.5
2010	5.05	4.54	0.51	24.2	23.6	30.6
2011	6.01	5.46	0.55	19.1	20.3	9.1
2012	7.35	6.56	0.79	22.3	20.3	42.3
2013	8.29	7.44	0.85	12.7	13.4	7.0
2014	10.16	8.83	1.33	22.6	18.7	56.4
2015	12.36	10.75	1.61	21.7	21.	21.4
2016	15.12	13.39	1.73	22.3	24.6	7.2
2017	16.75	14.86	1.89	10.8	11.0	9.3
2018	18.33	16.32	2.01	9.4	9.8	7.0
2019	20.56	18.08	2.48	12.2	10.8	23.0

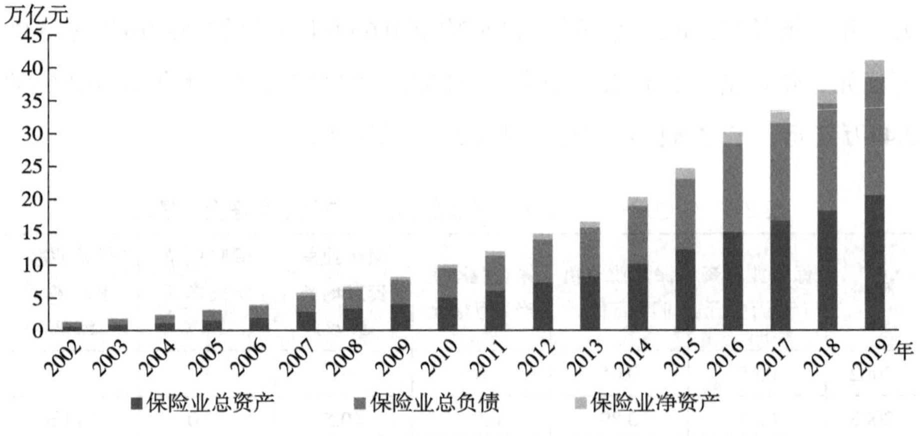

图 2–1　2002—2019 年保险业总资产、总负债和净资产情况

总体来看，2002年以来保险业总资产增长率、总负债增长率、净资产增长率在银行、保险、证券中是最高的，一直在领跑金融业的发展，如图2–2所示。

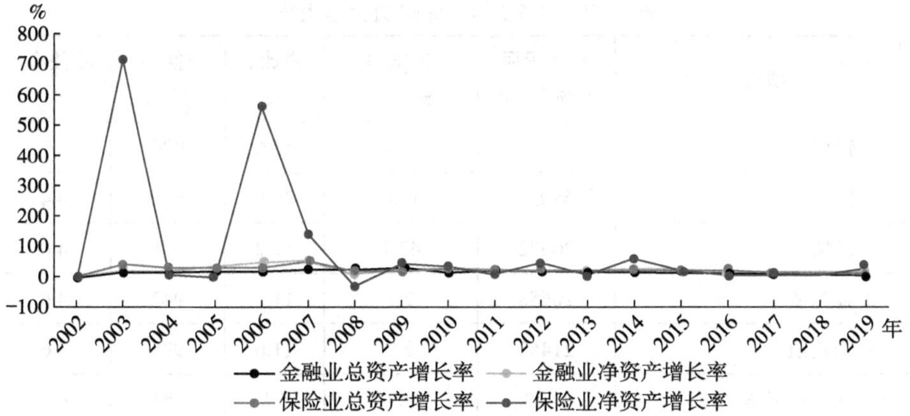

图 2-2　2002—2019 年金融业和保险业总资产和净资产增长情况

这就是中国保险业，2019年虽然总资产仅占金融业的6.45%，但为全社会提供风险保障6470万亿元，是GDP的65.30倍，是金融业总资产的20.30倍。所以，相对于银行业，保险业更为关注社会保障问题，是社会宏观风控效率、微观风控效率和风控市场效率的重要决定力量。

根据美国保险监督官协会（NAIC）公布的初步数据，2019年美国保险业总保费收入达到16511亿美元（约合人民币11.56万亿元），同比增长5.75%。中国作为全球第二大保险市场，与美国保费收入比为36.90%；同期，中国作为全球第二大经济体，与美国GDP比为65.23%。可见，中国的保险深度（4.14%）约为美国保险深度（7.61%）的54.4%。

（二）保险资金运用概况

2019年末，中国保险业总资产达到20.56万亿元，保险资金运用余额达到185270.58亿元，较年初增长12.92%。其中，银行存款共25227.42亿元，占资金运用余额的比例为13.62%；债券共64032.00亿元，占比34.56%；证券投资基金共9423.29亿元，占比5.09%；股票共14941.94亿元，占比8.06%（见表2–2）。

2019年末，保险资金运用余额中交易性金融资产共7215.13亿元，占比3.93%；持有至到期投资共37070.51亿元，占比20.19%；可供出售金融资产共60824.02亿元，占比33.13%。

表 2-2　2019 年末保险资金运用情况

项目	资金运用余额 / 亿元	较年初增长 /%	占比 / %	收益额 / 亿元	收益率 / %
一、银行存款	25227	3.6	13.6	986	3.7
二、债券	64032	13.6	34.6	2613	4.4
1. 国债	20672	47.4	11.2	675	4.0
2. 金融债	20658	2.2	11.2	942	4.6
3. 企业债	21463	2.2	11.6	995	4.6
三、证券投资基金	9423	8.9	5.1	551	6.1
四、买入返售金融资产	2047	–34.1	1.1	53	2.5
五、股票	14942	41.4	8.1	1203	9.2
六、长期股权投资	19739	15.6	10.7	1084	5.5
七、投资性房地产	1894	5.7	1.0	51	2.8
八、保险资产管理公司产品	7979	6.5	4.3	300	3.7
九、金融衍生工具	5	—	0	29	1523.6
十、贷款	29397	13.8	15.9	1385	5.0
十一、拆借资金	1	0	0	0	3.1
十二、其他投资	10584	20.3	5.7	568	5.8
合计	185271	12.9	100.0	8824	4.9

二、保险资金运用收益

2019年，保险资金运用收益达到8824.13亿元，资金运用平均收益率为4.94%。具体明细如下：

（1）从保险资金所述账户属性来看，独立账户资金运用收益为347.67亿元，资金运用平均收益率为22.33%；非独立账户资金运用收益为8476.45亿元，资金运用平均收益率为4.79%。

（2）从保险资金收益来源来看，利息收入（活期存款、定期存款、存出保证金、存出资本保证金、结算备付金、其他货币资金利息收入）为982.13亿元，占资金运用收益的11.59%；投资收益为7414.76亿元，占资金运用收益的87.47%；公允价值变动损益为280.10亿元，占资金运用收益的3.30%；资产减值损失为391.74亿元，占资金运用收益的4.62%；其他收益为41.17亿元，占资金运用收益的0.49%。

（3）从持有意向分类看，交易性金融资产资金运用收益为858.61亿元，占比10.13%；持有至到期投资资金运用收益为1526.95亿元，占比18.01%；可供出售金融资产资金运用收益为2397.30亿元，占比28.28%；长期股权投资资金运用收益为1082.91亿元，占比12.77%。

在投资渠道逐步放宽的同时，保险资金的投资收益率整体有所提升（图2-3）。2002—2007年，国内保险资金的投资收益率基本呈单向上升的形态，2007年保险金的投资收益达到历史高峰，首次达到了10%以上的收益率，这主要是中国股票价格一路走高的结果。在2008年金融危机后，国内保险资金投资收益率随着资本市场的波动也出现比较大的起伏，2019年国内保险资金投资收益率为4.94%，较上年上升0.61%。

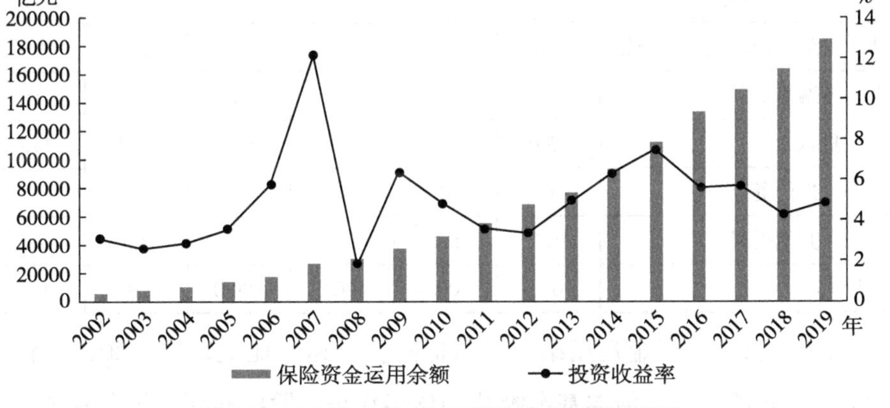

图 2-3　2002—2019 年保险资金投资收益率

三、保险资金运用结构

2019年末，中国保险资金运用余额达到185270.58亿元，表2-2给出了2019年的资金运用结构，为了对比分析近年来保险资金运用结构的变化，表2-3给出了2014—2019年保险资金运用结构的变化情况。

表 2-3　2014—2019 年保险资金运用结构情况表　%

项目	2019 年	2018 年	2017 年	2016 年	2015 年	2014 年
一、银行存款	13.6	14.9	12.9	18.6	21.8	27.1
二、债券	34.6	34.4	34.6	32.2	34.4	38.2
1. 国债	11.2	8.6	6.8	5.8	5.2	5.4
2. 金融债	11.2	12.3	12.8	12.1	13.6	16.2
3. 企业债	11.6	12.8	13.0	13.9	15.5	16.6
三、证券投资基金	5.1	5.3	5.0	6.4	7.9	5.1
四、买入返售金融资产	1.1	1.9	2.5	4.4	1.8	0.8
五、股票	8.1	6.4	7.3	6.9	7.3	6.0
六、长期股权投资	10.7	10.4	9.9	9.2	8.0	6.9
七、投资性房地产	1.0	1.1	1.2	1.1	0.8	0.8
八、保险资产管理公司产品	4.3	4.6	5.7	3.6	2.2	0.9
九、金融衍生工具	0	0	0	0	0	0
十、贷款	15.9	15.8	15.5	13.2	12.3	11.6
十一、拆借资金	0	0	0	0	0	0
十二、其他投资	5.7	5.4	5.4	4.6	3.6	2.7
合计	100.0	100.0	100.0	100.0	100.0	100.0

根据表2-3的资金运用结构，从保险资金运用比例来看，2019年银行存款同比下降1.3%，债券基本维持2018年水平，股票和证券投资基金同比上升1.5%，其他类投资下降1.4%。整体来看，保险资金运用结构没有大的

改变，但是银行存款逐年下降，银行存款占比下降至13.6%，其他类投资所占比上升至86.4%。随着保险资金投资的不断松绑，保险资金投资工具不断创新，其运用方式呈现多元化趋势。

从2002—2019年中国保险资金运用结构（见表2-4、图2-4）可以看出，自2002年开始，保险资金在银行存款比例呈下降趋势，2019年下降至13.6%的历史新低。

表 2-4　2002—2019 年中国保险资金运用结构　%

年份	银行存款	债券	股票和证券投资基金	其他投资
2002	54.7	20.0	5.6	19.7
2003	52.1	16.0	6.2	25.7
2004	46.5	24.8	6.3	22.4
2005	36.7	52.7	9.0	1.7
2006	33.7	53.2	10.0	3.2
2007	24.4	44.0	27.1	4.5
2008	26.5	57.9	13.3	2.3
2009	28.1	51.0	18.5	2.4
2010	30.2	49.9	16.7	3.2
2011	32.0	47.1	15.7	5.3
2012	34.2	44.7	11.8	9.4
2013	29.5	43.4	10.2	16.9
2014	27.1	38.2	11.1	23.7
2015	21.8	34.4	15.2	28.7
2016	18.6	32.2	13.3	36.0
2017	12.9	34.6	12.3	40.2
2018	14.9	34.6	13.9	36.7
2019	13.6	34.6	13.2	38.7

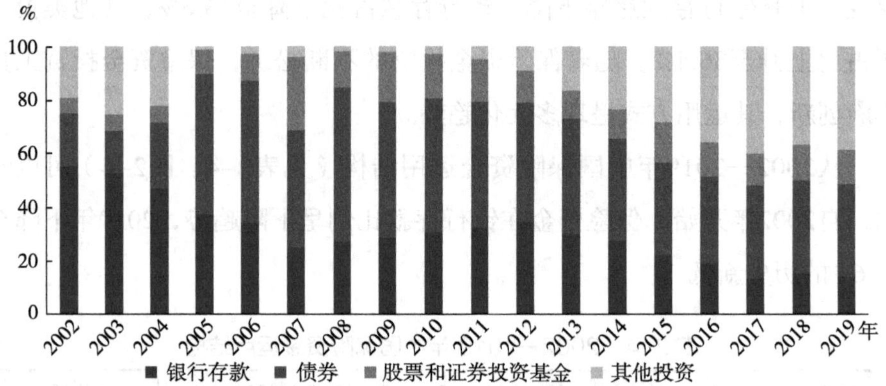

图 2-4　2002—2019 年保险资金运用结构

四、保险资金运用效率

保险承保业务（承保业务）与保险资金运用业务（投资业务）一起被喻为保险业发展的“两个轮子”，而承保业务和资金运用业务并重是现代保险业的重要特征。其中，保险业务是保险风险管理价值的体现，资金运用业务是保险投资管理价值的体现，二者构成了保险价值的所有。

图2-5给出了2002—2019年保险业总资产、总负债、资金运用余额、投资收益和保险利润之间的关系。

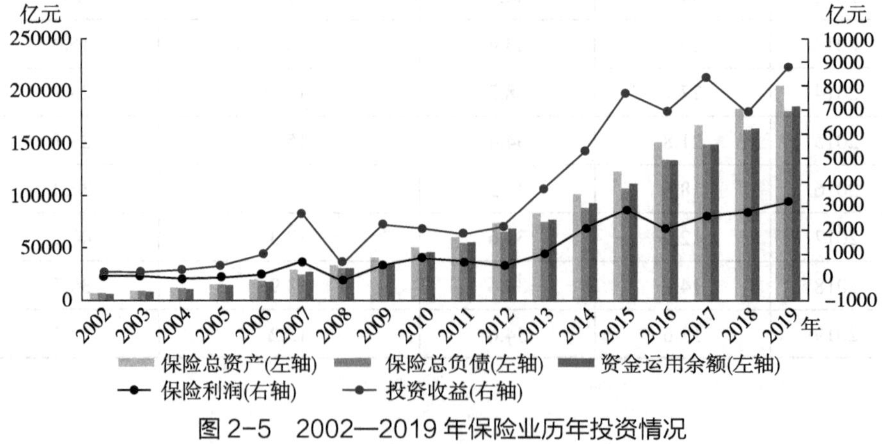

图 2-5　2002—2019 年保险业历年投资情况

为了进一步说明保险投资与利润的关系，我们先做一个假设：保险投资业务与保险承保业务之间的风险是隔离的。基于此，图2-6给出了历年保险利润与投资收益比、保险业盈亏平衡所需要的投资收益率；2015年盈亏平衡所需的投资收益率达到4.81%，2016年以来有所下降，2016—2019年分别为4.05%、4.00%、2.62%、3.19%，可见2019年又有所反弹。

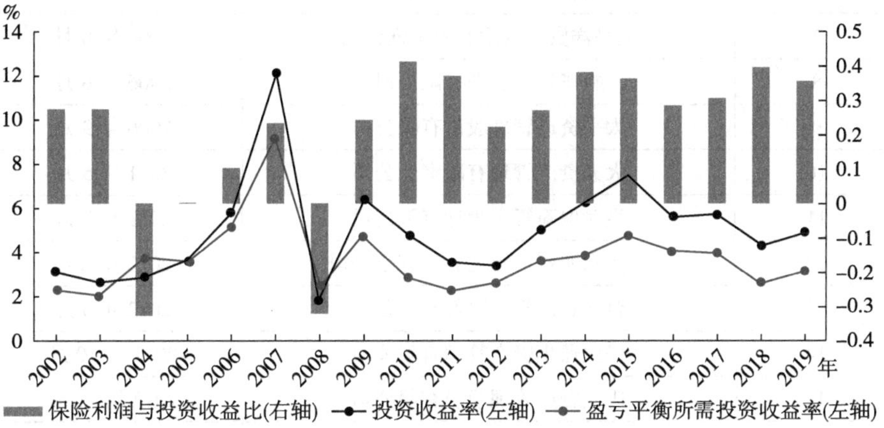

图 2-6　2002—2019 年保险业投资与利润的关系

五、保险资产管理机构

目前，保险资产管理业市场主体主要包括27家综合性保险资产管理公司（见表2-5）。此外，各家保险公司还设立了保险资产管理中心或保险资产管理部门。同时，保险资管机构呈现差异化发展态势，一类是专注于管理母公司资金的公司，业务模式及投资理念坚守传统，以负债驱动资产配置为主。另一类是第三方业务占比较大的公司，市场化程度较高，综合投资能力正在接近或者达到充分竞争的大资产管理市场的标准。

表 2-5 保险资产管理公司情况

序号	机构名称	设立时间
1	中国人保资产管理股份有限公司	2003 年 7 月
2	中国人寿资产管理有限公司	2003 年 11 月
3	华泰资产管理有限公司	2005 年 1 月
4	中再资产管理股份有限公司	2005 年 1 月
5	平安资产管理有限责任公司	2005 年 2 月
6	泰康资产管理有限责任公司	2005 年 5 月
7	太平洋资产管理有限责任公司	2006 年 6 月
8	新华资产管理有限公司	2006 年 6 月
9	太平资产管理股份有限公司	2006 年 9 月
10	大家资产管理有限责任公司	2011 年 5 月
11	生命保险资产管理有限公司	2011 年 7 月
12	光大永明资产管理股份有限公司	2012 年 2 月
13	合众资产管理股份有限公司	2012 年 3 月
14	民生通惠资产管理有限公司	2012 年 10 月
15	阳光资产管理股份有限公司	2012 年 11 月
16	中英益利资产管理股份有限公司	2013 年 4 月
17	中意资产管理有限责任公司	2013 年 5 月
18	华安财保资产管理有限责任公司	2013 年 9 月
19	长城财富资产管理股份有限公司	2015 年 3 月
20	英大保险资产管理有限公司	2015 年 3 月
21	华夏久盈资产管理有限责任公司	2015 年 4 月
22	建信保险资产管理有限公司	2016 年 4 月
23	百年保险资产管理有限责任公司	2016 年 11 月
24	永诚保险资产管理有限公司	2017 年 8 月
25	工银安盛资产管理有限公司	2019 年 5 月
26	交银康联资产管理有限公司	2019 年 6 月
27	中信保诚资产管理有限公司	2020 年 3 月
28	招商信托资产管理有限公司	筹建中

保险资产管理机构受托业务的投资标的较为广泛，基本实现了从传统到另类、从公募到私募、从虚拟到实体、从境内到境外的全覆盖。具体而言，包括存款、债券、基金、股票，基础设施、不动产、股权、衍生金融工具，保险资产管理产品、私募股权基金、信托产品、信贷资产支持证券、券商资产支持证券、商业银行理财产品等各类金融产品，能为保险机构、银行、企业年金等客户提供企业年金投资管理、金融同业业务、财富管理服务、资产管理产品、养老金产品、境外理财产品、QDII（合格境内机构投资者）专户、私募基金产品等各项产品和服务。

中国保险投资监管（2002—2019年）

一、中国保险投资监管的历程

20年来，保险资金运用从无到有、从小到大、从弱到强，初步探索出一条符合保险业实际的发展道路，基本实现了从分散管理到集中管理、从内设管理到委托专业化机构运作、从单一渠道运用到多渠道多工具运用、从境内市场到境外市场的转变。

（一）逐步走出一条符合自身规律的改革与发展之路

1995年《保险法》出台前，保险资金投资管理机制不健全，投资领域过多过杂，不良资产大量增加，产生了较大的系统性风险。1995年《保险法》颁布实施后，保险资金运用的混乱局面从根本上得以扭转。2003年以来，保险资金运用开始逐步走上集中化、专业化、规范化的良性发展轨道。

一是建立起集中化、专业化的管理体制。2003年7月16日，以人保资产成立为标志，保险资金运用开启了集中化和专业化的管理体制改革。保险资金由总公司进行集中管理，统一调度、统一划拨、统一运作，禁止分支公司运用资金。同时，实现专业化运作，基本建立起以保险资产管理公司、保险公司资产管理部为主体的专业化管理体制，初步形成了一支专业化的投资人员队伍。集中化与专业化管理，有效降低了投资和操作风险，切实发挥了保险机构在资源、技术和人才等方面的规模效应，提升了资金运用效率。

二是建立起委托投资和自主投资相结合的运作机制。从保险资金运用实际出发，建立起保险公司委托保险资产管理公司投资、自主投资相结合的投资运作机制。基本建立了委托、受托、托管的运作模式，以及管理规范、相对透明、第三方托管、内部控制与外部监督相结合的制衡机制。目前，27家保险资产管理公司受托管理着全行业85%以上的资产，大部分保险公司设立了独立的资产管理部门或资产管理中心，专职负责投资管理与运作。

三是初步探索保险资金运用市场化模式。近来，保险资金运用开始尝试市场化运作模式，除委托保险资产管理公司外，保险资金还可以委托符合条件的60余家券商和基金等业外机构运作保险资金。保险资金投资管理人队伍进一步壮大，有利于保险资金对接优质投资资源，打破行业垄断，营造竞争环境，提升保险资产管理公司的服务水平和投资能力。

（二）基本形成一套适应行业发展要求的监管体系

20年来，随着保险资金规模不断增加，资金运用监管通过制定政策制度，建立监管机制，稳步拓宽投资渠道，促进行业发展，防范系统性风险，初步形成了保险资金运用监管体系。

一是根据市场需要，不断拓宽投资渠道。保险资金规模快速增长带来的投资需求和配置压力，迫切需要拓宽投资渠道。20年来，保险资金运用渠道放开大体经历了四个阶段。第一阶段是2004—2005年，保险资金可以直接投资股票和进行境外投资；第二阶段是2006—2008年，保险资金可以间接投资基础设施项目和商业银行股权；第三阶段是2009—2011年，保险资金可以投资未上市企业股权和不动产；第四阶段是2012年下半年以来，原中国保监会集中发布了十余项保险资金运用新政策，进一步放宽投资范围和比例，支持保险资产管理业务创新。目前，保险机构已成为金融业中投资领域最为广阔的金融机构之一，已成为中国资本市场的第二大长期机构投资者，保险资金投资股票和基金的规模达到2万亿元左右，占到保险资金运用余额的10.8%。

二是逐步建立政策法规体系。20年来，初步形成了以《保险法》为基础，一系列部门规章和规范性文件为补充的多层次法规体系。包括建立保险资金运用基础制度，颁布《保险资金运用管理暂行办法》《保险资产管理公司管理暂行规定》等规章。建立具体投资领域的专项管理制度，先后制订了保险资金投资债券、股票、基础设施、不动产、股权以及境外投资等制度。建立风险监管制度，针对投资关键环节和风险特点，制订了风险控制指引、交易对手风险管理等制度。

三是基本构建资金运用监管机制。20年来，监管方面在促发展的同时，还逐步建立起保险资金运用监管机制。比如，推进投资资产托管机制；开发资产管理监管信息系统，提高非现场监管的信息化水平；推行能力建设，实现投资渠道牌照化管理；等等。同时，建立常规检查和临时检查机制，开展现场检查，加大对违规行为的处罚力度。

（三）初步积累了行业发展的基本经验

20年来，保险资金运用渠道不断拓宽，配置不断优化，由以配置银行存款为主（最高占比曾超过80%），逐步拓展到股票、基础设施、股权和不动产等领域。同时，保险资金运用风险基本得到防范，经受了金融市场动荡和国际金融危机的考验。

回顾20年的发展历程，我们积累了一些宝贵的经验，对做好保险资金运用工作也有以下几点体会。一是坚持把防范风险放在首位。只有坚持把防范风险放在首位，处理好发展和防范风险的关系，才能实现保险资金安全性、流动性和收益性的有机统一，才能不断拓宽资金运用的发展空间。二是坚持改革和创新。实践证明，只有公司真正成为创新的主体，监管部门以最大的宽容来对待创新和创新可能带来的问题，保险资金运用才能不断获得改革红利，才能在创新中打造行业核心竞争力。三是坚持走专业化的发展道路。保险资金运用涉及领域广、专业性强，只有坚持专业化运作、坚持长期投资理念、坚持科学的决策和严格的内部控制，才能不断提高投资收益水平。四是坚持制度先行、能力先行。制度的健全，投资能力的提高，是保证保险资金运用安全稳健运作的根本保证，也是开展创新业务和防范资金运用风险的前提和基础。

回顾20年的发展历程，也存在需要认真反思的问题。20年来，在快速发展中，个别公司乃至整个行业，也遇到过一些挫折，犯过一些错误，出现过一些问题。有些典型的问题，在今天看来仍然值得总结、反思和借鉴。一是关于依法合规的问题。二是关于大势判断的问题。重大投资项目的决策，需要我们自己做好大趋势、大战略的判断，这是其他尽职调查、管理咨询等技术层面工作不能替代的。尤其是在当前错综复杂的世界经济形势下，全行业进一步加强和提高对国内外大势的判断能力，显得更加重要。三是关于分散投资的问题。比如，2007—2008年，股票市场从6124点大跌至1664点，在这个过程中，有些公司投资过于激进，未做好比例控制，未分散投资风险，带来较大的亏损。今后，比例监管政策将进一步放开，公司应当按照多元投资、分散风险的原则，结合资产配置要求，制定相关投资品种的比例限制，防范投资风险。四是从监管方面看，过去总认为监管得严格就不会有风险，而且把监管简单地理解为对投资活动过度限制、审批，但是没有认识到，严格的事无巨细的管制、审批，容易导致保险机构自主发展动力不足，贻误市场机会，市场竞争力较弱，行业投资能力难以提升，投资收益率普遍偏低，这相对于保险资金绝对收益需求来说，也是一种风险，甚至可能是更大的风险。

二、中国保险投资监管的挑战

20年来，保险资金运用和监管尽管取得了一定的成绩，但也要清醒地看到，当前和未来一个时期，保险资金运用既面临着行业自身管理能力不足及资产负债不匹配的制约，也面对着宏观经济调整和金融市场激烈竞争的挑战。

（一）资金运用政策的不断放开，对行业发展能力和监管能力提出了严峻的挑战

一方面，行业自身发展能力相对不足，在金融市场创新和竞争中处于不利地位。2012年以来，国内金融改革不断加快，券商、基金、信托与银行理财等从发展战略、组织结构到业务类型等方面，都发生了深刻的变化。保险资金运用也出台了一系列政策，打通了与这些市场的联系，通过近一年来的不断推进和落实，当前的资金运用管理方式、投资范围、产品形式，乃至整个行业的面貌，都发生了很大变化。但是，从实践情况看，问题也不少：有些公司市场反应较慢，竞争意识不强，对市场的新情况不及时跟进，不主动研究；有些公司开发能力跟不上，面对一直期待的政策，却发现开发不出好的产品，或者开发出了一些产品，但市场反响不好；有些公司抓住机遇推进新业务，但深刻感受到对风险没底，感受到人才的匮乏，感受到后续管理的困难；还有部分机构，“无知者无畏”，不研究市场，不重视风险，只看收益条款，投资冲动明显。上述这些情况，深刻反映了行业面对新政策和新形势，自身准备还不足。资金运用政策的放开，从长期来看，从大多数公司的角度看，是有利的；但从短期来看，从少数自身存在问题的公司角度看，风险还很大，可能还要付出一笔学费。

另一方面，随着金融市场的日益开放，监管应对能力不足的矛盾更加凸显。首先是监管理念和思路的调整。监管任务日趋繁重，必须不断明晰监管定位，不断厘清监管和市场的责任，不断调整监管的方式方法。过去一段时期，我们监管部门一直在努力推进这些工作，现在看，还需要继续加快转变。监管主要是承担政策制定和风险监控职能，防范系统性风险；市场主体需要承担决策、发展和管理的风险，二者应当界限清晰。其次是监管经验和技术的缺乏。保险资金运用监管历史不长，经验积累还不够，需要持续学习国内外先进监管技术，加强对市场新情况新问题的研判，不断提升监管水平和效能。最后是监管力量和资源的不足。这些年，保险资产管理行业发展较快，行业从业人员从几百人发展到几千人，管理资产规模也快速增长，但监管力量和资源未及时跟上，未来需要从人才引进、监管机制等多方面弥补这一缺陷。

（二）保险业务发展的偏离及资产负债的不匹配，给资金运用带来越来越大的压力

从部分业务发展趋势看，保险业对理财产品的过度追求及恶性竞争，导致资金成本不断攀升。2015—2017年，部分保险机构迫于业务增长压力，大力发展短期限和高收益的万能险产品等理财型保险业务，快速扩大规模和提升市场占有率。这些万能型产品，期限多为1年或2年，结算利率达到5%甚至更高，手续费率3%左右，而近年来，保险资金运用收益率仅为4%~5%，有时还更低。此类高回报要求的保险业务，将迫使保险资金运用盲目追求高收益率，必将引起公司在投资上的激进，甚至是铤而走险，引发各类风险。

从整个行业情况看，长期存在的资产负债不匹配的矛盾，压力大都传导到资金运用。一直以来，我们保险行业的资产负债匹配工作相对薄弱，存在“长钱短用”和“成本收益倒挂”等问题，这一问题在今后相当长的一段时期还将一直存在。资产负债错配，既有客观限制因素，如投资市场长期工具的缺乏等，也有公司管理的问题，如缺少资产负债管理机制，产品开发与投资运作“两张皮”，产品、精算、投资、销售等部门各自为政。针对这些问题，保险机构要转变理念，如果不能正确认识资产负债不匹配所带来的风险，继续发展资金运用根本难以承受的产品和业务，长期下去必将酿成风险。

（三）宏观经济金融形势不确定性增强，把握经济金融市场趋势难度加大

一是宏观经济复苏不确定性增加。新冠疫情迅速在全球扩散升级，全球经济衰退风险明显上升，外需塌陷对我国经济的短期负面冲击明显。“9·11恐怖袭击事件”和2008年金融危机均在北美爆发，且爆发后影响不断下降。而本次疫情是全面危机，覆盖全世界的安全和经济金融等领域。疫情的发展存在不确定性，目前要判断其对经济和政治的影响为时尚早。我们现在所看到的危害可能只是冰山一角。

二是我国经济及金融转型带来的变化和影响因素增多。未来一段时期，伴随宏观经济下行，当前的金融格局、业务和监管都面临改革、创新和发展。保险资金是长期资金，利率敏感性强，对风险的容忍度低，货币市场、债券市场、股票市场、公募及私募基金等市场出现的新变化，都可能对保险资金运用造成冲击。

三是金融行业竞争更趋激烈。近来，金融市场竞争日益激烈，金融机构和产品的市场竞争，一方面推高了保险业务的销售费用和收益要求，增加了保险资金的成本，提高了对投资收益率的要求；另一方面保险资金要走出传统的债券、股票等投资领域，同银行、信托、证券等一起，在公开市场和实体经济等领域展开直接竞争，对经验并不丰富的保险机构构成现实挑战。

（四）保险资金运用面临的各类风险因素增多，且复杂性和关联性增强

一是地方融资平台风险。近年来，地方融资平台风险成为社会各界关注的热点问题。在保险机构已备案和注册的投资计划中，偿债主体属于融

资平台的占比超过30%，虽然大部分平台符合国家政策规定、偿债主体偿债能力较好，地方财政支持力度大，增信措施充分，风险基本可控，但是，在部分区域，地方政府通过融资平台集中举借巨额债务，区域性风险逐步显现，地方融资平台风险需要高度关注。

二是影子银行风险。近期，货币市场和金融市场异常波动，资金面趋紧，银行理财产品等影子银行产品收益率大幅提升，势必将加剧我国影子银行产品风险。此外，近来有关银行理财、信托产品的“面临违约”“到期无法兑付”等负面消息不断。上述金融产品经过快速发展期后，信用风险逐步显现。我们应密切关注，防止成为最后接棒者。

三是道德风险和利益输送。银行间市场债券交易的利益输送问题，应引起我们的高度关注，保险机构要引以为鉴，进一步防范各个投资领域内的违规交易、利益输送风险。同时，保险资金另类投资金额较大，期限较长，操作复杂，公开性差，风险隐蔽性强，在投资过程中容易产生法律风险、操作风险、利益输送等风险隐患。

四是各类风险交叉传递。由于经济下行，债务高企，地方政府偿债高峰来到，货币政策不放松等因素的叠加，实体经济增长面临更大的困难。实体经济资金链断裂的风险，将逐步传导至债券、理财、信托、股权、不动产等投资领域，风险跨领域、跨行业传递趋势显著增强。

五是保险资金错配的风险。保险资金具有自身特性，如期限长、具有一定资金成本、追求绝对收益等，此外，在投资方式方法上也有着自身特点，这些决定了保险资金和银行、证券、信托、基金等资金不一样，如果不研究保险资金自身特性，简单将保险资金等同于其他资金进行投资管理，甚至错误地运用于不适合的方面，就会带来不必要的风险。

三、中国保险投资监管的展望

总体而言，当前，我国保险资金运用面临严峻的挑战，未来一段时期将是保险资金运用最艰难的时期。保险资金运用应当根据行业特点和金融市场发展形势，加快改革创新，切实有效推进发展，服务好保险主业，着力服务实体经济，在促进社会经济增长和经济结构转型升级中，开拓保险资金运用新局面。

（一）深刻分析疫情对中国保险投资产生的影响

要深刻分析疫情对中国保险投资产生的影响，重点需考虑三个变量：一是目前还不能准确评估疫情对中国经济的影响；二是中国政府的应对举措，无论是财政政策还是货币政策；三是国际疫情持续蔓延可能导致的金融危机。

新冠疫情对经济的影响既不是战争，又不是传统的经济衰退，它的起因是一次影响全球的公共卫生事件，传统的货币财政类的对冲手段效果有限，这既考验一个国家的综合国力，也对社会管理进行了一次检验。

疫情冲击已经在很大程度上改变了我们的传统生活方式，这就要求保险业必须对许多投资前提假设进行重估，特别是对传统的消费、工作、旅游、娱乐、交际都会产生深远影响。疫情冲击对经济的影响与以往是不一样的，它既冲击供给端，也冲击需求端。过去我们主要在金融层面防止流动性危机，防止金融危机，再救助流动性。但这次疫情冲击到了经济层面，并且是全球经济层面。

4月17日，中共中央政治局召开会议，分析了国内外新冠肺炎疫情防控形势，研究部署了抓紧抓实抓细常态化疫情防控工作，分析研究了当前经济形势和经济工作，并首提“六保”。可见，国家宏观思路已经开始发生变化，从原来的“六稳”到“六保”。“六稳”指的是稳就业、稳金融、稳外贸、稳外资、稳投资、稳预期；“六保”指的是保居民就业、保基本民生、保市场主体、保粮食能源安全、保产业链供应链稳定、保基层运转。

从“六稳”到“六保”，这个基调已经非常明显了，现在是底线思维。保就业、保民生、保粮食和石油，这都是底线思维。这要求保险业的投资策略也要发生相应的变化，要有底线思维；同时，保险监管部门也要用“底线思维”监管保险资金。

底线思维（Bottom-line Thinking）是一种思维技巧，拥有这种技巧的思想者会认真计算风险，估算可能出现的最坏情况，并且接受这种情况。“底线思维”具体到中国保险业资金运用上表现为：一是要面对事实，当前最大的事实就是经济发展的“超级不确定性”。二是接受出现的最差情况，并在这种最差情况下能够活下来；从长远看，这其实反而可能引发最好的结果。三是意识到一旦公司处于底线的位置上，公司唯一能做的事只有：向上！四是底线有其一定的限度，意识到跨越这个限度必然会产生一定的危害。

在国际疫情得到控制之前，我们必须对可能受到的外部冲击保持足够的警惕，同时要以“底线思维”调整投资策略以对冲疫情影响，通过积极主动的经营策略调整，守住保险资金运用的基本盘，兜牢保险资金运用的底线。

（二）推动保险主业发展将成为保险资金运用的发展目标

我们要进一步解放思想，实事求是，全面正确理解保险资金运用服务保险主业的本质要求。

一是保险资金运用应将服务保险主业作为发展目标。保险资金来源于保费收入，离开保险主业，保险资金运用就是“无源之水，无根之木”，服务保险主业是保险资产管理的前提和基础。从长远发展看，只有保险主业发展了，保险资金运用才有依托，才能在激烈的资本市场竞争中占有稳定的一席之地。长期稳定的保费收入是保险资金运用的核心竞争力来源，这是券商、基金等金融机构不能比拟的。

二是服务好主业需要保险资产管理机构苦练内功。保险资金运用起步较晚，基础薄弱，竞争优势尚未形成，与其他金融业同行相比，我们在经营理念、体制机制、投资团队、薪酬激励等方面还有不少差距。今后，保险公司及保险资产管理公司还应继续苦练内功，着力提高各个领域的投资能力与创新能力，完善公司治理结构与风险控制，深化专业化运作机制，设立专业子公司，打造自己的核心竞争力。

三是保险资产管理机构应当以管理好保险资金为主要任务。当前，保险业参与金融市场竞争已经成为一种趋势，保险资产管理公司可以充分发挥专业及股东优势，开发带有理财特征的产品，少数保险资产管理公司也可以走向业外，发展成为高度市场化的资产管理机构，但在相当长的一段时间内，大部分保险资产管理公司还不具备这样的能力，现阶段的迫切任务是应将主要精力放在提高投资能力，更好地服务好保险主业上。

（三）通过深化市场化改革释放保险资金运用发展的改革红利

中国银保监会目前正继续推动保险资金运用市场化改革，进一步简政放权，厘清监管与市场、与行业的关系，把投资权和风险责任更多地交给市场主体，畅通投资渠道，增强市场活力，释放改革红利。

一是明确监管定位。把属于市场的交给市场，监管者做好监管的事情。监管的核心工作，是政策制定、风险监测、监督检查和市场约束机制建设，目标是着力维护市场秩序，切实保护投保人利益。保险机构作为市场主体，应当切实做好投资研究、决策、交易、风险识别与应对工作，必须承担风险责任。双方一定要厘定责任边界，各司其职，各负其责，这样才能充分发挥市场配置资源的基础作用。

二是转变监管重心。过去一段时间，监管工作的重点主要放在开放投资渠道和制定投资政策等方面。现在，渠道不足问题基本得以解决，能开放的品种和市场基本开放了，我们要把主要力量集中到完善监管、规范发展上来，要切实改进监管方式，减少行政审批，完善监管流程，提高监管效率，增强市场活力，促进行业发展。

三是推动建立行业自律组织。依托资产管理业协会这一平台，促进沟通交流，研究行业问题，提升专业化水平，加强行业自律，进一步推动保险资金运用的市场化改革和创新。

（四）通过推进创新促进保险资金运用发展

目前，保险业的创新能力仍弱于国内其他金融行业，必须迎头赶上。监管部门要为行业创新创造宽松有序的发展环境。在创新的过程中，肯定会出现一些问题，监管部门要以最大的宽容度来对待创新和创新带来的问题。

一是支持保险资产管理产品发展和创新。积极鼓励保险机构在创新服务实体经济上下功夫，根据保险资金的特点、性质，以及实体经济的具体诉求，创新产品结构与形态。充分利用保险长期资金的优势，创新运用债权、股权、股债结合、证券化产品等金融工具，紧紧围绕城镇化和服务民生的国家战略，打通保险资金和实体经济的联系，支持国家重点项目和战略性新型产业的发展。

二是建立产品的交易流通机制。实现产品的标准化和市场化，提高产品的流动性和交易的透明度。银保监会正在进一步完善保险资产管理产品注册制度，以发行注册信息化、交易流通市场化为基础，以登记结算集中化为防范风险抓手，积极推进产品集中登记和交易流通工作。

三是逐步培育另类投资市场。逐步构建符合保险资金长久期特征、满足固定回报要求、有较强流动性的另类投资市场，满足保险资金以及养老资金投资需求。

（五）加快转变监管方式应成为监管工作的出发点和落脚点

按照“放开前端、管住后端”的总体思路，实现监管方式的转变。加大偿付能力和资产配置的硬约束，强化信息披露和风险责任人的硬要求，重点防控内部控制和关联交易等领域风险，坚守不发生系统性风险底线。

一是强化资产认可标准约束。切实把偿付能力监管落到实处。坚持以投资工具的风险状况作为制定资产认可标准的依据，制定有区别的资产认可比例，发挥资本约束功能，体现投资风险对资本的不同要求。

二是强化资产负债匹配约束。推动行业牢固树立资产负债管理理念，引导保险机构根据负债特点确定资产配置策略，通过理性和稳健的投资，实现长期与稳定的回报。建立资产配置与比例监管等政策的联系机制，强化资产负债管理硬约束，相对弱化比例监管。

三是制定内控标准，完善风险责任人制度。要把政策开放和强化内控、确定风险责任人有机结合起来。参照国际通行标准，研究制定保险资产管理公司等受托机构的内控标准，并要求上述机构接受第三方内部控制审计。完善风险责任人制度，强化风险责任人管理，借鉴香港“持牌人”机制，对于未尽职的风险责任人，取消其资格。

四是加大检查力度。强化现场检查和非现场检查，重点监测与防范金融风险交叉传递，针对利益输送与道德风险、不正当关联交易、内部控制建设等方面展开现场检查。依法查处违规问题，严肃处理相关机构和当事人，督促保险机构提高合规意识，切实维护市场秩序。

第三章　中国保险牌照

保险大牌照，大不代表强

一、保险大牌照

中国人民银行行长易纲在《新中国成立70年金融事业取得辉煌成就》一文中指出，截至2019年9月底，我国金融业已形成了覆盖银行、证券、保险、基金、期货等领域，种类齐全、竞争充分的金融机构体系。我国银行业金融机构达到4588家；证券公司为131家，基金公司为120家，期货公司为149家；保险公司为229家。全国金融业总资产为300万亿元，其中银行业总资产为268万亿元，规模位居全球第一；证券业总资产为7万亿元；保险业总资产为18万亿元。

40年来，我国保费规模从4.6亿元增长至2019年的4.26万亿元，年均增长26.4%。2019年末保险业总资产达20.56万亿元，净资产达2.48万亿元，当年利润总额为3133亿元。多层次保险市场体系初步形成，市场主体从1家增加到231家（不含互助保险机构5家），其中产险公司88家，人身险公司91家，再保险公司13家，保险集团和控股公司13家，保险资产管理公司26家；专业中介机构2647家，兼业代理机构3万余家（见图3-1）。保险公司231家，正是我们所谓的保险“大牌照”，主要包括（截至2019年末）：

（1）保险集团和控股公司：13家。

（2）寿险公司：91家（其中，养老险公司5家，健康险公司7家）。

（3）财险公司：88家（其中，互联网公司4家，相互保险3家，自保公司4家）。

（4）保险资产管理公司：26家。

（5）再保险公司：13家（其中，中资6家，外资7家）。

相对于保险大牌照，还有保险小牌照，主要是指保险中介主体，主要包括（截至2019年末）：保险中介集团公司为5家；保险专业中介机构为2665家（全国性保险代理公司为240家，区域性保险代理公司为1531家，保险经纪公司为497家，保险公估公司为397家）；保险兼业代理机构为3.2万余家（代理网点为22万余家），其中银行类保险兼业代理法人机构为1971家（代理网点18万余家）；个人保险代理人为1200余万名。

2019年，共有5家外资保险机构开业，分别是工银安盛资产管理有限公司、交银康联资产管理有限公司、中信保诚资产管理有限公司、安联（中国）控股有限公司和大韩再保险有限公司；2019年末尚有两家外资保险机构正在筹建，分别是恒安标准养老保险有限责任公司和招商信诺资产管理有限公司。

图3-1　2019年末中国保险业市场主体情况

二、保险业的大发展

中国自1805年成立第一家保险公司以来，已经走过了200多年的历史。自1949年中华人民共和国成立以来，中国保险也经历了初步发展（1949—1958年）、停办（1958—1979年）、恢复发展（1979年至今）三个大的阶段。中国保险业自1979年恢复以来，获得了快速发展。

2019年，中国保险业保费收入达到4.26万亿元（具体分布见图3–2），总资产达到20.56万亿元，保费规模占世界保险市场的11.6%。保险密度为436.6美元，同比增长10.2%；保险深度为4.3%，同比增长4.1%。保险业为全社会提供风险保障共6470万亿元，同比下降6.2%；赔款和给付共12894亿元，同比增长4.9%。中国保险行业的国际地位大幅提升，世界排名从2010年的第6位上升至2019年的第2位，2019年度中国对全球保费增长的贡献为93.6%，全球保险市场增幅基本由中国保险市场贡献。

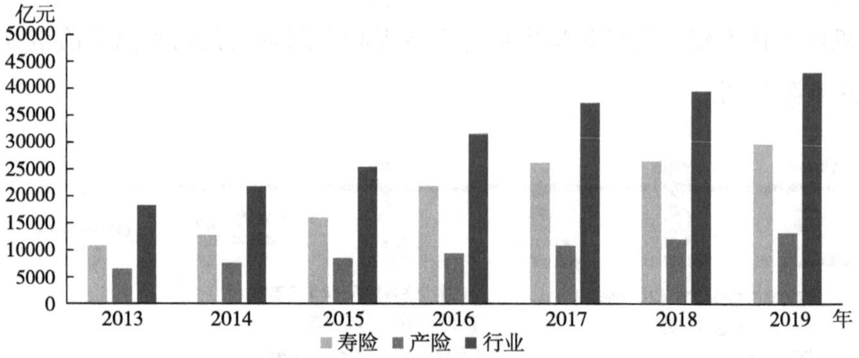

图 3–2　中国保险业保费分布情况

三、大牌照的分布

谈到分布，一般包括保费分布、资产分布、利润分布等，我们下面重点分析总资产分布（见表3–1）和利润分布（见表3–2）。

表 3-1　2013—2019 年保险业总资产分布情况　%

年份	寿险	产险	再保	资管	其他
2013	82.3	13.2	2.5	0.2	1.7
2014	81.2	13.8	3.5	0.2	1.3
2015	80.4	15.0	4.2	0.3	0.2
2016	82.3	15.7	1.8	0.3	–0.1
2017	78.9	14.9	1.9	0.3	4.0
2018	79.7	12.8	2.0	0.3	5.2
2019	82.5	11.2	2.1	0.3	4.0

表 3-2　2013—2019 年保险业利润分布情况　%

年份	寿险	产险	再保	资管	其他
2013	50.0	33.7	5.2	3.3	7.8
2014	54.2	35.6	3.4	2.0	4.8
2015	59.6	28.6	3.4	3.2	5.2
2016	54.8	28.4	3.4	4.1	9.3
2017	51.5	23.0	2.5	4.4	18.6
2018	60.8	13.1	2.5	3.8	19.9
2019	77.9	19.9	2.0	2.8	–2.6

图3–3给出了保险大牌照的资产分布情况。可以看出，寿险“一股独大”，2013—2019年，总资产占比一直在80%以上；产险因非寿险投资型产品的停售，总资产占比在下降；再保险总资产占比为2%左右；资产管理公司总资产占比仅为0.3%。可见，从总资产来看，寿险的“大”当之无愧！

图3–4给出了保险大牌照的净利润分布情况。可以看出，寿险也是“一股独大”，2013—2019年净利润占比一直在50%以上，2019年更是达到78%；产险净利润占比逐年下降，但2019年有所回升，希望这是好的开始；再保险净利润占比逐年下降；资产管理公司净利润占比也在下降。可见，从净利润来看，寿险的“强”当仁不让！

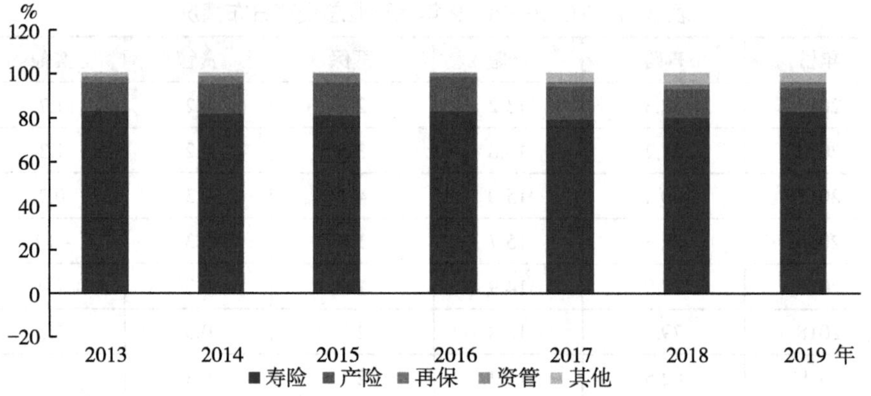

图 3-3　中国保险业总资产分布情况

保险大牌照，好像也只有寿险可谓“大且强”，其他的“大”好像与“强”无缘。

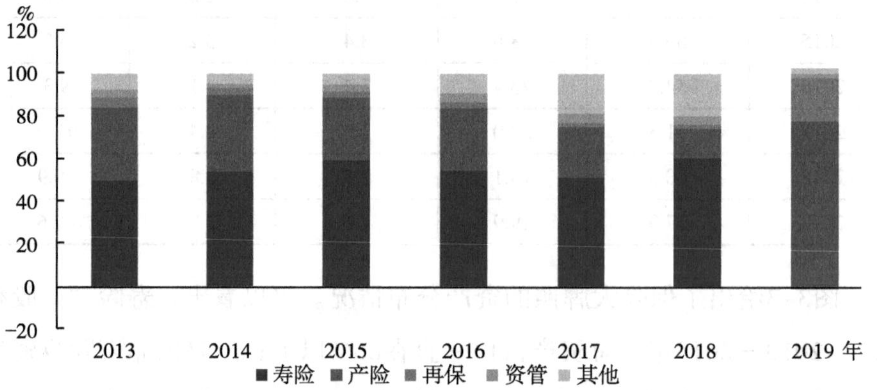

图 3-4　中国保险业利润分布情况

四、大牌照的效率

谈到效率，一般包括净资产收益率、资本溢价、保费杠杆、资产杠杆等，下面给出了净资产分布情况（见表3-3）和实收资本情况（见表3-4）。

表 3-3　2013—2019 年保险业净资产分布情况　　%

年份	寿险	产险	再保	资管	其他
2013	52.5	29.6	5.9	1.8	10.2
2014	55.7	29.6	4.5	1.4	8.8
2015	57.1	29.6	4.9	1.7	6.7
2016	54.9	31.2	4.7	2.0	7.2
2017	55.6	31.3	4.7	2.1	6.4
2018	50.6	29.0	4.6	2.2	13.7
2019	54.2	26.6	4.1	1.9	13.2

表 3-4　2013—2019 年保险业实收资本情况　　单位：亿元

年份	寿险	产险	再保	资管	其他
2013	2607	1878	390	83	3716
2014	3093	2280	392	101	4308
2015	3851	2690	424	125	5214
2016	4287	3000	485	141	5713
2017	4646	3111	550	154	5758
2018	4989	3362	561	175	6830
2019	5081	3454	583	178	7009

图3-5给出了保险大牌照的净资产收益率情况。可以看出，2018年之前资产管理公司遥遥领先，2019年开始趋向寿险，这是否预示保险“靠投资驱动的模式”正在向“靠负债驱动的模式”转变？对此，我们静观其变。产险、再保连续多年持续下降，不足寿险的1/3。可见，从净资产收益率来看，资产管理公司的“强”当之无愧，但进入负债驱动时代，资产管理公司的光芒逐渐暗淡，寿险正在崛起！

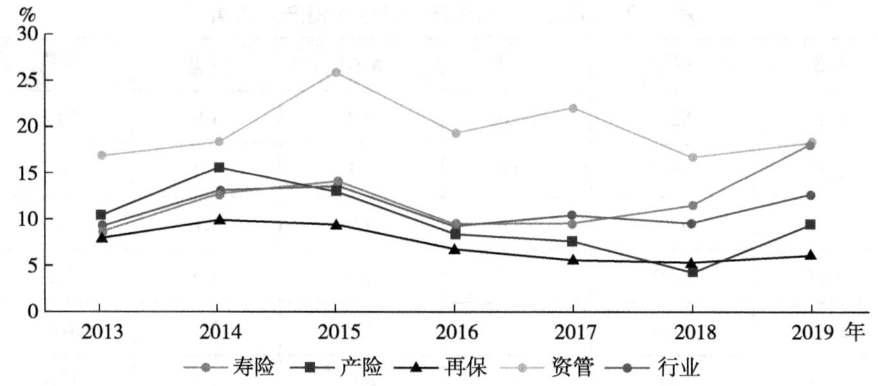

图 3-5　中国保险业净资产收益率（净利润与净资产比）

图3-6给出了保险大牌照的实收资本溢价情况。可以看出，2013年以来，整个行业的实收资本溢价变化不大，相比来说寿险和资产管理公司的倍数在2.5左右，而产险和再保的倍数在1.8左右；行业溢价倍数最大，主要是保险控股集团的影响。可见，从实收资本溢价来看，寿险和资产管理公司的股本增值最大，资产管理公司和寿险公司的“强”当之无愧，但进入负债驱动时代，资产管理公司的光芒逐渐暗淡，寿险正在崛起！

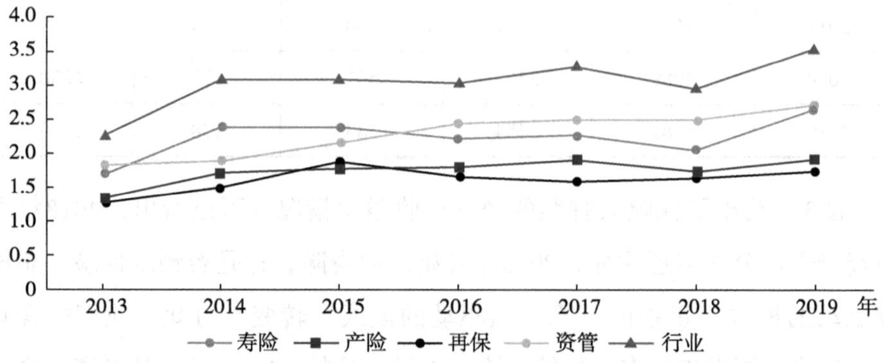

图 3-6　中国保险业实收资本溢价（净资产与实收资本比）

图3-7给出了保险大牌照的保费杠杆情况。总体来看，2015年之后都在上升，但都低于《保险法》规定的4倍；显然，寿险的保费杠杆最大，再保最小。

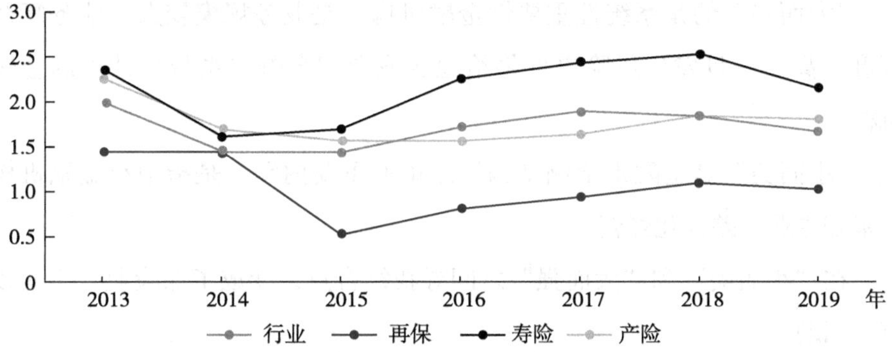

图 3-7　中国保险业保费杠杆（净保费与净资产比）

图3-8给出了保险大牌照的资产杠杆情况。可以看出，2013年以来，总体资产杠杆倍数在下降，寿险平均杠杆约为12.8，产险平均杠杆约为4.0，再保平均杠杆约为4.5，资管平均杠杆约为1.3，行业平均为8.6；显然寿险的资产杠杆最大，资管最小。

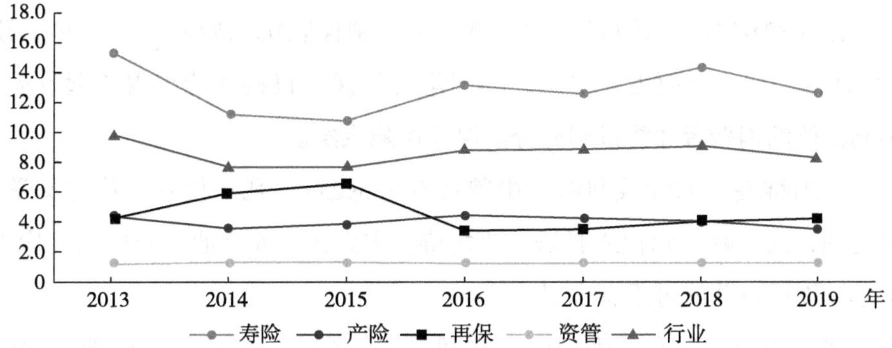

图 3-8　中国保险业资产杠杆（总资产与净资产比）

这就是保险大牌照，大，并不代表强；相应地，小，也不代表美。除了“大而强”和“小而美”之外，还有第三条路吗？那就是“小而美”和“大而强”之间的结合。

如何在“小而美”和“大而强”之间寻找结合点呢？显然，这个问题不是给整个行业的，而是给保险大牌照公司的。

“大而强”的是系统性重要性金融机构，是业务规模较大、业务复杂程度较高、一旦发生风险事件将给地区或全球金融体系带来冲击的金融机构。

“小而美”是金融供给侧结构性改革的重要内涵，是指中小金融机构要坚守主业、差异化经营。

在“小而美”和“大而强”之间寻找结合点，变成了保险业“定向改革”问题。

这么多年来，保险大牌照公司的发展存在一个误区，即求大求全。这种发展思路不合乎实际，也不符合规律。中小型保险机构如果不考虑自身的规模与实力，一味追求大规模、跨区经营、业务“全牌照”，不但在一些高风险、高难度的混业经营领域竞争不过大型机构，还有可能偏离主业，丢了自己创立之始的“初心”，更失去了自己的比较优势。因此，盲目追求“大而强”，很可能变成“大而乱”。

让大型保险机构做好“大”事，中小型保险机构做好“美”事，让“大而强”与“小而美”并重，不同规模的保险机构才能求得长远发展，不同群体的消费者才能得到充分的保险保障供给。

王国维在《宋元戏曲考》中曾经有一论断：“凡一代有一代之文学：楚之骚，汉之赋，六代之骈语，唐之诗，宋之词，元之曲，皆所谓一代之文学，而后世莫能继焉者也。”

在“小而美”和“大而强”之间寻找结合点，变成了保险业“定向改革”问题。时代已经发生变化，相应的保险发展之学问也在不断变化；我们要重新思考“小而美”和“大而强”，否则，大概是跟不上时代了。

保险小牌照，小不代表美

一、保险小牌照

所谓的保险小牌照，是指保险中介市场，其是保险市场的子市场，保险中介市场的发展以保险业的发展为基础，受到保险发展规律和自身市场机制的双重作用。相对于保险大牌照，保险中介的“大与小”更是牵一发而动全身，我们要更多地思考“小而美”；因为保险中介的“大而强”已经不是保险层面的事情，而是资本层面的事情。

相对于保险大牌照，还有保险小牌照，主要是指保险中介主体，主要包括（截至2019年底）：

（1）保险中介集团公司：5家。

（2）保险专业中介机构共2665家（全国性保险代理公司共240家，区域性保险代理公司共1531家，保险经纪公司共497家，保险公估公司共397家）。

（3）保险兼业代理机构共3.2万余家（代理网点共22万余家），其中银行类保险兼业代理法人机构共1971家（代理网点共18万余家）。

（4）个人保险代理人共1200万名。

本节主要聚焦保险小牌照，看看这些小牌照是不是像我们想象的那样“小”和“美”。

二、保险中介原生态

2018年，保险中介渠道实现保费收入共3.37万亿元，占全国总保费收入的87.4%。其中，实现财产险保费收入共0.95万亿元，占同期全国财产险保费收入的77%；实现人身险保费收入共2.4万亿元，占同期全国人身险保费收入的92.3%。分渠道来看，保险专业中介渠道实现保费收入共0.49万亿元，保险兼业渠道实现保费收入共1.07万亿元、营销员渠道实现保费收入共1.8万亿元，分别占同期全国总保费收入的12.7%、27.7%、47%。

2019年，保险中介渠道实现保费收入共3.74万亿元，占全国总保费收入的87.07%。其中，实现财产险保费收入共1.02万亿元，占同期全国财产险保费收入的76.21%；实现人身险保费收入共2.72万亿元，占同期全国人身险保费收入的91.96%。

改革开放以来，伴随着我国保险业的发展壮大，保险中介也从无到有、从小到大、从弱到强。

（1）1980年，国内保险复业，为解决网点人员少、业务拓展能力弱的"缺腿"难题，人保公司将乡镇、街道以及铁路、民航等一些具有较强保险资源动员能力的行业性机构，发展成为保险业务代办机构，兼业代理自此应运而生，成为我国保险中介的雏形。

（2）1990年，在社会主义市场经济体制改革目标指引下，保险业对内对外开放加速，随着外资保险公司进入、个人营销员出现和股份制保险公司成立，保险行业开始了真正意义上的市场竞争，保险中介有了更加厚实的发展土壤，逐步迈入市场化、法治化的轨道，释放了巨大能量。

（3）2001年后，加入WTO促进保险业第二次开放，保险中介获得重大发展机遇。2001—2014年，保险专业中介机构由61家增长到2550家，兼业代理机构由6万家增长到21万家，保险营销员由108万人增长到300余万人，保险中介快速发展，逐渐形成了不可忽视和不可替代的力量。

（4）2015年至今，随着信息技术的广泛应用和金融市场参与主体的日益丰富，保险中介市场形态多样、功能互补、覆盖广泛，成为保险市场重要组成部分。

这就是保险小牌照的“原生态”，是由保险代理、保险经纪、保险公估以及保险代理人构成的保险中介生态体系。

三、保险中介新生态

随着大量具备资金、技术、互联网流量优势的资本进入保险中介行业，保险销售日益呈现主体多元、渠道多样的特征，保险中介行业与多个行业深度融合。

据统计，2018年，涉足保险业务的互联网第三方平台已多达3000家，通过互联网平台实现保费近2000亿元；2019年，涉足保险业务的互联网第三方平台已多达4000家，通过互联网平台实现保费3000多亿元。

除了第三方平台，最近有文章预估，整个行业至少有3万个左右小型工作室挂靠在各种保险SAAS服务平台上，如齐欣云服、小雨伞等。这些小型工作室靠抖音、微博、知乎、公众号等社交平台吸引流量，再进行保险转化。

除这些之外，保险中介新生态体系已经涵盖了保险营销、客户、服务、产品、运营、风控等各个方面，如图3-9所示。

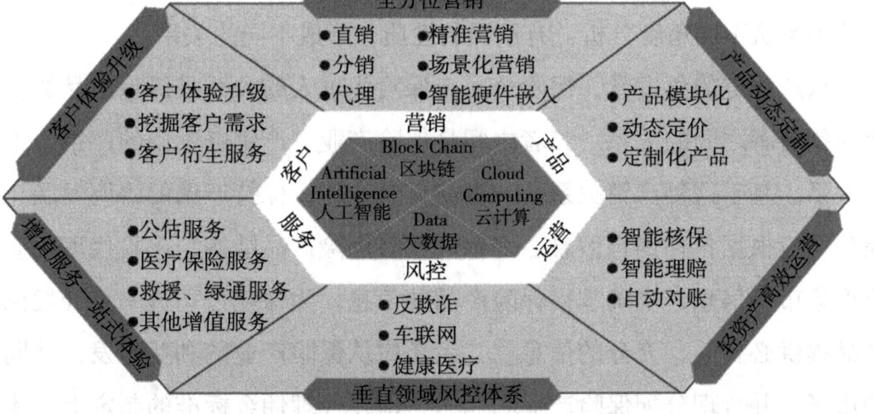

图3-9 中国保险中介新生态体系

四、保险中介的关系（以中介原生态为例）

无论是保险中介原生态，还是保险中介新生态，关键是要明确自己在这个生态体系中的作用，只有这样才能“不缺位、不错位、不越位”，只有这样才能“定好位、补好位、站好位”。

相较于保险中介原生态，保险中介新生态的关系没有发生本质变化，本部分以保险中介原生态为例进行阐述。

从生态系统食物链的角度来看，保险中介介于保险买卖双方之间，从事服务、协调、评价等中介工作，主要包括保险代理人、保险经纪人和保险公估人等。

在保险中介市场上，围绕保险中介服务的买卖，形成各种保险中介关系，其中，主要包括保险代理人与保险公司和投保人、保险经纪人与投保人和保险公司、保险公估人与保险公司、投保人之间的中介关系。

（一）保险代理人与保险公司、投保人关系分析

在保险代理人与保险公司、投保人关系中，保险代理人与投保人之间是服务关系。基于这种关系，保险代理人应代表保险公司，为投保人提供专业化的服务。而投保人对此也应支付相应的费用。保险代理人与保险公司的关系从不同角度分析，有不同的性质，形成不同的关系。

从产业链的角度看，保险公司与保险代理人的关系是保险产品的生产者与销售者之间的关系。二者之间是保险产业“产销链”中的产销分工协作关系。基于这种产销关系，二者应充分合作，保持产销的协调发展。保险公司应根据各种销售信息，完善、调整保险产品结构，保险代理人应广泛搜集市场信息，准确掌握保险产品的信息，为保险公司进一步开发保险产品提供必要的、充分的信息。二者还应从保险产业的利益出发，共同维护市场，并合理分配保险产业利润——即在代理佣金标准的制定上，体现

产销各方的利益。

从市场的角度看，保险代理人与保险公司的关系是保险中介服务的买卖关系。即保险代理人提供保险中介服务，保险公司购买保险中介人的中介服务，双方是平等的、独立的经济主体，在各自经营业务活动中独立承担法律责任。基于保险中介服务的买卖关系，保险代理人与保险公司之间，应按照市场的规则买卖保险中介服务。在中介服务价格——佣金或服务费的制定上，充分体现价值规律、供求规律和竞争规律的作用，实现市场化运作。

从法律角度看，保险代理人与保险公司的关系是委托代理关系。保险代理人所从事的代理活动具有民事代理的一般特征：保险代理人在保险人的授权范围内，以保险人的名义进行代理活动。根据各国保险人的授权范围，一般都是代销保单，代收保费，代为查勘、理赔等。法律上，保险代理人的活动被视为保险人的活动，保险代理人以保险人的名义从事授权范围内活动的后果，即所产生的权利义务关系，由保险人承担。在授权范围内，保险代理人有权进行独立的意思表示。根据我国民法的有关规定，保险代理人在行使代理权过程中，必须履行应尽的职责。首先，不得滥用代理权。其次，不得进行无权代理。最后，不得进行复代理。此外，保险代理人不得利用代理形式进行违法活动，也不得违反国家法律规定从事保险代理活动。代理人不履行职责给被代理人造成损害时，代理人应当承担民事责任。

（二）保险经纪人与保险公司、投保人关系分析

从产业链角度看，保险经纪人与保险公司是关系紧密的合作伙伴。保险经纪人的工作可消除社会对保险的偏见和顾虑，吸引更多的人投保；同时，保险经纪人通过分析投保人的保险需求，与保险人进行信息沟通，促使保险人根据市场的发展和变化，不断推出新的保险品种，使更多潜在的保险需求变为现实的保险需求。由此可见，保险经纪人也是保险人重要的销售渠道。

从法律角度看，保险经纪人与投保方也是委托代理关系。保险经纪人

是投保人或被保险人利益的代表者，受投保人的委托，为投保人选择保险人和保险产品，办理投保手续，并在出险后为投保人或受益人代办检验、索赔等工作。基于委托代理关系，投保方应向保险经纪人付费。

从市场角度看，保险经纪人与投保方也是保险经纪服务的买卖关系。投保人向保险经纪人购买保险经纪服务。

从技术角度看，保险经纪人是投保人的风险管理专家，为投保人提供防灾、防损或风险评估、风险管理咨询服务，对有特殊需求的客户，保险经纪人还可以提供风险转让、转包、出租、担保和项目融资，建立健全索赔机制，编制应急计划，建立设备及车辆管理系统，以及应用金融工程技术，利用资本市场转移风险等服务。

（三）保险公估人与保险公司、投保人的关系分析

从社会分工和产业链角度看，保险公估人与保险公司是保险市场分工协作后，形成的业务链关系。保险公司提供产品开发及其管理工作，保险公估公司提供理赔以及承保风险认定工作。

从市场角度看，保险公估人与委托方之间是公估服务的买卖关系。保险公估人是公估服务的卖方，委托方（买方）可以是保险公司或投保方。保险公估人有别于其他保险中介人。除专属于保险公司的公估人外，一般意义的保险公证（估）人是保险市场上不代表保险公司、投保人双方任何一方利益的保险中介人，有着真正的“中立”身份。

五、如何做到“小而美”？

无论是保险中介原生态，还是保险中介新生态，要做到“小而美”，需要做到“五合”：

（1）监管机构：符合保险业调结构、转方式的政策导向。

（2）保险公司：切合公司战略发展和利润价值提升需求。

（3）消费者：吻合潜在需求，找到适合的供给模式，如产品、服务、产品+服务等。

（4）保险中介：契合消费者知识进化，实现长期利益的最大化。

（5）资本市场：适合高成长业务领域、可持续价值模型、长期收益投资项目。

再保险，我们所不知道的数据

一、先看一组数据

再保险的基础是原保险，二者应该是相辅相成的；但是我们却发现二者对于“保险”和“投资”的理解是有差异的。

（1）2019年，再保险公司分保费收入为1577.91亿元，同比增长15.05%。其中，中资公司为1044.89亿元，增长9.87%；外资公司为533.02亿元，增长26.75%。从险种看，财产保险业务分保费收入为729.87亿元，增长13.53%；寿险业务为421.29亿元，下降2.58%；健康险业务为353.11亿元，增长54.10%；意外险业务为73.65亿元，增长9.80%。

（2）2019年，再保险公司分保赔付支出为677.57亿元，同比增长23.94%。其中，中资公司为357.64亿元，增长26.02%；外资公司为319.93亿元，增长21.69%。从险种看，财产保险业务分保赔付支出为375.43亿元，增长14.41%；寿险业务为80.97亿元，增长3.75%；健康险业务为189.63亿元，增长67.00%；意外险业务为31.53亿元，增长17.00%。

这就是2019年中国再保险市场的经营结果。显然，通过2019年的数据不能说明问题，把时间拉长到2013—2019年，再保险数据概貌“跃然纸上”。

二、再看一组概念

再保险（Reinsurance）也称分保，是保险人在原保险合同的基础上，通过签订分保合同，将其所承保的部分风险和责任向其他保险人进行保险的行为。

在再保险交易中，分出业务的公司称为原保险人（Original Insurer）或分出公司（Ceding Company），接受业务的公司称为再保险人（Reinsurer），或分保接受人或分入公司（Ceded Company）。

再保险转嫁风险责任支付的保费叫作分保费或再保险费；由于分出公司在招揽业务过程中支出了一定的费用，由分入公司支付给分出公司的费用报酬称为分保佣金（Reinsurance Commission）或分保手续费。

如果分保接受人又将其接受的业务再分给其他保险人，这种业务活动称为转分保（Retrocession）或再保险，双方分别称为转分保分出人和转分保接受人。

再保险的基础是原保险，再保险的产生，正是基于原保险人在经营中分散风险的需要。因此，原保险和再保险是相辅相成的，它们都是对风险的承担与分散。再保险是保险的进一步延续，也是保险业务的组成部分。

基于上面的这些概念，我们先来看看中国保险业的情况。表3-5给出了2013—2019年的中国保险业原保险、再保险的概况。

表 3-5　中国保险业原保险、再保险的概况　　单位：亿元

年份	保费收入	其中分保费收入	分出保费	毛保费收入	净保费收入
2013	18239	1034	1403	17205	16836
2014	21798	1616	2378	20182	19420
2015	25422	1279	2021	24143	23401

续表

年份	保费收入	其中分保费收入	分出保费	毛保费收入	净保费收入
2016	31571	1131	1616	30440	29955
2017	37246	1247	1743	35999	35503
2018	39492	1530	2086	37962	37406
2019	44297	1783	2479	42514	41818

表3-5中的保费收入为利润表中的保费收入，包括分入保费；毛保费收入=保费收入-分入保费；净保费收入=保费收入-分出保费。

我们再来看看再保险公司的情况。表3-6给出了2013—2019年的中国再保险业的原保险、再保险概况。

表 3-6　中国再保险业原保险、再保险的概况　　单位：亿元

年份	保费收入	其中分保费收入	分出保费	毛保费收入	净保费收入
2013	976	976	258	0	718
2014	1517	1517	670	0	847
2015	1085	1085	658	0	427
2016	980	980	315	0	665
2017	1100	1100	265	0	835
2018	1372	1372	353	0	1019
2019	1578	1578	520	0	1058

表3-6中的保费收入与分保费收入相等，是因为再保险公司不直接开展保险业务，所以毛保费收入为零。

三、细看历年数据

下面给出再保险的历年数据，不作详解，我们先通过这些数据了解一下中国再保险业的概貌。

图3-10给出了中国再保险业历年的总资产、净资产、实收资本情

况。总体来看，2013—2019年，总资产、净资产、实收资本都实现了快速增长。此时，我们感觉到再保险业好像一片欣欣向荣，现实是这样吗？

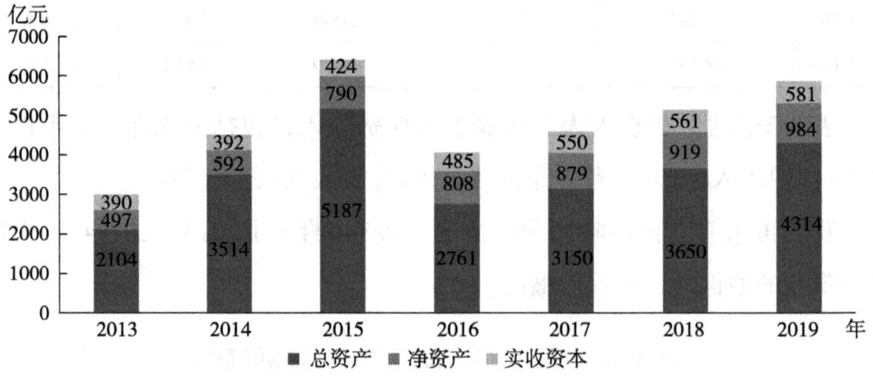

图 3-10　中国再保险业资产负债情况

图3-11给出了中国再保险业历年的分入保费、全行业分出率、再保险公司分出率情况。总体来看，全行业分出率在逐年下降，再保险公司分出率在逐年上升。显然，直保公司与再保险公司对于风险的认知出现了偏差。另外，再保险公司也没有享受中国保险业高速增长的红利（见图3-12）。此时，我们不禁要反问，中国再保险业到底靠什么发展？

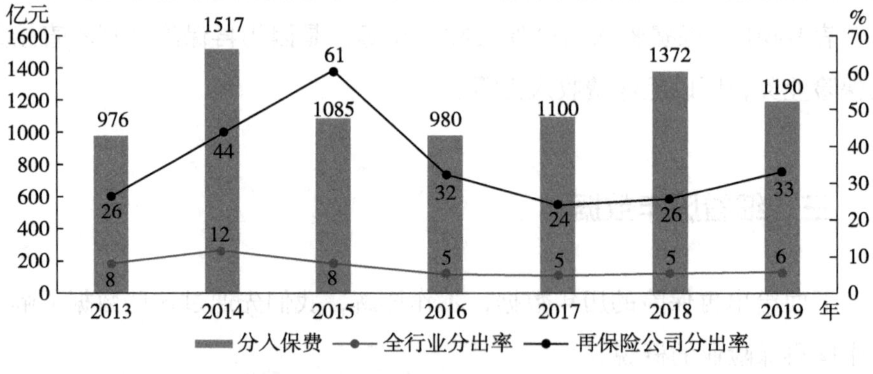

图 3-11　中国再保险业收入情况

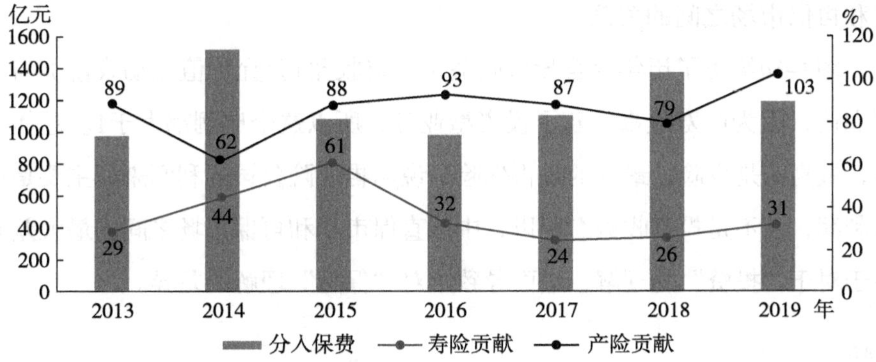

图 3-12 中国再保险业收入来源情况

图3-13给出了中国再保险业历年的总资产利润率（净利润/总资产）、净资产利润率（净利润/净资产）、保费利润率（净利润/保费收入）情况。总体来看，2013—2019年，总资产利润率、净资产利润率、保费利润率都在逐年下降；特别是净资产收益率远远低于国际再保险市场。此时，我们不禁要反问，中国再保险业到底怎么了？

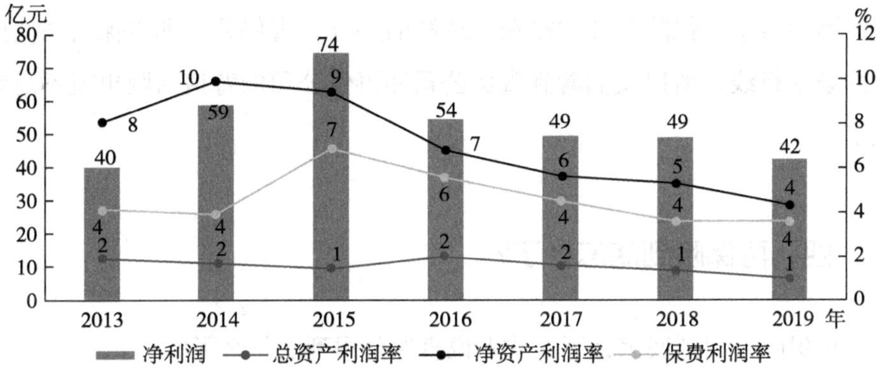

图 3-13 中国再保险业利润情况

连续三个质问，都是中国再保险业存在的问题。到底是直保市场出了问题，还是再保市场出了问题？

再联想到最近一些再保险公司的战略调整，我们需要认真思考直保市场和再保市场之间的关系。

图3-14给出了历年综合投资收益（投资收益+公允价值变动收益）与净利润比，因为产寿险都经营了投资型业务，所以这个比例都大于1。总体来看，最高的是寿险，最低的是再保险，说明再保险公司的利润来源主要是承保利润，而不是投资收益。所以，中国直保市场和再保市场之间的最大差异在于对于“投资”的理解，进而导致了对“保险”理解的差异。

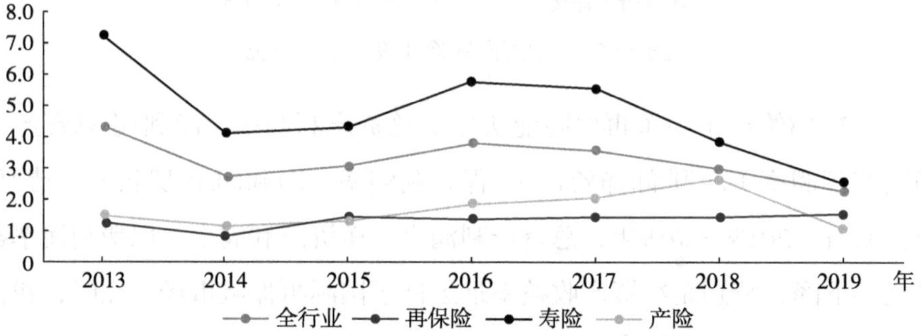

图 3-14　中国再保险业综合投资收益与净利润比

因为对于“保险”和“投资”理解的差异，直保公司和再保公司变成了两条平行线，所以我们看到直保公司和再保公司的背道而驰也就不足为怪了。

四、再保险到底怎么了？

再保险公司到底怎么了？或者说直保公司到底怎么了？

图3-15给出了全行业、再保险、寿险、产险的杠杆倍数（净保费收入与净资产之比）。总体来看，2015年之后杠杆倍数都在上升，但都低于《保险法》规定的4倍。我们发现，再保险公司的杠杆倍数最小。

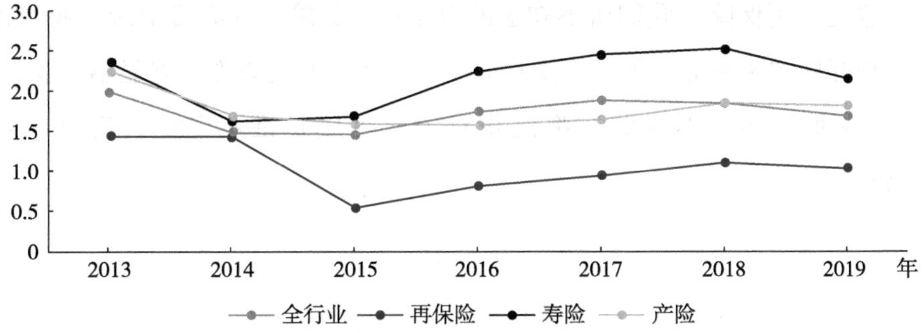

图 3-15　中国再保险业杠杆倍数（净保费与净资产比）

图3-16给出了全行业、再保险、寿险、产险的净资产收益率（净利润与净资产之比）。总体来看，净资产收益率虽有波动，但近年来却都在上升，但我们发现，再保险公司的净资产收益率逐年下降。

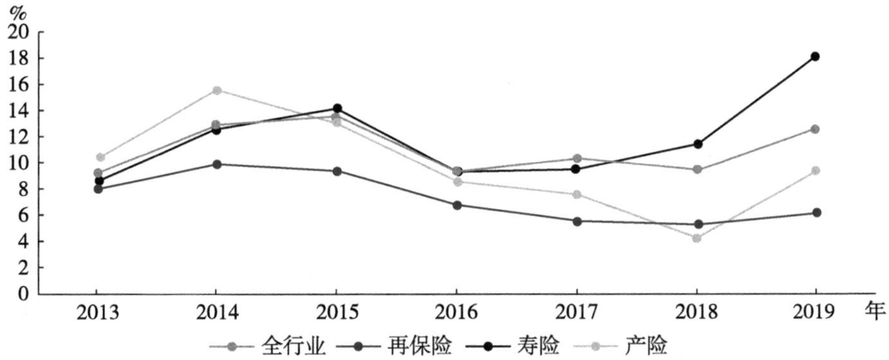

图 3-16　中国再保险业净资产收益率（净利润与净资产比）

因为杠杆倍数最小，所以净资产收益率最低，好像这就是再保险的现状。一方面是直保的高歌猛进，另一方面却是再保的举步不前，直保公司和再保公司注定要背道而驰吗?

我们知道，再保市场是直保市场的晴雨表，直保市场的发展依赖于再保市场。相较于国际再保市场，中国的直保公司和再保公司可谓冰火两重天，我们是时候认真思考：再保公司到底怎么了？或者说直保公司到底怎么了?

这就是再保险，我们所不知道的数据；再保险，我心目中最专业的领域，却好像“不专业”了，至少在业务发展和盈利能力方面略显不专业。

“专业”和“不专业”都是相对的，到底是谁不专业，有这么重要吗？

第二篇

数说保险观

中国保险分布

中国保险险种

中国保险格局

中国互联网保险

第四章
中国保险分布

产险区域市场面面观（2015—2019年）

一、地区间财产保险市场保费规模及增长（2019 年）

2019年，我国各地区财产原保险保费规模及增长情况如表4–1所示。

从保费规模来看，广东省、江苏省、浙江省和山东省位列前四名，保费规模均超过600亿元，河北省、河南省、四川省、上海市、北京市、安徽省保费规模均超过400亿元，上述十个地区保费超过6460亿元；宁夏回族自治区、青海省和西藏自治区保费规模位列后三名，合计规模仅为135亿元。

就保费规模的横向比较而言，各地区之间规模的差距较大，规模较小的西藏自治区保费规模仅为规模最大的广东省保费规模的2.3%，保费规模位列后三名的宁夏回族自治区、青海省和西藏自治区的总保费仅为位列前三名的江苏省、广东省和浙江省总保费的4.9%。

从保费规模占全国财产保险市场的比重来看，前三位的广东省、江苏省、浙江省占全国财产保险市场的比重分别达到了9.2%、8.1%和6.3%，后三位的宁夏回族自治区、青海省和西藏自治区占全国财产保险市场的比重分别为0.6%、0.4%和0.2%。

从保费增速来看，新疆、广东、湖北位列前三名，增长速度分别达到了17.8%、15.6%和13.0%；广西、青岛、厦门、陕西出现负增长，各自的增速分别为–1.1%、–1.5%、–1.8%和–5.4%。

就各地区增速的横向比较而言，除个别地区增速较快之外，其余地区的增速与全国平均增速较为接近。从各地区保费增速的统计情况可以看出，增速较高的地区往往市场规模较小，因而在快速发展时期能够表现出较高的增速；市场规模较大的地区增速往往较慢，这主要是由于市场已经相对饱和。

表 4–1　2019 年各地区财产保险市场保费收入情况

地区	财险保费 / 亿元	地区市场份额 /%	地区保费增速 /%	财险市场占比 /%
全国合计	11649	100	8.2	27.3
一、集团、总公司本级	47	0.4	–36.1	90.4
二、东部地区	6550	56.2	9.1	27.1
北京	455	3.9	7.6	21.9
天津	152	1.3	5.4	24.6
河北	573	4.9	8.1	28.8
辽宁	284	2.4	10.2	30.9
大连	88	0.8	7.6	23.6
上海	525	4.5	8.2	30.5
江苏	941	8.1	9.6	25.1
浙江	734	6.3	9.0	32.6
宁波	166	1.4	8.3	44.0
福建	260	2.2	10.5	27.4
厦门	79	0.7	–1.8	34.8
山东	663	5.7	7.0	24.1
青岛	127	1.1	–1.5	26.0
广东	1071	9.2	15.6	26.0
深圳	362	3.1	5.2	26.2
海南	71	0.6	11.1	35.2

续表

地区	财险保费 / 亿元	地区市场份额 /%	地区保费增速 /%	财险市场占比 /%
三、中部地区	2654	22.8	9.2	25.9
山西	227	2.0	6.8	25.7
吉林	184	1.6	6.0	27.1
黑龙江	202	1.7	7.7	21.2
安徽	453	3.9	10.7	33.6
江西	260	2.2	8.3	31.2
河南	532	4.6	7.0	21.9
湖北	398	3.4	13.0	23.0
湖南	398	3.4	11.3	28.5
四、西部地区	2399	20.6	6.1	29.4
重庆	220	1.9	8.8	24.0
四川	513	4.4	4.3	23.9
贵州	223	1.9	7.4	45.7
云南	297	2.6	7.7	40.0
西藏	25	0.2	11.7	67.5
陕西	217	1.9	–5.4	21.0
甘肃	138	1.2	9.7	31.1
青海	42	0.4	12.8	42.4
宁夏	68	0.6	6.7	34.5
新疆	225	1.9	17.8	34.4
内蒙古	213	1.8	9.6	29.2
广西	217	1.9	–1.1	32.6

二、地区间财产保险市场保费增长（2015—2019 年）

2015—2019年，我国各地区财产保险市场保费增长情况如表4–2所示。从年化增长率来看，前三名（高）分别是西藏、贵州、河南，居后三名（低）分别是北京、天津、大连。

表 4-2　2015—2019 年各地区财产保险市场保费增长情况　　%

地区	2019 年	2018 年	2017 年	2016 年	2015 年	年化增长率	最大增长率	最小增长率
一、全国合计	9.5	12.7	9.1	11.0	16.0	11.6	16.0	9.1
二、总公司本级	12.6	−8.9	−9.9	−17.2	13.5	−2.8	13.5	−17.2
三、东部地区	9.0	11.8	7.9	10.4	15.4	10.9	15.4	7.9
北京	4.5	9.5	7.1	9.5	9.3	8.0	9.5	4.5
天津	2.0	11.0	6.1	10.5	6.5	7.1	11.0	2.0
河北	8.7	10.2	10.7	12.0	15.2	11.3	15.2	8.7
辽宁	8.3	7.3	7.2	10.4	13.2	9.3	13.2	7.2
大连	3.1	8.1	2.9	−1.2	13.0	5.1	13.0	−1.2
上海	13.2	15.5	4.4	10.9	12.3	11.2	15.5	4.4
江苏	5.5	11.0	9.1	10.9	16.9	10.6	16.9	5.5
浙江	8.4	9.2	8.4	11.1	13.9	10.2	13.9	8.4
宁波	10.0	9.2	4.9	8.7	15.2	9.6	15.2	4.9
福建	3.1	7.9	6.0	9.4	15.9	8.4	15.9	3.1
厦门	9.2	16.4	3.0	7.5	18.6	10.8	18.6	3.0
山东	5.7	12.7	9.8	11.1	15.1	10.8	15.1	5.7
青岛	19.5	1.7	13.7	5.8	17.3	11.4	19.5	1.7
广东	12.6	16.2	6.4	12.8	21.1	13.7	21.1	6.4
深圳	21.9	18.9	10.7	3.7	19.8	14.8	21.9	3.7
海南	12.4	20.0	7.5	17.1	19.3	15.2	20.0	7.5
四、中部地区	12.2	16.3	12.8	13.1	16.5	14.2	16.5	12.2
山西	9.7	11.5	9.2	2.3	7.9	8.1	11.5	2.3
吉林	11.6	16.6	10.5	12.0	18.2	13.7	18.2	10.5
黑龙江	10.8	13.9	11.5	9.5	7.4	10.6	13.9	7.4
安徽	11.6	17.1	14.4	13.2	18.5	14.9	18.5	11.6
江西	12.5	16.4	13.4	16.8	19.4	15.6	19.4	12.5
河南	12.1	18.9	16.5	15.0	16.6	15.8	18.9	12.1
湖北	14.1	17.2	10.5	16.5	20.8	15.8	20.8	10.5
湖南	13.7	15.1	12.3	15.1	20.0	15.2	20.0	12.3

续表

地区	2019 年	2018 年	2017 年	2016 年	2015 年	年化增长率	最大增长率	最小增长率
五、西部地区	8.1	12.3	9.8	12.5	17.2	11.9	17.2	8.1
重庆	10.1	11.3	6.0	12.3	23.4	12.5	23.4	6.0
四川	−0.9	8.6	8.5	13.4	18.0	9.3	18.0	−0.9
贵州	16.1	17.1	14.3	19.1	26.3	18.5	26.3	14.3
云南	8.1	13.7	11.6	13.5	16.8	12.7	16.8	8.1
西藏	31.5	21.2	24.8	23.6	13.2	22.7	31.5	13.2
陕西	7.2	11.9	8.3	10.5	16.7	10.9	16.7	7.2
甘肃	12.0	11.6	11.4	12.9	17.1	13.0	17.1	11.4
青海	11.1	12.5	13.5	13.6	17.9	13.7	17.9	11.1
宁夏	14.0	21.6	12.4	12.8	15.8	15.3	21.6	12.4
新疆	12.5	10.8	7.3	8.6	16.3	11.0	16.3	7.3
内蒙古	8.1	10.5	9.0	8.0	6.6	8.4	10.5	6.6
广西	11.8	18.3	12.6	12.7	16.5	14.3	18.3	11.8

三、地区间财产保险市场经营指标（2015—2019 年）

2015—2019年，我国各地区财产保险综合成本率、综合费用率、综合赔付率情况如表4-3、表4-4、表4-5所示。

从表4-3平均综合成本率来看，综合成本率前三名（越小表明承保利润越高）分别是青海、海南、贵州，后三名分别是大连、天津、西藏。

从表4-4平均综合费用率来看，综合费用率居前三名（越小说明获取成本越小）分别是宁波、上海、江苏，后三名分别是河南、天津、河北。

从表4-5平均综合赔付率来看，综合赔付率前三名（越小说明业务品质越好）分别是河北、广西、云南，后三名分别是大连、宁波、西藏。

表 4-3　2015—2019 年各地区财产保险综合成本率情况

%

地区	2019 年	2018 年	2017 年	2016 年	2015 年	平均值	最大值	最小值
全国	100.0	100.1	99.7	99.5	98.6	99.6	100.1	98.6
北京	100.2	98.1	97.4	97.6	99.6	98.6	100.2	97.4
天津	100.3	94.5	94.8	106.0	114.7	102.0	114.7	94.5
河北	95.6	97.7	101.2	100.2	96.8	98.3	101.2	95.6
山西	96.5	96.5	96.9	99.0	96.1	97.0	99.0	96.1
内蒙古	96.8	95.5	96.1	97.2	94.4	96.0	97.2	94.4
辽宁	99.6	97.0	97.3	98.1	99.6	98.3	99.6	97.0
大连	95.4	112.8	97.0	105.0	99.7	102.0	112.8	95.4
吉林	95.4	93.4	95.6	96.3	94.9	95.1	96.3	93.4
黑龙江	101.8	96.7	94.9	99.4	90.5	96.7	101.8	90.5
上海	96.4	93.5	92.3	93.1	95.5	94.2	96.4	92.3
江苏	95.2	96.9	95.9	97.5	97.1	96.5	97.5	95.2
浙江	99.5	97.2	94.9	94.7	94.8	96.2	99.5	94.7
宁波	95.3	96.3	93.3	96.9	96.1	95.6	96.9	93.3
安徽	95.5	98.4	100.5	99.1	95.8	97.9	100.5	95.5
福建	98.0	95.8	95.7	98.8	96.1	96.9	98.8	95.7
厦门	97.3	92.5	92.8	123.4	102.9	101.8	123.4	92.5
江西	95.7	98.0	95.9	94.5	93.7	95.5	98.0	93.7
山东	98.8	100.4	100.8	96.2	93.5	97.9	100.8	93.5
青岛	103.2	102.6	96.6	98.1	94.5	99.0	103.2	94.5
河南	96.9	100.1	98.8	99.0	96.1	98.2	100.1	96.1
湖北	96.3	95.1	97.1	98.3	95.2	96.4	98.3	95.1
湖南	95.3	94.2	95.2	95.6	95.1	95.1	95.6	94.2
广东	95.4	99.7	95.7	93.6	94.9	95.8	99.7	93.6
深圳	101.9	103.8	99.5	94.4	91.5	98.2	103.8	91.5
广西	99.9	97.1	94.3	93.1	94.9	95.9	99.9	93.1
海南	89.2	88.1	94.0	99.9	92.7	92.8	99.9	88.1
重庆	95.0	97.4	95.9	96.7	95.2	96.0	97.4	95.0

续表

地区	2019 年	2018 年	2017 年	2016 年	2015 年	平均值	最大值	最小值
四川	97.4	94.4	94.4	92.7	95.9	95.0	97.4	92.7
贵州	93.6	92.1	93.5	93.6	93.4	93.2	93.6	92.1
云南	93.4	96.2	92.8	97.4	96.8	95.3	97.4	92.8
西藏	105.3	100.5	103.2	106.9	98.2	102.8	106.9	98.2
陕西	96.0	94.9	91.6	92.7	94.8	94.0	96.0	91.6
甘肃	97.1	96.3	93.9	93.0	93.4	94.7	97.1	93.0
青海	88.8	93.0	91.0	92.3	92.6	91.5	93.0	88.8
宁夏	95.0	96.6	98.4	98.0	95.2	96.6	98.4	95.0
新疆	96.4	93.0	95.7	94.9	93.8	94.8	96.4	93.0

表 4-4 2015—2019 年各地区财产保险综合费用率情况 %

地区	2019 年	2018 年	2017 年	2016 年	2015 年	平均值	最大值	最小值
全国	38.3	40.7	39.6	39.6	38.3	39.3	40.7	38.3
北京	35.5	40.2	36.4	35.7	37.3	37.0	40.2	35.5
天津	40.5	42.4	43.2	43.3	41.7	42.2	43.3	40.5
河北	40.3	47.3	43.3	43.3	43.7	43.6	47.3	40.3
山西	37.0	41.7	38.9	38.6	37.3	38.7	41.7	37.0
内蒙古	37.0	39.4	37.9	38.7	37.4	38.1	39.4	37.0
辽宁	37.5	36.4	35.0	35.0	34.3	35.7	37.5	34.3
大连	36.9	38.1	38.0	37.5	36.6	37.4	38.1	36.6
吉林	36.0	37.3	36.9	38.5	35.7	36.9	38.5	35.7
黑龙江	34.6	38.3	38.2	38.8	37.2	37.4	38.8	34.6
上海	34.8	31.2	28.5	30.0	31.3	31.1	34.8	28.5
江苏	32.9	35.1	31.6	31.4	30.9	32.4	35.1	30.9
浙江	33.3	34.5	32.6	31.8	31.6	32.7	34.5	31.6
宁波	26.4	27.2	26.2	28.6	29.2	27.5	29.2	26.2
安徽	33.9	37.6	35.7	35.4	32.2	34.9	37.6	32.2

续表

地区	2019年	2018年	2017年	2016年	2015年	平均值	最大值	最小值
福建	33.8	38.6	39.9	40.6	36.8	38.0	40.6	33.8
厦门	34.4	39.1	39.4	38.3	38.4	37.9	39.4	34.4
江西	34.4	37.4	34.9	36.3	32.3	35.1	37.4	32.3
山东	37.8	42.1	40.6	41.5	37.1	39.8	42.1	37.1
青岛	39.2	40.9	39.7	42.1	37.1	39.8	42.1	37.1
河南	36.9	43.0	42.6	44.9	40.8	41.6	44.9	36.9
湖北	36.0	36.4	35.5	36.2	34.3	35.7	36.4	34.3
湖南	34.5	36.4	33.0	33.2	33.5	34.1	36.4	33.0
广东	36.7	39.8	37.3	36.5	36.1	37.3	39.8	36.1
深圳	38.8	31.9	34.4	38.7	37.8	36.3	38.8	31.9
广西	34.4	46.0	43.5	42.1	38.7	40.9	46.0	34.4
海南	34.5	34.1	35.1	34.3	34.6	34.5	35.1	34.1
重庆	32.3	36.7	33.6	35.0	29.9	33.5	36.7	29.9
四川	36.2	35.5	38.2	39.6	35.8	37.1	39.6	35.5
贵州	34.8	35.5	34.5	35.6	33.9	34.9	35.6	33.9
云南	39.0	42.2	39.8	39.8	40.2	40.2	42.2	39.0
西藏	31.6	31.9	29.1	38.7	34.0	33.1	38.7	29.1
陕西	31.9	39.4	37.7	37.1	35.4	36.3	39.4	31.9
甘肃	35.1	39.2	37.6	37.3	35.2	36.9	39.2	35.1
青海	29.2	36.8	38.4	39.0	35.5	35.8	39.0	29.2
宁夏	37.0	39.2	38.6	37.8	34.2	37.4	39.2	34.2
新疆	33.5	34.3	33.8	33.9	33.0	33.7	34.3	33.0

表 4-5　2015—2019 年各地区财产保险综合赔付率情况　%

地区	2019年	2018年	2017年	2016年	2015年	平均值	最大值	最小值
全国	61.7	59.4	60.2	59.9	60.4	60.3	61.7	59.4
北京	64.6	57.8	61.0	61.9	62.3	61.5	64.6	57.8

续表

地区	2019 年	2018 年	2017 年	2016 年	2015 年	平均值	最大值	最小值
天津	59.8	52.1	51.6	62.7	73.0	59.8	73.0	51.6
河北	55.3	50.4	57.9	56.9	53.1	54.7	57.9	50.4
山西	59.5	54.8	58.0	60.3	58.8	58.3	60.3	54.8
内蒙古	59.9	56.1	58.2	58.5	57.0	57.9	59.9	56.1
辽宁	62.1	60.6	62.3	63.0	65.3	62.7	65.3	60.6
大连	58.5	74.7	59.0	67.4	63.2	64.6	74.7	58.5
吉林	59.4	56.1	58.7	57.8	59.2	58.2	59.4	56.1
黑龙江	67.2	58.4	56.7	60.6	53.3	59.2	67.2	53.3
上海	61.6	62.3	63.8	63.1	64.2	63.0	64.2	61.6
江苏	62.4	61.8	64.3	66.0	66.2	64.1	66.2	61.8
浙江	66.2	62.7	62.3	62.8	63.2	63.5	66.2	62.3
宁波	68.9	69.2	67.0	68.3	66.9	68.0	69.2	66.9
安徽	61.6	60.8	64.8	63.7	63.7	62.9	64.8	60.8
福建	64.2	57.2	55.8	58.2	59.3	58.9	64.2	55.8
厦门	62.9	53.5	53.4	85.1	64.5	63.9	85.1	53.4
江西	61.3	60.5	61.0	58.2	61.3	60.5	61.3	58.2
山东	60.9	58.3	60.2	54.8	56.4	58.1	60.9	54.8
青岛	64.0	61.7	57.0	56.0	57.4	59.2	64.0	56.0
河南	60.0	57.1	56.2	54.1	55.3	56.5	60.0	54.1
湖北	60.3	58.7	61.6	62.1	60.8	60.7	62.1	58.7
湖南	60.8	57.7	62.2	62.4	61.6	60.9	62.4	57.7
广东	58.7	59.9	58.4	57.1	58.8	58.6	59.9	57.1
深圳	63.0	71.9	65.2	55.7	53.7	61.9	71.9	53.7
广西	65.6	51.1	50.8	51.0	56.2	54.9	65.6	50.8

续表

地区	2019年	2018年	2017年	2016年	2015年	平均值	最大值	最小值
海南	54.7	54.0	58.9	65.6	58.2	58.3	65.6	54.0
重庆	62.7	60.7	62.3	61.8	65.3	62.6	65.3	60.7
四川	61.2	58.9	56.3	53.1	60.1	57.9	61.2	53.1
贵州	58.8	56.6	58.9	58.0	59.5	58.3	59.5	56.6
云南	54.4	54.0	53.0	57.6	56.6	55.1	57.6	53.0
西藏	73.7	68.5	74.1	68.2	64.2	69.7	74.1	64.2
陕西	64.1	55.5	53.9	55.5	59.3	57.7	64.1	53.9
甘肃	62.0	57.2	56.3	55.7	58.1	57.9	62.0	55.7
青海	59.6	56.2	52.7	53.3	57.0	55.7	59.6	52.7
宁夏	58.0	57.3	59.7	60.1	61.0	59.2	61.0	57.3
新疆	62.9	58.7	61.9	60.9	60.8	61.1	62.9	58.7

四、地区间财产保险市场评价结果

为了更直观地反映各地区的情况，我们构建了一个简单的评价模型：

（1）指标：市场占有率、年化增长率、平均综合成本率。

（2）指标标准化：市场占有率（最高为100）、年化增长率（最高为100）、平均综合成本率（承保利润率最高为100）。

（3）权重：市场占有率（50%）、年化增长率（25%）、平均综合成本率（25%）。

（4）得分：市场占有率标准值×权重+年化增长率标准值×权重+平均综合成本率标准值×权重。

通过表4-6的结果来看，市场评价结果最好的5个地区是广东、江苏、浙江、上海、贵州，最差的5个地区为青岛、西藏、厦门、天津、大连。

表 4-6　2019 年各地区财产保险市场评价结果

地区	市场占有率 /%	标准化	年化增长率 /%	标准化	平均综合成本率 /%	标准化	评价结果	
	50% 权重		25% 权重		25% 权重		得分	排名
广东	9.2	100.0	13.7	60.4	95.8	49.1	77.4	1
江苏	8.1	87.8	10.6	46.7	96.5	41.2	65.9	2
浙江	6.3	68.6	10.2	44.8	96.2	44.9	56.7	3
上海	4.5	49.0	11.2	49.3	94.2	69.1	54.1	4
贵州	1.9	20.9	18.5	81.4	93.2	80.2	50.8	5
湖南	3.4	37.1	15.2	67.0	95.1	58.4	49.9	6
四川	4.4	47.9	9.3	41.0	95.0	59.5	49.1	7
山东	5.7	61.9	10.8	47.7	97.9	24.5	49.0	8
河南	4.6	49.7	15.8	69.5	98.2	21.6	47.6	9
湖北	3.4	37.1	15.8	69.4	96.4	42.5	46.5	10
河北	4.9	53.5	11.3	49.9	98.3	20.2	44.3	11
安徽	3.9	42.3	14.9	65.7	97.9	25.3	43.9	12
江西	2.2	24.3	15.6	68.9	95.5	52.7	42.5	13
青海	0.4	3.9	13.7	60.2	91.5	100.0	42.0	14
云南	2.5	27.7	12.7	55.9	95.3	55.3	41.7	15
海南	0.6	6.7	15.2	66.8	92.8	85.3	41.3	16
陕西	1.9	20.3	10.9	47.9	94.0	71.3	39.9	17
深圳	3.1	33.8	14.8	65.0	98.2	21.1	38.4	18
吉林	1.6	17.2	13.7	60.5	95.1	57.9	38.2	19
新疆	1.9	21.0	11.0	48.6	94.8	62.0	38.1	20
广西	1.9	20.2	14.3	63.1	95.9	48.9	38.1	21
甘肃	1.2	12.9	13.0	57.1	94.7	62.5	36.3	22
重庆	1.9	20.6	12.5	54.9	96.0	46.8	35.7	23
北京	3.9	42.5	8.0	35.1	98.6	16.9	34.2	24
宁波	1.4	15.5	9.6	42.1	95.6	52.4	31.3	25
内蒙古	1.8	19.9	8.4	37.1	96.0	47.2	31.0	26
黑龙江	1.7	18.9	10.6	46.5	96.7	39.5	30.9	27

续表

地区	市场占有率/%	标准化	年化增长率/%	标准化	平均综合成本率/%	标准化	评价结果	
	50% 权重		25% 权重		25% 权重		得分	排名
福建	2.2	24.2	8.4	36.9	96.9	36.9	30.5	28
宁夏	0.6	6.4	15.3	67.2	96.6	40.0	30.0	29
辽宁	2.4	26.5	9.3	40.7	98.3	20.0	28.5	30
山西	2.0	21.2	8.1	35.5	97.0	35.7	28.4	31
青岛	1.1	11.8	11.4	50.1	99.0	12.0	21.4	32
西藏	0.2	2.3	22.7	100.0	102.8	–33.3	17.8	33
厦门	0.7	7.4	10.8	47.5	101.8	–21.3	10.2	34
天津	1.3	14.2	7.1	31.5	102.0	–24.1	8.9	35
大连	0.8	8.2	5.1	22.3	102.0	–23.4	3.8	36

寿险区域市场面面观（2015—2019年）

一、地区间人身保险市场保费规模及增长（2019 年）

2019年，我国各地区人身险保费规模及增长情况如表4–7所示。

2019年，人身险保费规模居前五位的地区是广东（3041亿元）、江苏（2809亿元）、山东（2088亿元）、河南（1899亿元）、四川（1635亿元）；保费增幅居前五位的地区为上海（29.8%）、宁波（25.4%）、深圳（20.7%）、广东（19.5%）、湖北（18.9%）。

东部地区11省区保费收入达17633亿元，同比增长15.9%，占比56%；中部地区8省区保费收入达7600亿元，同比增长10.5%，占比25%；西部地区12省区保费收入达5757亿元，同比增长11.7%，占比19%。

表 4-7　2019 年各地区人身险保费规模情况

地区	人身险保费 / 亿元	地区市场份额 /%	地区保费增速 /%	人身险市场占比 /%
全国合计	30995	100	13.8	72.7
一、集团、总公司本级	5	0	-3.6	9.6
二、东部地区	17633	56	15.9	72.9
北京	1622	5	18.3	78.1
天津	466	2	12.1	75.4
河北	1416	5	12.3	71.2
辽宁	635	2	6.6	69.1
大连	284	1	11.7	76.4
上海	1195	4	29.8	69.5
江苏	2809	9	14.3	74.9
浙江	1517	5	18.6	67.4
宁波	210	1	25.4	56.0
福建	689	2	8.3	72.6
厦门	148	0	13.5	65.2
山东	2088	7	9.9	75.9
青岛	360	1	15.9	74.0
广东	3041	10	19.5	74.0
深圳	1022	3	20.7	73.8
海南	131	0	10.5	64.8
三、中部地区	7600	25	10.5	74.1
山西	656	2	7.2	74.3
吉林	496	2	8.6	72.9
黑龙江	750	2	5.4	78.8
安徽	896	3	11.9	66.4
江西	575	2	12.0	68.8
河南	1899	6	7.5	78.1
湖北	1331	4	18.9	77.0
湖南	998	3	11.2	71.5

续表

地区	人身险保费 / 亿元	地区市场份额 /%	地区保费增速 /%	人身险市场占比 /%
四、西部地区	5757	19	11.7	70.6
重庆	696	2	15.3	76.0
四川	1635	5	11.6	76.1
贵州	266	1	11.8	54.3
云南	445	1	13.5	60.0
西藏	12	0	5.3	32.5
陕西	816	3	10.4	79.0
甘肃	306	1	12.1	68.9
青海	57	0	11.9	57.6
宁夏	130	0	8.9	65.5
新疆	429	1	11.1	65.6
内蒙古	517	2	11.1	70.8
广西	448	1	9.3	67.4

二、地区间人身保险市场保费增长（2015—2019 年）

2015—2019年，我国各地区人身保险保费增长情况如表4-8所示。从年化增长率来看，前三名（高）分别是西藏、青岛、深圳，后三名（低）分别是北京、上海、辽宁。

表 4-8　2015—2019 年各地区人身保险保费增长情况　　%

地区	2019 年	2018 年	2017 年	2016 年	2015 年	年化增长率	最大增长率	最小增长率
一、全国合计	13.8	1.9	20.3	36.5	25.0	18.9	36.5	1.9
二、总公司本级	−3.6	28.5	63.6	25.5	33.7	27.7	63.6	−3.6
三、东部地区	15.9	−1.5	16.7	41.0	23.9	18.4	41.0	−1.5
北京	18.3	−12.6	6.7	38.8	18.7	12.7	38.8	−12.6

续表

地区	2019 年	2018 年	2017 年	2016 年	2015 年	年化增长率	最大增长率	最小增长率
天津	12.1	–1.9	5.4	44.6	33.1	17.4	44.6	–1.9
河北	12.3	2.8	16.5	37.9	32.8	19.8	37.9	2.8
辽宁	6.6	–15.9	14.8	23.1	35.3	11.4	35.3	–15.9
大连	11.7	1.2	22.8	25.8	27.4	17.4	27.4	1.2
上海	29.8	–20.5	0.0	50.5	15.5	12.4	50.5	–20.5
江苏	14.3	–6.7	34.7	48.5	22.3	21.1	48.5	–6.7
浙江	18.6	4.6	27.6	40.5	17.9	21.3	40.5	4.6
宁波	25.4	2.3	25.8	21.9	12.1	17.1	25.8	2.3
福建	8.3	5.3	11.0	25.9	16.0	13.1	25.9	5.3
厦门	13.5	2.7	27.5	17.0	14.7	14.8	27.5	2.7
山东	9.9	8.3	21.4	35.2	29.6	20.4	35.2	8.3
青岛	15.9	7.5	25.7	52.4	31.2	25.6	52.4	7.5
广东	19.5	3.8	7.6	51.7	24.8	20.4	51.7	3.8
深圳	20.7	13.4	25.2	37.9	26.7	24.5	37.9	13.4
海南	10.5	10.4	25.8	22.4	47.9	22.6	47.9	10.4
四、中部地区	10.5	5.1	29.3	27.4	26.5	19.3	29.3	5.1
山西	7.2	–2.8	19.7	23.2	38.1	16.2	38.1	–2.8
吉林	8.6	–6.1	14.7	36.4	39.8	17.4	39.8	–6.1
黑龙江	5.4	–6.6	42.0	17.1	19.0	14.3	42.0	–6.6
安徽	11.9	8.1	31.5	32.4	28.6	22.1	32.4	8.1
江西	12.0	–0.1	20.9	22.7	32.4	17.0	32.4	–0.1
河南	7.5	12.0	33.4	27.3	22.6	20.2	33.4	7.5
湖北	18.9	7.8	31.7	30.3	22.1	21.8	31.7	7.8
湖南	11.2	12.8	29.8	30.8	24.6	21.5	30.8	11.2
五、西部地区	11.7	8.3	20.7	34.5	26.4	19.9	34.5	8.3
重庆	15.3	7.7	28.5	21.7	33.6	21.0	33.6	7.7
四川	11.6	1.6	15.0	48.4	22.8	18.9	48.4	1.6
贵州	11.8	14.1	24.0	35.8	23.1	21.4	35.8	11.8

续表

地区	2019 年	2018 年	2017 年	2016 年	2015 年	年化增长率	最大增长率	最小增长率
云南	13.5	9.5	17.5	30.6	17.5	17.5	30.6	9.5
西藏	5.3	1.2	33.7	34.2	66.0	26.0	66.0	1.2
陕西	10.4	13.0	25.1	32.3	24.9	20.8	32.3	10.4
甘肃	12.1	7.5	22.7	24.3	29.7	19.0	29.7	7.5
青海	11.9	8.1	19.9	29.5	30.7	19.7	30.7	8.1
宁夏	8.9	8.9	24.3	40.9	31.0	22.2	40.9	8.9
新疆	11.1	9.1	23.5	27.6	20.8	18.2	27.6	9.1
内蒙古	11.1	19.2	20.3	31.7	40.1	24.1	40.1	11.1
广西	9.3	11.1	21.6	27.2	30.6	19.7	30.6	9.3

三、地区间人身保险市场评价结果

为了更直观地反映各地区的情况，我们构建了一个简单的评价模型：

（1）指标：市场占有率、年化增长率、市场空间率。市场空间率是该地区保险发展程度（保险密度和保险深度）相对于发达空间的比重（发达国家保险深度约为8%，保险密度约为10000元人民币，我们以此为基数），市场空间率=1-（保险密度÷10000+保险深度÷8%）÷2。

（2）指标标准化：市场占有率（最高为100）、年化增长率（最高为100）、市场空间率（最高为100）。

（3）权重：市场占有率（50%）、年化增长率（25%）、市场空间率（25%）。

（4）得分：市场占有率标准值×权重+年化增长率标准值×权重+市场空间率标准值×权重。

通过表4-9的结果来看，市场评价结果最好的5个地区是广东、江苏、山东、河南、四川，最差的5个地区为黑龙江、宁波、辽宁、大连、厦门。

表 4-9　2019 年各地区人身保险市场评价结果

地区	市场占有率/%	标准化	年化增长率/%	标准化	保险深度/%	保险密度	市场空间率/%	标准化	评价结果	
	50% 权重		25% 权重		25% 权重				得分	排名
广东	9.8	100.0	20.4	78.4	3.8	2988	61.5	65.5	86.0	1
江苏	9.1	92.4	21.1	81.2	2.8	3481	65.0	69.2	83.8	2
山东	6.7	68.7	20.4	78.4	3.5	2289	66.6	70.9	71.7	3
河南	6.1	62.5	20.2	77.5	3.5	1970	68.3	72.7	68.8	4
四川	5.3	53.8	18.9	72.6	3.5	1953	68.3	72.7	63.2	5
浙江	4.9	49.8	21.3	81.8	3.0	3036	66.0	70.3	62.9	6
湖北	4.3	43.7	21.8	84.0	2.9	2245	70.6	75.2	61.7	7
河北	4.6	46.6	19.8	75.9	4.0	1866	65.5	69.7	59.7	8
湖南	3.2	32.8	21.5	82.8	2.5	1443	77.1	82.1	57.6	9
安徽	2.9	29.5	22.1	84.8	2.4	1407	77.9	82.9	56.7	10
陕西	2.6	26.8	20.8	80.2	3.2	2106	69.7	74.2	52.0	11
内蒙古	1.7	17.0	24.1	92.6	3.0	2035	71.1	75.7	50.6	12
深圳	3.3	33.6	24.5	94.2	3.8	7608	38.2	40.7	50.6	13
重庆	2.3	22.9	21.0	80.8	2.9	2229	70.4	75.0	50.4	14
西藏	0.0	0.4	26.0	100.0	0.7	339	93.9	100.0	50.2	15
广西	1.5	14.8	19.7	75.6	2.1	904	82.3	87.6	48.2	16
贵州	0.9	8.8	21.4	82.5	1.6	734	86.4	92.0	48.0	17
北京	5.2	53.3	12.7	48.8	4.6	7528	33.7	35.9	47.8	18
青岛	1.2	11.8	25.6	98.6	3.1	3791	61.9	65.9	47.0	19
江西	1.9	18.9	17.0	65.6	2.3	1232	79.3	84.5	46.9	20
上海	3.9	39.3	12.4	47.6	3.1	4922	55.8	59.4	46.4	21
云南	1.4	14.7	17.5	67.3	1.9	916	83.4	88.8	46.4	22
福建	2.2	22.6	13.1	50.3	1.9	1943	78.5	83.5	44.8	23
海南	0.4	4.3	22.6	87.1	2.5	1389	77.6	82.6	44.6	24
山西	2.1	21.6	16.2	62.4	3.9	1759	67.1	71.5	44.3	25
新疆	1.4	14.1	18.2	70.1	3.2	1700	71.8	76.4	43.7	26
甘肃	1.0	10.1	19.0	73.0	3.5	1157	72.3	76.9	42.5	27

续表

地区	市场占有率/%	标准化	年化增长率/%	标准化	保险深度/%	保险密度	市场空间率/%	标准化	评价结果	
	50% 权重		25% 权重		25% 权重				得分	排名
青海	0.2	1.8	19.7	75.6	1.9	932	83.4	88.8	42.0	28
吉林	1.6	16.3	17.4	66.9	4.2	1842	64.4	68.5	42.0	29
宁夏	0.4	4.3	22.2	85.3	3.5	1863	69.1	73.6	41.9	30
天津	1.5	15.3	17.4	66.9	3.3	2981	64.5	68.6	41.5	31
黑龙江	2.4	24.7	14.3	54.9	5.5	1999	55.6	59.2	40.8	32
宁波	0.7	6.9	17.1	65.8	1.8	2462	76.7	81.7	40.3	33
辽宁	2.1	20.9	11.4	43.8	3.5	1737	69.2	73.6	39.8	34
大连	0.9	9.4	17.4	66.8	4.1	4060	54.4	57.9	35.9	35
厦门	0.5	4.9	14.8	56.9	2.5	3446	67.4	71.7	34.6	36

第五章　中国保险险种

产险险种结构细细品（2015—2019年）

一、保费数据分析（2015—2019 年）

2019年，财产保险行业保费收入达到11649.47亿元，同比增加879.39亿元，增长8.17%，增幅同比下降1.35个百分点，各险种保费收入数据见表5–1。

（1）机动车辆保险、企财险、货运险和责任险四个主要险种原保险保费收入合计9535.84亿元，增长6.32%，增幅同比上升0.36个百分点，产险业务占比81.86%，产险公司业务占比73.26%。

（2）机动车辆保险原保险保费收入为8188.32亿元，同比增长4.52%，产险业务占比70.29%。其中，交强险原保险保费收入为2188.08亿元。

（3）企业财产保险原保险保费收入为464.10亿元，同比增长9.69%，产险业务占比3.98%。

（4）货运保险原保险保费收入为130.12亿元，同比增长7.44%，产险业务占比1.12%。

（5）责任保险原保险保费收入为753.30亿元，同比增长27.51%，产险业务占比6.47%。

（6）农业保险原保险保费收入为672.48亿元，同比增长17.43%，产险业务占比5.77%。

（7）信用保险原保险保费收入为199.95亿元，同比下降17.53%，产险业务占比1.72%。

（8）保证保险原保险保费收入为843.65亿元，同比增长30.80%，产险业务占比7.24%。

表5-1、表5-2、表5-3分别给出了产险公司、中资产险公司、外资产险公司的险种分布数据，主要包括2015—2019年的保费增长率、年化增长率等。

表 5-1　2015—2019 年产险分险种保费收入数据

项目	2019 年保费 / 亿元	保费增长率 /%					
		2019 年	2018 年	2017 年	2016 年	2015 年	5 年年化
原保险保费收入合计	13016	10.7	11.5	13.8	10.0	11.7	11.5
1. 企业财产保险	464	9.7	7.9	2.8	–1.2	–0.3	3.7
2. 家庭财产保险	91	18.8	22.0	20.7	25.1	23.8	22.1
其中：投资型家财险	0	–11.6	3.8	–91.2	–9.9	257.5	–23.7
3. 机动车辆保险	8188	4.5	4.2	10.0	10.3	12.4	8.2
其中：交强险	2188	7.6	8.9	10.0	8.2	10.7	9.1
4. 工程保险	118	–2.4	9.6	18.1	12.6	1.5	7.6
5. 责任保险	753	27.5	30.9	24.5	20.0	19.2	24.4
6. 信用保险	200	–17.5	13.1	6.9	4.2	–4.1	–0.1
7. 保证保险	844	30.8	70.1	106.0	–11.5	4.1	33.4
其中：机动车辆消费贷款保证保险	4	277.3	–37.0	–26.6	3.2	220.9	42.0
其中：个人贷款抵押房屋保证保险	1	21.2	–48.9	–4.9	–21.0	–27.9	–19.6
8. 船舶保险	56	4.8	10.4	–6.3	–7.1	0	0.1
9. 货物运输保险	130	7.4	20.9	17.3	–3.1	–7.6	6.4
10. 特殊风险保险	69	15.8	18.0	25.0	–4.8	1.4	10.5
11. 农业保险	672	17.4	19.5	14.7	11.4	15.1	15.6

续表

项目	2019 年保费 / 亿元	保费增长率 /%					
		2019 年	2018 年	2017 年	2016 年	2015 年	5 年年化
12. 健康险	840	47.7	44.4	34.0	28.8	35.0	37.8
其中：投资型健康险	0	—	0	0	0	0	0
13. 意外伤害保险	527	26.4	33.2	26.2	23.9	16.3	25.1
其中：投资型意外险	0	−84.7	2.4	−72.7	46.2	385.6	−21.2
14. 其他险	64	107.0	20.1	21.7	−4.7	73.7	38.0

通过表5-1可以看出，产险公司年化增长率居前三位的险种分别为其他险（38.0%）、健康险（37.8%）、保证保险（33.4%），居后三位的险种分别为企业财产保险（3.7%）、船舶保险（0.1%）、信用保险（-0.1%）。

表 5-2　2015—2019 年中资产险分险种保费收入数据

项目	2019 年保费 / 亿元	保费增长率 /%					
		2019 年	2018 年	2017 年	2016 年	2015 年	5 年年化
原保险保费收入合计	12764	10.7	11.5	13.9	10.0	11.8	11.6
1. 企业财产保险	443	9.9	8.1	2.9	−1.1	−0.5	3.8
2. 家庭财产保险	88	15.3	21.8	21.0	26.3	23.1	21.5
其中：投资型家财险	0	−11.6	3.8	−91.2	−9.9	257.5	−23.7
3. 机动车辆保险	8095	4.5	4.4	10.2	10.2	12.6	8.4
其中：交强险	2153	7.5	9.1	10.3	8.2	11.0	9.2
4. 工程保险	115	−3.1	9.5	18.1	12.9	4.2	8.1
5. 责任保险	687	27.8	28.7	22.6	19.9	19.2	23.6
6. 信用保险	199	−17.6	13.2	6.7	4.3	−4.2	−0.1
7. 保证保险	840	30.6	70.1	105.7	−11.6	4.1	33.3
其中：机动车辆消费贷款保证保险	4	277.3	−37.0	−26.6	3.2	220.9	42.0
其中：个人贷款抵押房屋保证保险	1	21.2	−48.9	−4.9	−20.7	−28.0	−19.6

续表

项目	2019年保费/亿元	保费增长率/%					
		2019年	2018年	2017年	2016年	2015年	5年年化
8. 船舶保险	55	4.5	9.0	-6.0	-6.3	-0.6	-0.1
9. 货物运输保险	118	8.2	23.0	19.4	-2.5	-8.2	7.3
10. 特殊风险保险	68	15.8	18.1	25.1	-4.5	1.3	10.6
11. 农业保险	660	18.3	19.9	14.7	11.4	15.3	15.9
12. 健康险	832	49.6	42.5	34.2	29.1	35.2	37.9
其中：投资型健康险	0	0	0	0	0	0	0
13. 意外伤害保险	506	26.1	34.2	26.2	24.5	16.1	25.3
其中：投资型意外险	0	-84.7	2.4	-72.7	46.2	385.6	-21.2
14. 其他险	57	108.8	7.1	21.2	-4.6	73.5	35.0

通过表5-2可以看出，中资财产保险公司年化增长率居前三位的险种分别为其他险（35%）、保证保险（33.3%）、健康险（37.9%），居后三位的险种分别为信用保险（-0.1%）、船舶保险（-0.1%）、企业财产保险（3.8%）。

表5-3　2015—2019年外资产险分险种保费收入数据

项目	2019年保费/亿元	保费增长率/%					
		2019年	2018年	2017年	2016年	2015年	5年年化
原保险保费收入合计	253	10.9	10.4	9.1	8.4	4.0	8.5
1. 企业财产保险	21	5.5	3.7	0.2	-3.9	3.3	1.7
2. 家庭财产保险	3	404.7	39.3	-10.9	-34.4	73.5	48.1
其中：投资型家财险	0	0	0	0	0	0	0
3. 机动车辆保险	93	4.0	-15.6	-1.7	11.4	1.7	-0.5
其中：交强险	35	11.9	-6.0	-4.5	7.9	-1.6	1.3
4. 工程保险	3	33.8	17.3	18.6	-6.7	-55.9	-5.2
5. 责任保险	67	24.2	58.1	54.5	21.8	18.8	34.4
6. 信用保险	1	-5.2	-0.1	40.5	-13.5	16.4	6.0
7. 保证保险	3	87.3	80.9	337.8	204.9	-29.3	100.0

续表

项目	2019 年保费 / 亿元	保费增长率 /%					
		2019 年	2018 年	2017 年	2016 年	2015 年	5 年年化
其中：机动车辆消费贷款保证保险	0	0	0	0	0	0	0
其中：个人贷款抵押房屋保证保险	0	11.9	0	0	–102.6	3.5	–149.7
8. 船舶保险	1	24.1	2439.1	–82.0	–75.9	78.4	19.6
9. 货物运输保险	12	0.8	3.8	2.5	–6.8	–3.7	–0.8
10. 特殊风险保险	1	25.3	2.1	15.9	–25.9	12.3	4.3
11. 农业保险	13	–13.2	8.2	13.7	10.7	9.3	5.2
12. 健康险	8	–36.8	240.4	22.6	3.6	27.2	28.3
其中：投资型健康险	0	0	0	0	0	0	0
13. 意外伤害保险	20	33.0	12.9	27.8	12.2	19.6	20.8
其中：投资型意外险	0	0	0	0	0	0	0
14. 其他险	7	93.2	2079.0	303.5	–50.9	143.1	189.4

通过表5–3可以看出，外资财产保险公司年化增长率居前三位的险种分别为其他险（189.4%）、保证保险（100.0%）、家庭财产保险（48.1%），居后三位的险种分别为车险（–0.5%）、货物运输保险（–0.8%）、工程保险（–5.2%）。

二、赔付数据分析（2015—2019 年）

2019年，产险业务累计赔款支出共6501.62亿元，同比增长10.25%。其中，企业财产保险为237.03亿元，下降2.42%；机动车辆保险为4613.38亿元，增长4.80%；责任保险为341.69亿元，增长28.81%；货运保险为69.74亿元，增长3.16%；农业保险为527.87亿元，增长34.15%。各险种赔付支出情况见表5–4。

表5-4、表5-5、表5-6分别给出了产险公司、中资产险公司、外资产险公司的险种分布数据，主要包括2015—2019年的简单赔付率、平均赔付率等。

表 5-4　2015—2019 年产险分险种赔付支出数据

项目	2019 年赔付 / 亿元	简单赔付率（赔付支出 / 保费收入）/%					
		2019 年	2018 年	2017 年	2016 年	2015 年	5 年年化
赔款支出合计	7279	55.9	54.9	52.1	54.4	52.8	54.2
1. 企业财产保险	237	51.1	57.4	57.5	69.8	56.0	58.0
2. 家庭财产保险	37	40.2	45.1	40.3	45.3	40.2	42.2
其中：投资型家财险	0	51.0	89.9	115.4	14.0	10.1	20.1
3. 机动车辆保险	4613	56.3	56.2	52.4	53.4	53.8	54.5
其中：交强险	1342	61.3	63.2	64.9	65.5	63.0	63.5
4. 工程保险	68	57.3	44.9	42.9	48.6	44.2	47.8
5. 责任保险	342	45.4	44.9	44.6	45.9	42.8	44.9
6. 信用保险	113	56.7	52.8	44.1	45.6	23.4	45.0
7. 保证保险	377	44.7	36.5	20.5	33.6	30.6	36.1
其中：机动车辆消费贷款保证保险	5	119.0	335.1	145.4	81.9	48.7	121.9
其中：个人贷款抵押房屋保证保险	0	21.7	47.1	16.7	8.4	12.4	17.6
8. 船舶保险	35	63.3	72.3	72.6	71.8	60.6	67.9
9. 货物运输保险	70	53.6	55.8	62.1	64.7	52.4	57.3
10. 特殊风险保险	39	57.3	33.8	57.5	43.5	45.0	47.9
11. 农业保险	528	78.5	68.7	69.8	71.6	63.2	71.2
12. 健康险	623	74.2	76.3	78.4	80.1	82.3	77.0
其中：投资型健康险	0	0	0	0	0	0	0
13. 意外伤害保险	154	29.2	29.7	32.2	32.5	33.1	30.8
其中：投资型意外险	6	6572.4	879.0	761.4	146.3	174.4	439.3
14. 其他险	43	67.0	50.5	64.6	70.0	67.7	64.0

通过表5-4可以看出，产险公司最近5年的简单赔付率为54.2%，年化

简单赔付率居前三位的险种分别为意外险（30.8%）、保证保险（36.1%）、家庭财产保险（42.2%），居后三位的险种分别为健康险（77%）、农业保险（71.2%）、船舶保险（67.9%）。

表 5-5　2015—2019 年中资产险分险种赔付支出数据

项目	2019 年赔付 / 亿元	简单赔付率（赔付支出 / 保费收入）/%					
		2019 年	2018 年	2017 年	2016 年	2015 年	5 年年化
赔款支出合计	7149	56.0	55.0	52.1	54.3	52.6	54.1
1. 企业财产保险	231	52.2	57.8	57.1	67.1	52.2	57.1
2. 家庭财产保险	36	41.5	45.2	40.4	45.4	40.6	42.7
其中：投资型家财险	0	51.0	89.9	115.4	14.0	10.1	20.1
3. 机动车辆保险	4562	56.4	56.2	52.3	53.4	53.8	54.5
其中：交强险	1322	61.4	63.2	64.8	65.5	63.0	63.5
4. 工程保险	67	58.2	45.0	43.4	48.7	44.0	48.1
5. 责任保险	307	44.6	44.2	44.6	46.7	44.0	44.8
6. 信用保险	113	57.0	53.0	44.2	45.0	22.6	44.9
7. 保证保险	376	44.8	36.6	20.5	33.6	30.6	36.2
其中：机动车辆消费贷款保证保险	5	119.0	335.1	145.4	81.9	48.7	121.9
其中：个人贷款抵押房屋保证保险	0	21.7	47.1	16.7	8.4	12.5	17.6
8. 船舶保险	35	64.3	73.3	72.4	71.8	61.2	68.4
9. 货物运输保险	64	54.0	56.8	55.5	55.0	51.8	54.7
10. 特殊风险保险	39	57.6	34.0	58.0	43.6	45.3	48.1
11. 农业保险	517	78.4	69.0	70.1	72.0	62.4	71.2
12. 健康险	616	74.0	76.6	78.5	80.2	82.3	77.0
其中：投资型健康险	0	0	0	0	0	0	0
13. 意外伤害保险	146	28.8	29.5	32.4	32.5	33.2	30.7
其中：投资型意外险	6	6572.4	879.0	761.4	146.3	174.4	439.3
14. 其他险	38	67.0	52.4	64.9	69.6	67.6	64.5

通过表5-5可以看出，中资产险公司最近5年的简单赔付率为54.1%，年化简单赔付率居前三位的险种分别为意外险（30.7%）、保证保险（36.2%）、家庭财产保险（42.7%），居后三位的险种分别为健康险（77%）、农业保险（71.2%）、船舶保险（68.4%）。

表5-6　2015—2019年外资产险分险种赔付支出数据

项目	2019年赔付/亿元	简单赔付率（赔付支出/保费收入）/%					
		2019年	2018年	2017年	2016年	2015年	5年年化
赔款支出合计	130	51.3	52.7	55.7	62.0	62.7	56.3
1. 企业财产保险	6	27.4	48.6	64.9	120.2	127.0	76.9
2. 家庭财产保险	0	6.9	28.3	32.5	31.1	21.3	15.7
其中：投资型家财险	0	0	0	0	0	0	0
3. 机动车辆保险	51	54.9	59.0	55.0	53.0	56.5	55.6
其中：交强险	20	58.0	62.9	68.4	64.3	63.6	63.4
4. 工程保险	1	22.3	38.8	13.9	38.1	54.2	32.0
5. 责任保险	35	52.7	51.8	45.1	33.3	24.0	46.3
6. 信用保险	0	14.0	13.9	42.6	149.5	154.7	67.7
7. 保证保险	0	8.8	5.9	20.9	30.2	83.5	11.5
其中：机动车辆消费贷款保证保险	0	0	0	0	0	0	0
其中：个人贷款抵押房屋保证保险	0	0	0	0	0	3.3	3.5
8. 船舶保险	0	1.7	5.5	398.6	61.9	7.9	12.9
9. 货物运输保险	6	49.8	46.4	114.9	130.9	56.5	78.7
10. 特殊风险保险	0	16.9	5.7	1.0	24.9	21.3	14.0
11. 农业保险	11	84.0	59.2	60.6	59.5	91.2	70.0
12. 健康险	7	89.3	61.0	72.1	74.3	85.2	73.5
其中：投资型健康险	0	0	0	0	0	0	0
13. 意外伤害保险	8	39.4	36.0	28.3	32.1	31.0	34.2
其中：投资型意外险	0	0	0	0	0	0	0
14. 其他险	5	67.4	35.7	15.5	273.1	102.7	57.2

通过表5-6可以看出，外资财产保险公司最近5年的简单赔付率为56.3%，年化简单赔付率居前三位的险种分别为保证保险（11.5%）、船舶保险（12.9%）、特殊风险保险（14%），居后三位的险种分别为货物运输保险（78.7%）、企业财产保险（76.9%）、健康险（73.5%）。

三、中外资数据对比分析（2015—2019年）

表5-7给出了中外资产险公司数据的对比，从年化增长率来看，外资公司（8.5%）明显低于中资公司（11.6%）；从平均赔付率来看，外资公司（56.3%）略高于中资公司（54.1%）。

表5-7　2015—2019年中外资产险分险种数据对比

项目	5年年化增长率/%			5年平均赔付率/%			5年平均占有率/%		
	合计	中资	外资	合计	中资	外资	合计	中资	外资
原保险保费收入合计	12	12	9	54	54	56	100	100	100
1. 企业财产保险	4	4	2	58	57	77	3.9	3.8	9.6
2. 家庭财产保险	22	21	48	42	43	16	0.6	0.6	0.5
其中：投资型家财险	−24	−24	0	20	20	0	0	0	0
3. 机动车辆保险	8	8	0	55	54	56	69.6	70.1	47.9
其中：交强险	9	9	1	63	63	63	17.8	17.8	16.0
4. 工程保险	8	8	−5	48	48	32	1.0	1.0	0.9
5. 责任保险	24	24	34	45	45	46	4.5	4.3	17.6
6. 信用保险	0	0	6	45	45	68	2.0	2.0	0.7
7. 保证保险	33	33	100	36	36	11	4.0	4.1	0.6
其中：机动车辆消费贷款保证保险	42	42	0	122	122	0	0	0	0
其中：个人贷款抵押房屋保证保险	−20	−20	−150	18	18	3	0	0	0
8. 船舶保险	0	0	20	68	68	13	0.5	0.5	0.2
9. 货物运输保险	6	7	−1	57	55	79	1.0	0.9	5.5
10. 特殊风险保险	11	11	4	48	48	14	0.5	0.5	0.2

续表

项目	5 年年化增长率 /%			5 年平均赔付率 /%			5 年平均占有率 /%		
	合计	中资	外资	合计	中资	外资	合计	中资	外资
11. 农业保险	16	16	5	71	71	70	4.7	4.7	6.2
12. 健康险	38	38	28	77	77	73	4.2	4.2	2.7
其中：投资型健康险	0	0	0	0	0	0	0	0	0
13. 意外伤害保险	25	25	21	31	31	34	3.1	3.1	6.5
其中：投资型意外险	–21	–21	0	439	439	0	0	0	0
14. 其他险	38	35	189	64	64	57	0.3	0.3	0.9

从平均占有率来看，中资公司占有率最高的三个险种为车险（70.1%）、农业保险（4.7%）、责任保险（4.3%），外资公司占有率最高的三个险种为车险（47.9%）、责任保险（17.6%）、企业财产保险（9.6%）。

总体来看，中外资财产保险公司经营数据基本趋同，从细分险种来看，中资公司险种集中度较高，外资公司险种集中度相对较低。

寿险险种结构细细品（2015—2019年）

一、保费数据分析（2015—2019 年）

2019年，人身险业务原保险保费收入为30995.28亿元，同比增加3748.74亿元，增长13.76%，各险种保费收入情况详见表5–8。

（1）从险种来看，寿险业务为22754.14亿元，增加2031.28亿元，增长9.80%，人身险业务占比76.80%；健康险业务为6225.68亿元，增加1718.28亿元，增长27.60%，人身险业务占比21.01%；意外险业务为648.60亿元，减少10.18亿元，负增长1.57%，人身险业务占比2.19%。

（2）从保费分拆来看，未计入保险合同核算的保户投资款和独立账户本年新增交费为9086.94亿元，同比增长9.66%。其中，寿险业务保户投资款和独立账户本年新增交费为8207.27亿元；健康险业务保户投资款本年新增交费共879.67亿元。

（3）从新单和续期来看，新单原保险保费收入为12853.72亿元，同比增长10.10%，人身险公司业务占比43.38%；其中，新单期趸交业务为6275.10亿元，增长12.55%，占新单业务的48.82%。在新单期趸交业务中，3年期以下为181.74亿元，占比2.95%，下降0.08个百分点；3~5年期为2210.52亿元，占比35.90%，上升0.36个百分点；5~10年期为1068.89亿元，占比17.36%，上升3.08个百分点；10年期及以上为2696.00亿元，占比43.79%，下降3.36个百分点。

（4）从寿险业务类型来看，普通寿险业务同比增长14.83%，分红寿险业务同比增长5.90%。普通寿险业务为10473.62亿元，增长14.83%；分红寿险业务为12166.97亿元，增长5.90%；投资连结保险业务为4.40亿元，增长6.89%；万能寿险业务为109.15亿元，增长0.54%。人身险公司普通寿险业务保户投资款本年新增交费共4.67亿元；分红寿险业务保户投资款本年新增交费共90.64亿元；万能寿险业务保户投资款本年新增交费共7736.12亿元；投资连结保险业务独立账户本年新增交费共375.84亿元。

（5）从销售渠道来看，人身险公司银邮代理业务同比增长11.75%；个人代理业务同比增长11.50%。银邮代理业务为8975.90亿元，增长11.75%，人身险公司业务占比30.29%，下降0.29个百分点；个人代理业务为17229.74亿元，增长11.50%，占比58.15%，下降0.69个百分点；公司直销业务为2383.07亿元，增长18.39%，占比8.04%，上升0.38个百分点。

表5-8、表5-9、表5-10分别给出了寿险公司、中资寿险公司、外资寿险公司的险种保费收入分布数据，主要包括2015—2019年的保费增长率、年化增长率等。

表 5-8 2015—2019 年寿险分险种保费收入数据

项目		2019 年保费收入 / 亿元	保费增长率 /%					
			2019 年	2018 年	2017 年	2016 年	2015 年	5 年年化
原保险保费收入合计		29628	13	1	20	37	25	18
（一）按险种分		29628	13	1	20	37	25	18
1. 寿险小计		22754	10	−3	23	32	21	16
（1）个人业务	新单保费	9011	9	−32	16	44	40	11
	其中：新单趸交	4252	3	−45	6	32	40	2
	续期保费	13680	10	35	35	17	5	20
其中：年金保险	新单保费	3511	−16	−47	23	59	143	16
	其中：新单趸交	330	−76	−69	−7	53	154	−23
	续期保费	7406	18	86	67	53	19	46
（2）团体业务	新单保费	48	30	−25	−14	−1	−15	−7
	其中：新单趸交	34	65	−37	−26	−4	−16	−9
	续期保费	15	120	−5	−32	−19	−9	1
其中：年金保险	新单保费	9	−46	−39	−25	6	−19	−26
	其中：新单趸交	1	−73	−78	−45	−8	−25	−53
	续期保费	12	227	36	−19	−20	3	24
2. 意外伤害险小计		649	−2	12	17	15	18	12
（1）一年期以内业务		86	90	25	22	−11	7	23
（2）一年期业务		348	−14	6	9	9	11	4
（3）一年期以上业务		215	3	23	40	52	68	35
3. 健康险小计		6226	28	22	7	72	54	34
（1）短期	个人业务	589	39	61	53	28	21	39
	团体业务	958	26	19	16	30	34	25
（2）长期	个人业务	4557	27	21	2	88	69	38
	团体业务	121	3	−11	18	52	3	11
（二）按销售渠道分		29628	13	1	20	37	25	18
1. 公司直销小计		2383	18	15	8	21	6	13
（1）寿险		1120	13	11	4	19	−8	7
（2）意外伤害险		96	−18	2	−8	−9	12	−5

续表

项目		2019 年保费收入 / 亿元	保费增长率 /%					
			2019 年	2018 年	2017 年	2016 年	2015 年	5 年年化
（3）健康险		1167	29	22	17	32	34	27
2. 个人代理小计		17230	12	18	30	33	22	23
（1）寿险		12405	7	13	27	30	20	19
（2）意外伤害险		375	9	19	37	49	31	28
（3）健康险		4450	26	40	46	47	35	39
3. 保险专业代理小计		363	55	31	49	38	17	37
（1）寿险		190	80	23	50	56	8	41
其中：直属保险代理公司		24	28	10	43	40	30	30
（2）意外伤害险		21	−3	−9	20	−10	12	1
其中：直属保险代理公司		1	−32	70	−7	−2	−22	−4
（3）健康险		152	41	54	60	51	35	48
其中：直属保险代理公司		10	15	82	86	144	16	62
4. 银行邮政代理小计		8976	12	−24	11	45	34	13
（1）寿险		8789	12	−22	21	35	28	13
其中：新单趸交		3811	−2	−44	11	30	44	3
（2）意外伤害险		52	−15	7	12	20	22	8
（3）健康险		136	35	−79	−60	204	311	7
5. 其他兼业代理小计		307	13	0	15	20	21	13
6. 保险经纪业务小计		369	44	39	47	47	38	43
（三）按新型产品分		22754	10	−3	23	32	21	16
（1）普通寿险	新单保费	4290	15	−61	9	53	66	5
	其中：新单趸交	556	−65	−77	5	40	53	−29
	续期保费	6183	15	56	93	66	21	47
（2）分红寿险	新单保费	4759	4	66	43	11	−9	20
	其中：新单趸交	3726	46	400	22	−33	−18	38
	续期保费	7408	7	22	14	6	1	10
（3）投资连结保险		4	7	5	1	−8	−5	0
（4）万能寿险		109	1	−3	5	11	4	4

表 5-9　2015—2019 年中资寿险分险种保费收入数据

项目		2019 年保费收入 / 亿元	保费增长率 /%					
			2019 年	2018 年	2017 年	2016 年	2015 年	5 年年化
原保险保费收入合计		26824	11	0	19	37	24	18
（一）按险种分		26824	11	0	19	37	24	18
1. 寿险小计		20647	8	–4	22	31	21	15
（1）个人业务	新单保费	7861	5	–33	14	43	39	10
	其中：新单趸交	3472	–4	–47	4	31	39	–1
	续期保费	12740	9	34	35	17	4	19
其中：年金保险	新单保费	3187	–19	–47	19	57	144	15
	其中：新单趸交	212	–83	–68	–12	51	154	–29
	续期保费	7025	17	86	68	55	19	47
（2）团体业务	新单保费	39	83	–39	–15	1	–36	–9
	其中：新单趸交	32	68	–38	–16	10	–36	–9
	续期保费	7	7	–6	–33	–19	–10	–13
其中：年金保险	新单保费	5	10	–72	–26	22	–51	–33
	其中：新单趸交	1	–74	–79	–31	20	–52	–53
	续期保费	4	20	36	–19	–20	3	2
2. 意外伤害险小计		596	–2	11	17	16	17	12
（1）一年期以内业务		83	99	29	19	–11	4	23
（2）一年期业务		318	–16	4	9	9	10	3
（3）一年期以上业务		195	3	23	42	56	76	37
3. 健康险小计		5581	27	20	4	74	55	34
（1）短期	个人业务	508	39	62	51	30	19	39
	团体业务	882	27	19	16	30	36	25
（2）长期	个人业务	4079	27	19	–2	91	70	37
	团体业务	112	1	–13	15	52	3	9
（二）按销售渠道分		26824	11	0	19	37	24	18
1. 公司直销小计		2229	19	15	7	22	4	13
（1）寿险		1046	14	11	4	21	–11	7
（2）意外伤害险		85	–20	0	–10	–10	12	–6

续表

项目		2019 年保费收入 / 亿元	保费增长率 /%					
			2019 年	2018 年	2017 年	2016 年	2015 年	5 年年化
（3）健康险		1097	29	22	16	32	35	27
2. 个人代理小计		16353	11	18	30	33	22	22
（1）寿险		11930	7	13	27	30	20	19
（2）意外伤害险		357	9	18	38	51	32	29
（3）健康险		4065	26	40	46	46	34	38
3. 保险专业代理小计		269	69	23	47	38	17	37
（1）寿险		149	104	15	61	73	15	50
其中：直属保险代理公司		11	18	−17	30	43	25	18
（2）意外伤害险		18	−2	−16	21	−12	11	0
其中：直属保险代理公司		0	−16	29	−15	2	−33	−9
（3）健康险		102	50	52	43	48	26	44
其中：直属保险代理公司		3	−23	56	28	171	26	39
4. 银行邮政代理小计		7465	7	−27	8	44	33	10
（1）寿险		7318	7	−24	19	33	27	10
其中：新单趸交		3060	−11	−46	10	28	43	−1
（2）意外伤害险		43	−17	6	12	23	18	7
（3）健康险		103	42	−84	−61	208	337	3
5. 其他兼业代理小计		202	6	−11	11	22	19	9
6. 保险经纪业务小计		307	47	38	45	51	44	45
（三）按新型产品分		20647	8	−4	22	31	21	15
（1）普通寿险	新单保费	3959	15	−61	7	50	65	4
	其中：新单趸交	451	−70	−77	2	37	52	−32
	续期保费	5655	13	55	95	68	21	47
（2）分红寿险	新单保费	3931	−3	62	49	14	−13	18
	其中：新单趸交	3049	43	477	49	−41	−32	38
	续期保费	6992	7	22	14	6	1	10
（3）投资连结保险		2	4	−1	−7	−18	−10	−7
（4）万能寿险		108	0	−3	5	11	4	3

表 5-10　2015—2019 年外资寿险分险种保费收入数据

项目		2019 年保费收入 / 亿元	保费增长率 /%					
			2019 年	2018 年	2017 年	2016 年	2015 年	5 年年化
原保险保费收入合计		2805	32	10	39	40	35	31
（一）按险种分		2805	32	10	39	40	35	31
1. 寿险小计		2107	34	3	38	41	35	29
（1）个人业务	新单保费	1150	44	−19	40	61	55	33
	其中：新单趸交	780	55	−25	35	54	69	32
	续期保费	940	23	42	36	17	13	25
其中：年金保险	新单保费	324	30	−56	126	135	115	46
	其中：新单趸交	119	20	−75	118	145	176	35
	续期保费	381	32	87	44	22	15	38
（2）团体业务	新单保费	9	−42	9	−13	−5	231	11
	其中：新单趸交	2	29	−17	−75	−41	298	−9
	续期保费	8	1930	13	12	−1	41	105
其中：年金保险	新单保费	4	−69	20	−22	−15	459	7
	其中：新单趸交	0	−33	26	−99	−52	377	−51
	续期保费	0	0	0	0	0	0	0
2. 意外伤害险小计		53	4	23	21	9	21	15
（1）一年期以内业务		3	−14	−7	56	−4	53	13
（2）一年期业务		30	3	29	15	2	15	12
（3）一年期以上业务		20	8	23	23	25	27	21
3. 健康险小计		645	30	39	50	44	39	40
（1）短期	个人业务	82	39	56	69	11	37	41
	团体业务	75	21	17	27	22	16	21
（2）长期	个人业务	478	29	41	51	56	49	45
	团体业务	10	50	45	987	92	283	180
（二）按销售渠道分		2805	32	10	39	40	35	31
1. 公司直销小计		154	13	15	27	4	34	18
（1）寿险		74	3	8	13	−2	42	12
（2）意外伤害险		11	6	15	35	11	12	15

续表

项目		2019 年保费收入 / 亿元	保费增长率 /%					
			2019 年	2018 年	2017 年	2016 年	2015 年	5 年年化
（3）健康险		69	28	24	53	19	25	29
2. 个人代理小计		877	24	26	40	34	23	29
（1）寿险		475	21	18	38	24	15	23
（2）意外伤害险		18	16	23	19	14	17	18
（3）健康险		385	29	39	45	55	45	43
3. 保险专业代理小计		94	25	52	54	38	16	36
（1）寿险		41	26	46	25	29	–1	24
其中：直属保险代理公司		14	38	56	72	33	42	48
（2）意外伤害险		3	–8	55	12	12	21	17
其中：直属保险代理公司		1	–40	102	0	–5	–9	1
（3）健康险		51	27	57	100	59	67	60
其中：直属保险代理公司		7	47	111	283	81	–1	85
4. 银行邮政代理小计		1511	40	–3	40	52	45	33
（1）寿险		1470	41	–4	40	53	46	33
其中：新单趸交		751	55	–26	32	59	69	32
（2）意外伤害险		8	–3	16	15	6	48	15
（3）健康险		33	16	27	41	46	33	32
5. 其他兼业代理小计		105	28	40	33	16	30	29
6. 保险经纪业务小计		63	34	42	58	28	19	35
（三）按新型产品分		2107	34	3	38	41	35	29
（1）普通寿险	新单保费	331	21	–63	59	143	116	30
	其中：新单趸交	105	9	–82	58	156	134	13
	续期保费	529	32	72	68	42	22	46
（2）分红寿险	新单保费	828	53	108	2	–3	32	33
	其中：新单趸交	677	66	196	–18	–17	47	37
	续期保费	416	16	19	18	7	9	14
（3）投资连结保险		2	10	13	13	12	6	11
（4）万能寿险		1	15	3	–1	7	1	5

二、赔付数据分析（2015—2019 年）

2019年，人身险业务赔款与给付支出为6392.35亿元，同比减少8.20亿元，下降0.13%。其中，寿险业务给付金额为3743.21亿元，下降14.70%；健康险业务赔款与给付支出为2351.48亿元，增长34.81%；意外险业务赔款支出为297.66亿元，增长11.19%。

表5-11、表5-12、表5-13分别给出了寿险公司、中资寿险公司、外资寿险公司的险种赔付支出分布数据，主要包括2015—2019年的赔付增长率、年化增长率等。

表 5-11　2015—2019 年寿险分险种赔付支出数据

项目	2019 年赔付支出 / 亿元	赔付支出增长率 /%					
		2019 年	2018 年	2017 年	2016 年	2015 年	5 年年化
赔付支出	5694	–3	3	4	30	30	12
1. 赔款支出	1184	24	28	23	29	25	26
（1）意外伤害险	144	0	17	20	20	17	14
一年期以内业务	21	196	126	10	3	33	59
一年期业务	123	–10	14	20	20	17	12
（2）短期健康险	1040	28	30	23	31	27	28
个人业务	214	50	45	34	13	3	28
团体业务	826	24	27	21	35	33	28
2. 死伤医疗给付	978	28	28	29	23	20	26
（1）寿险	297	11	12	13	11	9	11
个人业务	278	9	12	13	10	9	11
团体业务	20	39	24	14	20	11	21
（2）长期健康险	681	37	38	43	37	32	38
个人业务	640	42	43	45	39	32	40
团体业务	41	–12	6	30	22	34	14

续表

项目	2019 年赔付支出 / 亿元	赔付支出增长率 /%					
		2019 年	2018 年	2017 年	2016 年	2015 年	5 年年化
3. 满期给付	2313	−18	−17	−7	31	30	2
（1）寿险	2306	−18	−17	−7	31	30	2
个人业务	2275	−17	−17	−8	32	33	2
其中：年金保险	94	52	−7	48	62	190	58
团体业务	31	−57	−28	26	10	−29	−21
其中：年金保险	1	−4	18	7	−10	15	4
（2）长期健康险	7	92	29	−62	75	92	26
个人业务	7	99	25	−62	78	88	26
团体业务	0	−71	470	−55	−47	1713	49
4. 年金给付	1139	−13	37	28	25	44	22
（1）个人业务	1066	−14	39	30	28	52	25
其中：年金保险	833	−24	44	39	31	66	27
（2）团体业务	74	2	6	5	1	1	3
其中：年金保险	72	2	6	5	1	1	3

表 5-12　2015—2019 年中资寿险分险种赔付支出数据

项目	2019 年赔付支出 / 亿元	赔付支出增长率 /%					
		2019 年	2018 年	2017 年	2016 年	2015 年	5 年年化
赔付支出	5312	−5	2	3	32	30	11
1. 赔款支出	1097	23	27	23	30	26	26
（1）意外伤害险	137	−1	16	21	20	16	14
一年期以内业务	20	216	146	11	−6	26	59
一年期业务	117	−11	14	21	20	16	11
（2）短期健康险	960	28	30	23	32	28	28
个人业务	191	49	43	35	13	2	27
团体业务	769	23	27	21	36	35	28
2. 死伤医疗给付	917	27	27	29	23	19	25

续表

项目	2019 年赔付支出 / 亿元	赔付支出增长率 /%					
		2019 年	2018 年	2017 年	2016 年	2015 年	5 年年化
（1）寿险	286	11	12	13	10	9	11
个人业务	268	9	11	13	10	9	10
团体业务	18	44	21	14	16	11	21
（2）长期健康险	631	36	37	43	36	32	37
个人业务	591	42	42	45	39	32	40
团体业务	40	–13	6	30	21	35	14
3. 满期给付	2158	–20	–18	–8	34	29	1
（1）寿险	2151	–20	–18	–8	34	29	1
个人业务	2120	–19	–18	–9	34	32	1
其中：年金保险	91	50	–8	47	63	197	58
团体业务	31	–57	–28	26	10	–29	–21
其中：年金保险	1	–4	18	7	–10	15	4
（2）长期健康险	7	93	29	27	26	–19	26
个人业务	7	100	25	29	31	–24	26
团体业务	0	–82	449	–57	–47	1713	32
4. 年金给付	1068	–14	39	26	26	46	23
（1）个人业务	1011	–15	41	28	28	52	24
其中：年金保险	802	–24	46	35	31	67	27
（2）团体业务	57	3	8	5	1	2	4
其中：年金保险	56	3	8	6	1	1	4

表 5–13　2015—2019 年外资寿险分险种赔付支出数据

项目	2019 年赔付支出 / 亿元	赔付支出增长率 /%					
		2019 年	2018 年	2017 年	2016 年	2015 年	5 年年化
赔付支出	383	30	28	31	–8	40	23
1. 赔款支出	87	36	31	22	17	17	25
（1）意外伤害险	7	19	36	2	22	39	23

续表

项目	2019 年赔付支出 / 亿元	赔付支出增长率 /%					
		2019 年	2018 年	2017 年	2016 年	2015 年	5 年年化
一年期以内业务	1	7	27	3	84	154	46
一年期业务	6	21	38	1	16	34	21
（2）短期健康险	80	38	31	24	17	15	25
个人业务	23	62	67	23	9	7	31
团体业务	57	30	22	24	19	18	22
2. 死伤医疗给付	62	43	47	38	33	25	37
（1）寿险	12	13	29	20	22	14	19
个人业务	10	15	24	20	17	15	18
团体业务	2	2	50	17	51	11	25
（2）长期健康险	50	53	54	47	39	31	45
个人业务	49	53	55	46	39	34	45
团体业务	0	85	18	810	265	–96	21
3. 满期给付	155	31	37	16	–30	65	19
（1）寿险	155	32	37	26	–34	62	19
个人业务	155	32	37	26	–34	62	19
其中：年金保险	3	145	69	56	–1	32	53
团体业务	0	0	0	0	0	0	0
其中：年金保险	0	0	0	0	0	0	0
（2）长期健康险	0	–43	6	–99	109	0	–61
个人业务	0	–89	–28	–99	109	0	–74
团体业务	0	47	0	0	0	0	8
4. 年金给付	71	3	4	62	16	14	18
（1）个人业务	55	4	5	100	29	30	30
其中：年金保险	31	–4	–3	215	72	45	49
（2）团体业务	17	0	0	3	0	–1	1
其中：年金保险	17	0	0	3	0	–1	1

三、退保数据分析（2015—2019 年）

2019年，人身险公司退保金为5841.34亿元，同比下降18.98%；退保率为4.97%，同比下降1.86个百分点。

从公司看，中资人身险公司退保金为5568.78亿元，退保率5.09%；外资人身险公司退保金为272.56亿元，退保率3.33%。

从险种看，分红寿险退保金为1372.39亿元，占人身险公司退保金的23.49%；普通寿险退保金为4147.99亿元，占人身险公司退保金的71.01%。

表5–14、表5–15、表5–16分别给出了寿险公司、中资寿险公司、外资寿险公司的险种退保金分布数据，主要包括2015—2019年的退保金增长率、年化增长率等。

表 5–14　2015—2019 年寿险分险种退保金数据

项目	2019 年退保金 / 亿元	退保金增长率 /%					
		2019 年	2018 年	2017 年	2016 年	2015 年	5 年年化
退保金	5841	–19	18	37	12	23	13
1. 寿险	5521	–18	14	36	13	20	12
（1）个人业务	5514	–18	15	38	13	19	12
其中：年金保险	3030	–22	11	117	171	101	59
（2）团体业务	6	–61	–25	–57	58	82	–18
其中：年金保险	6	–57	–22	–58	130	12	–18
2. 长期健康险	321	–33	102	61	–2	206	46

表 5–15　2015—2019 年中资寿险分险种退保金数据

项目	2019 年退保金 / 亿元	退保金增长率 /%					
		2019 年	2018 年	2017 年	2016 年	2015 年	5 年年化
退保金	5569	–16	15	35	12	22	12

续表

项目	2019 年退保金 / 亿元	退保金增长率 /%					
		2019 年	2018 年	2017 年	2016 年	2015 年	5 年年化
1. 寿险	5256	–15	11	34	12	19	11
（1）个人业务	5250	–15	11	35	12	19	11
其中：年金保险	2956	–19	7	115	170	101	59
（2）团体业务	6	–61	2	–57	18	82	–18
其中：年金保险	6	–57	18	–60	57	12	–18
2. 长期健康险	312	–34	102	62	–2	211	46

表 5–16　2015—2019 年外资寿险分险种退保金数据

项目	2019 年退保金 / 亿元	退保金增长率 /%					
		2019 年	2018 年	2017 年	2016 年	2015 年	5 年年化
退保金	273	–50	77	105	39	49	30
1. 寿险	264	–51	77	106	40	49	30
（1）个人业务	264	–51	80	121	28	49	30
其中：年金保险	75	–68	162	207	212	61	66
（2）团体业务	0	–11	–99	–55	88162	–46	5
其中：年金保险	0	–71	–100	–55	27735236	–100	–164
2. 长期健康险	8	71	58	46	18	24	42

总体来看，中外资财产保险公司经营数据差异巨大，从细分险种来看，各家中资公司的经营差异较大，各家外资公司经营差异较小。

第六章 中国保险格局

产险市场格局深深悟（2015—2019年）

一、市场主体（2019年）

2019年，中国银保监会没有批筹新的产险公司；2018年3家产险公司（太平科技、黄河产险、融盛产险）获批开业，产险市场格局保持了相对稳定，目前共有88家财产保险公司（本书中88家财产保险公司的简称使用中国银保监会网站公布的名称），如图6-1所示。

图6-1　2002—2019年产险公司数量

二、市场份额（2019 年）

从近几年的市场份额统计情况（见表6–1）可以看出，除了人保财险、平安财险和太平洋财险三大财产保险公司以外，其他财产保险公司的市场份额较小，甚至无一突破6%。三年来，三大财产保险公司的市场份额趋于稳定，但太保财险的市场份额下降趋势明显。目前，国内财产保险市场上的保险公司市场份额大多小于1%，中小型财产保险公司数目众多。综观整个国内财产保险市场的市场份额，基本形成了“一超两强”为主导的市场格局。“一超”指人保财险，“两强”指平安财险和太平洋财险。

表 6–1　2019 年各产险公司保费收入情况

序号	公司名称	保费收入 / 亿元	同比增长 /%	市场份额 /%
1	人保股份	4316	11.3	33.2
2	大地财产	484	14.2	3.7
3	出口信用	147	–24.8	1.1
4	中华联合	486	15.0	3.7
5	太保财	1322	12.7	10.2
6	平安财	2709	9.5	20.8
7	华泰	78	–4.1	0.6
8	天安	156	3.4	1.2
9	华安	141	18.2	1.1
10	永安	118	12.7	0.9
11	太平保险	269	11.1	2.1
12	亚太产险	48	27.6	0.4
13	中银保险	66	11.0	0.5
14	安信农业	14	12.1	0.1
15	永诚	63	2.5	0.5
16	大家财险	43	12.8	0.3

续表

序号	公司名称	保费收入 / 亿元	同比增长 /%	市场份额 /%
17	国任产险	48	17.2	0.4
18	安华农业	55	10.1	0.4
19	阳光财产	395	9.0	3.0
20	阳光农业	33	–2.3	0.3
21	都邦	38	–0.6	0.3
22	渤海	37	–7.0	0.3
23	华农	20	8.7	0.2
24	国寿财产	770	11.5	5.9
25	安诚	44	8.0	0.3
26	长安责任	28	–2.2	0.2
27	国元农业	56	–2.0	0.4
28	鼎和财产	49	9.8	0.4
29	中煤财产	15	5.9	0.1
30	英大财产	85	10.5	0.7
31	浙商财产	41	–6.1	0.3
32	紫金财产	64	16.9	0.5
33	泰山产险	22	30.3	0.2
34	众诚保险	17	27.9	0.1
35	锦泰财产	22	8.3	0.2
36	诚泰财产	15	23.8	0.1
37	长江财产	7	–7.7	0.1
38	富德财产	24	3.5	0.2
39	鑫安汽车	8	25.5	0.1
40	北部湾财产	31	9.0	0.2
41	中石油专属保险	5	–5.9	0
42	众安财产	146	30.4	1.1
43	恒邦财产	11	53.1	0.1
44	合众财产	3	26.7	0
45	燕赵财产	8	2.7	0.1

续表

序号	公司名称	保费收入 / 亿元	同比增长 /%	市场份额 /%
46	华海财产	21	3.2	0.2
47	中原农业	20	23.4	0.2
48	中路财产	9	13.5	0.1
49	铁路自保	3	−37.7	0
50	阳光信用	2	−39.7	0
51	泰康在线	51	73.8	0.4
52	易安财产	10	−18.8	0.1
53	东海航运	3	52.1	0
54	久隆财产	2	18.2	0
55	安心财产	27	77.8	0.2
56	前海联合	18	60.6	0.1
57	珠峰产险	5	13.4	0
58	海峡金桥	4	11.3	0
59	建信财产	5	42.9	0
60	众惠相互	7	93.0	0.1
61	太平科技	1	72.4	0
62	中远海自保	5	30.1	0
63	汇友互助	1	167.0	0
64	粤电自保	1	2.7	0
65	黄河产险	4	60.0	0
66	融盛产险	2	801.0	0
中资小计		12764	10.7	98.1
67	史带财产	3	29.9	0
68	美亚	15	−3.3	0.1
69	东京海上	6	0.6	0
70	瑞再企商	1	−12.6	0
71	安达保险	6	11.2	0
72	三井住友	6	4.0	0
73	三星	8	−3.4	0.1

续表

序号	公司名称	保费收入 / 亿元	同比增长 /%	市场份额 /%
74	安联	24	124.6	0.2
75	日本财产	4	1.6	0
76	利宝互助	23	15.9	0.2
77	中航安盟	22	–5.8	0.2
78	安盛天平	63	–0.3	0.5
79	苏黎世	6	4.2	0
80	现代财产	1	22.5	0
81	劳合社	0	1.3	0
82	中意财产	7	9.7	0.1
83	爱和谊	1	1.2	0
84	国泰财产	48	25.4	0.4
85	日本兴亚	1	4.5	0
86	乐爱金	2	14.6	0
87	富邦产险	7	–16.3	0.1
88	信利保险	0	–59.7	0
外资小计		253	10.9	1.9
合计		13016	10.7	100

三、市场集中度（2004—2019 年）

从表6–2中的数据可以看出，2008—2011年国内财产保险市场集中度持续上升，2012年开始市场集中度又有所下降，但是下降幅度较小。2019年市场集中度较2018年略有上升。总体来看，近年来市场集中度达到60%以上，这说明国内财产保险市场仍然趋向于垄断，整体竞争程度不够。具体来看，近年来约60%的市场份额仍然由三大财产保险公司贡献，而且人保财险一直稳居首位；平安财险的市场份额从2009年起超越太平洋财险，排名次席。

表 6-2　2004—2019 年产险公司市场集中度（CR3）

年份	市场份额前三（由大到小）	产险市场集中度（CR3）/%
2004	人保、太保、平安	79.9
2005	人保、太保、平安	72.6
2006	人保、太保、平安	67.3
2007	人保、太保、平安	64.0
2008	人保、太保、平安	63.9
2009	人保、平安、太保	64.2
2010	人保、平安、太保	66.5
2011	人保、平安、太保	66.6
2012	人保、平安、太保	65.4
2013	人保、平安、太保	64.8
2014	人保、平安、太保	64.7
2015	人保、平安、太保	64.0
2016	人保、平安、太保	65.6
2017	人保、平安、太保	63.5
2018	人保、平安、太保	64.0
2019	人保、平安、太保	64.1

四、保费收入情况（2015—2019 年）

表6-3给出了2015—2019年各产险公司保费收入增长情况，中资产险公司年化增长率为12%，外资产险公司年化增长率为9%，中外资产险公司合计年化增长率为12%。

表 6-3　2015—2019 年各产险公司保费收入增长情况　　%

序号	公司名称	保费收入增长率					
		2019 年	2018 年	2017 年	2016 年	2015 年	5 年年化
1	人保股份	11	11	13	10	11	11
2	大地财产	14	14	16	20	19	17
3	出口信用	–25	6	7	5	–9	–4

续表

序号	公司名称	保费收入增长率					
		2019 年	2018 年	2017 年	2016 年	2015 年	5 年年化
4	中华联合	15	9	1	–2	13	7
5	太保财	13	13	8	2	2	7
6	平安财	9	15	21	9	15	14
7	华泰	–4	2	14	11	–1	4
8	天安	3	7	2	6	17	7
9	华安	18	6	12	17	13	13
10	永安	13	24	–7	11	16	11
11	太平保险	11	10	21	16	18	15
12	亚太产险	28	19	9	19	–13	11
13	中银保险	11	7	11	11	–15	4
14	安信农业	12	11	9	–4	–5	4
15	永诚	2	–4	1	–5	15	2
16	大家财险	13	–43	26	2	2	–3
17	国任产险	17	26	0	5	–12	6
18	安华农业	10	3	10	14	19	11
19	阳光财产	9	8	18	10	22	13
20	阳光农业	–2	5	8	10	2	4
21	都邦	–1	–9	4	1	11	1
22	渤海	–7	4	30	24	10	11
23	华农	9	28	73	35	19	31
24	国寿财产	11	4	11	19	25	14
25	安诚	8	0	11	17	27	12
26	长安责任	–2	–2	–3	10	14	3
27	国元农业	–2	22	17	27	6	13
28	鼎和财产	10	12	26	20	9	15
29	中煤财产	6	6	8	35	15	13
30	英大财产	10	–7	0	13	13	6
31	浙商财产	–6	18	7	5	2	5

续表

序号	公司名称	保费收入增长率					
		2019 年	2018 年	2017 年	2016 年	2015 年	5 年年化
32	紫金财产	17	8	3	18	24	14
33	泰山产险	30	12	13	8	13	15
34	众诚保险	28	2	8	17	-9	8
35	锦泰财产	8	23	13	10	21	15
36	诚泰财产	24	19	12	19	55	25
37	长江财产	-8	-1	-11	22	37	6
38	富德财产	4	11	14	85	99	37
39	鑫安汽车	26	24	23	-1	33	20
40	北部湾财产	9	38	37	16	41	28
41	中石油专属保险	-6	6	28	-6	0	4
42	众安财产	30	88	75	49	188	79
43	恒邦财产	53	39	11	116	—	39
44	合众财产	27	91	89	1658	—	140
45	燕赵财产	3	-4	37	989	—	71
46	华海财产	3	31	31	214	35026	355
47	中原农业	23	50	107	610	—	93
48	中路财产	14	112	189	860	—	132
49	铁路自保	-38	-12	15	3268	—	84
50	阳光信用	-40	105	306	—	—	38
51	泰康在线	74	78	145	154799	—	552
52	易安财产	-19	53	279	—	—	36
53	东海航运	52	10	129	—	—	31
54	久隆财产	18	7	313	—	—	39
55	安心财产	78	93	957	—	—	105
56	前海联合	61	91	1036	—	—	103
57	珠峰产险	13	12	1576	—	—	84
58	海峡金桥	11	8	1057	—	—	69

续表

序号	公司名称	保费收入增长率					
		2019 年	2018 年	2017 年	2016 年	2015 年	5 年年化
59	建信财产	43	57	—	—	—	18
60	众惠相互	93	472	—	—	—	62
61	太平科技	72	—	0	—	—	12
62	中远海自保	30	112	—	—	—	22
63	汇友互助	167	662	—	—	—	83
64	粤电自保	3	482	—	—	—	43
65	黄河产险	60	—	0	—	—	10
66	融盛产险	801	—	0	—	—	55
中资小计		11	12	14	10	12	12
67	史带财产	30	10	1	–27	–76	–24
68	美亚	–3	12	3	–5	23	6
69	东京海上	1	12	6	4	–1	4
70	瑞再企商	–13	9	7	–16	–13	–6
71	安达保险	11	5	77	127	0	36
72	三井住友	4	21	1	–19	10	3
73	三星	–3	0	5	–3	4	0
74	安联	125	15	10	2	–9	21
75	日本财产	2	6	2	3	3	3
76	利宝互助	16	27	24	39	8	23
77	中航安盟	–6	10	14	14	10	8
78	安盛天平	0	–20	0	11	8	–1
79	苏黎世	4	10	7	–7	14	6
80	现代财产	23	–13	–5	–13	–2	–3
81	劳合社	1	21	–16	–83	8685	73
82	中意财产	10	19	22	47	23	24
83	爱和谊	1	3	–4	1	2	1
84	国泰财产	25	196	100	1	18	55
85	日本兴亚	4	6	3	–3	9	4

续表

序号	公司名称	保费收入增长率					
		2019 年	2018 年	2017 年	2016 年	2015 年	5 年年化
86	乐爱金	15	22	–4	–4	4	6
87	富邦产险	–16	–16	–4	16	26	0
88	信利保险	–60	–13	7	8	–14	–19
外资小计		11	10	9	8	4	9
合计		11	12	14	10	12	12

五、赔付支出情况（2015—2019 年）

表6–4给出了2015—2019年各产险公司简单赔付率情况，中资产险公司5年平均赔付率为54%，外资产险公司5年平均赔付率为57%，中外资产险公司合计5年平均赔付率为54%。

表 6–4　2015—2019 年各产险公司简单赔付率情况　　%

序号	公司名称	简单赔付率					
		2019 年	2018 年	2017 年	2016 年	2015 年	5 年平均
1	人保股份	61	60	57	58	57	59
2	大地财产	49	47	49	55	52	50
3	出口信用	51	51	42	39	16	40
4	中华联合	64	63	61	62	57	61
5	太保财	52	54	56	61	59	57
6	平安财	52	48	43	47	45	47
7	华泰	52	51	49	49	48	50
8	天安	54	54	55	52	55	54
9	华安	49	58	47	46	47	49
10	永安	53	51	64	55	52	55
11	太平保险	45	53	44	49	48	47
12	亚太产险	46	50	51	52	70	54

续表

序号	公司名称	简单赔付率					
		2019 年	2018 年	2017 年	2016 年	2015 年	5 年平均
13	中银保险	51	53	54	52	68	55
14	安信农业	70	49	47	55	54	55
15	永诚	52	60	54	54	55	55
16	大家财险	70	109	57	56	61	70
17	国任产险	45	43	58	50	75	54
18	安华农业	58	62	85	50	58	63
19	阳光财产	51	48	44	48	47	47
20	阳光农业	125	65	65	113	65	87
21	都邦	60	64	55	53	47	56
22	渤海	65	57	46	66	55	58
23	华农	56	40	35	41	45	43
24	国寿财产	60	60	54	52	49	55
25	安诚	66	63	60	60	60	62
26	长安责任	83	61	57	53	54	61
27	国元农业	80	77	71	93	62	77
28	鼎和财产	43	45	43	47	51	46
29	中煤财产	50	48	49	40	49	47
30	英大财产	55	59	52	46	46	52
31	浙商财产	65	60	64	56	57	61
32	紫金财产	51	53	56	48	46	51
33	泰山产险	53	56	52	50	46	52
34	众诚保险	50	56	55	53	60	55
35	锦泰财产	62	52	46	45	46	50
36	诚泰财产	49	49	41	40	40	44
37	长江财产	62	68	61	44	38	54
38	富德财产	56	52	46	32	33	44
39	鑫安汽车	39	45	48	52	36	44
40	北部湾财产	54	43	42	44	42	45
41	中石油专属保险	55	42	28	25	8	31

续表

序号	公司名称	简单赔付率					
		2019 年	2018 年	2017 年	2016 年	2015 年	5 年平均
42	众安财产	57	42	40	41	54	47
43	恒邦财产	41	46	49	32	10	36
44	合众财产	46	31	34	16	5	26
45	燕赵财产	55	60	43	18	12	37
46	华海财产	54	41	51	22	5	35
47	中原农业	48	59	56	39	42	49
48	中路财产	59	43	25	12	14	31
49	铁路自保	41	23	17	10	0	18
50	阳光信用	217	51	9	15	—	73
51	泰康在线	43	30	24	16	0	23
52	易安财产	65	27	22	4	—	29
53	东海航运	60	58	37	10	—	41
54	久隆财产	39	41	24	4	—	27
55	安心财产	37	51	17	9	—	28
56	前海联合	21	22	14	5	—	15
57	珠峰产险	56	58	17	2	—	33
58	海峡金桥	51	51	19	6	—	32
59	建信财产	46	47	13	142	—	62
60	众惠相互	7	19	1	—	—	9
61	太平科技	68	65	—	—	—	67
62	中远海自保	17	13	69	—	—	33
63	汇友互助	1	2	1	—	—	1
64	粤电自保	31	3	0	—	—	11
65	黄河产险	24	13	—	—	—	18
66	融盛产险	58	11	—	—	—	34
中资小计		56	55	52	54	53	54
67	史带财产	45	67	65	159	191	105
68	美亚	34	37	36	38	33	36
69	东京海上	32	37	40	69	65	49

续表

序号	公司名称	简单赔付率					
		2019 年	2018 年	2017 年	2016 年	2015 年	5 年平均
70	瑞再企商	31	12	18	32	33	25
71	安达保险	13	9	-1	30	36	17
72	三井住友	33	35	42	64	26	40
73	三星	41	76	70	41	35	53
74	安联	36	34	43	42	46	40
75	日本财产	54	49	59	49	40	50
76	利宝互助	53	54	60	51	56	55
77	中航安盟	72	57	56	55	78	64
78	安盛天平	56	60	64	57	51	58
79	苏黎世	42	23	37	157	30	58
80	现代财产	25	31	24	923	1401	481
81	劳合社	1	5	22	12	0	8
82	中意财产	37	35	35	35	26	34
83	爱和谊	30	44	37	110	162	77
84	国泰财产	61	62	67	65	59	63
85	日本兴亚	130	71	61	29	27	64
86	乐爱金	46	67	122	34	261	106
87	富邦产险	64	62	58	59	45	57
88	信利保险	251	15	9	115	16	81
外资小计		51	53	56	62	63	57
合计		56	55	52	54	53	54

六、险种分布情况（2015—2019 年）

表6-5、表6-6、表6-7分别给出了2015—2019年各产险公司的财产保险（不含意外、健康险的险种）、意外伤害保险、健康保险的占比情况。

中资产险公司2015—2019年财产保险、意外伤害保险、健康保险的平均占比分别为92.7%、3.1%、4.2%。

外资产险公司2015—2019年财产保险、意外伤害保险、健康保险的平均占比分别为90.8%、6.5%、2.7%。

中外资产险公司2015—2019年财产保险、意外伤害保险、健康保险的平均占比分别为92.7%、3.1%、4.2%。

表 6-5　2015—2019 年各产险公司财产保险业务占比情况　%

序号	公司名称	财产保险（除意外、健康险之外的险种）					
		2019 年	2018 年	2017 年	2016 年	2015 年	5 年平均
1	人保股份	87	90	91	92	93	91
2	大地财产	87	88	91	92	92	90
3	出口信用	100	100	100	100	100	100
4	中华联合	88	90	90	91	92	90
5	太保财	93	95	96	96	96	95
6	平安财	95	96	97	97	97	97
7	华泰	86	84	90	92	92	89
8	天安	90	91	93	93	94	92
9	华安	91	92	93	94	94	93
10	永安	84	82	88	92	93	88
11	太平保险	86	92	93	92	93	91
12	亚太产险	90	93	94	95	96	94
13	中银保险	71	73	80	83	84	78
14	安信农业	90	91	91	91	92	91
15	永诚	90	91	93	94	95	93
16	大家财险	95	95	98	98	99	97
17	国任产险	92	96	97	97	97	96
18	安华农业	98	99	99	99	99	99
19	阳光财产	93	95	95	96	97	95
20	阳光农业	98	98	98	98	98	98

续表

序号	公司名称	财产保险（除意外、健康险之外的险种）					
		2019 年	2018 年	2017 年	2016 年	2015 年	5 年平均
21	都邦	95	95	96	97	96	96
22	渤海	97	97	97	97	97	97
23	华农	93	92	93	99	99	95
24	国寿财产	96	97	97	97	98	97
25	安诚	83	85	85	84	84	84
26	长安责任	98	94	95	91	92	94
27	国元农业	63	62	76	77	78	71
28	鼎和财产	91	92	92	92	93	92
29	中煤财产	93	93	94	95	98	95
30	英大财产	98	98	98	98	98	98
31	浙商财产	97	97	97	97	98	98
32	紫金财产	94	95	96	96	96	96
33	泰山产险	96	96	97	97	97	97
34	众诚保险	93	93	95	95	96	94
35	锦泰财产	84	87	94	94	94	91
36	诚泰财产	89	89	89	93	93	91
37	长江财产	95	96	95	95	96	95
38	富德财产	95	97	98	98	98	97
39	鑫安汽车	99	100	99	98	99	99
40	北部湾财产	90	90	93	92	92	91
41	中石油专属保险	100	100	100	100	99	100
42	众安财产	56	60	59	65	87	65
43	恒邦财产	94	93	93	98	100	96
44	合众财产	100	100	100	100	100	100
45	燕赵财产	91	91	96	96	98	94
46	华海财产	96	95	95	71	98	91
47	中原农业	86	84	83	91	99	89
48	中路财产	86	88	92	98	96	92

续表

序号	公司名称	财产保险（除意外、健康险之外的险种）					
		2019 年	2018 年	2017 年	2016 年	2015 年	5 年平均
49	铁路自保	30	51	58	73	57	54
50	阳光信用	100	100	100	100	—	100
51	泰康在线	31	20	22	27	100	40
52	易安财产	14	11	22	14	—	15
53	东海航运	100	100	100	100	—	100
54	久隆财产	100	100	100	100	—	100
55	安心财产	13	44	72	79	—	52
56	前海联合	50	66	59	81	—	64
57	珠峰产险	74	70	79	89	—	78
58	海峡金桥	80	83	84	84	—	83
59	建信财产	44	52	59	100	—	63
60	众惠相互	12	17	3	—	—	11
61	太平科技	69	82	—	—	—	75
62	中远海自保	100	100	100	—	—	100
63	汇友互助	100	100	100	—	—	100
64	粤电自保	100	100	100	—	—	100
65	黄河产险	86	92	—	—	—	89
66	融盛产险	94	94	—	—	—	94
中资小计		90	92	93	94	95	93
67	史带财产	52	52	44	37	56	48
68	美亚	64	68	65	62	62	64
69	东京海上	97	98	98	99	99	98
70	瑞再企商	92	95	93	94	81	91
71	安达保险	94	95	97	97	97	96
72	三井住友	98	98	98	98	99	98
73	三星	95	95	95	96	95	95
74	安联	71	59	64	73	81	70
75	日本财产	93	93	92	92	95	93

续表

序号	公司名称	财产保险（除意外、健康险之外的险种）					
		2019 年	2018 年	2017 年	2016 年	2015 年	5 年平均
76	利宝互助	95	95	96	95	94	95
77	中航安盟	94	96	96	96	95	95
78	安盛天平	93	95	96	98	98	96
79	苏黎世	100	98	96	96	98	98
80	现代财产	90	92	82	97	98	92
81	劳合社	100	100	100	100	100	100
82	中意财产	88	86	88	91	96	90
83	爱和谊	99	99	99	98	98	98
84	国泰财产	89	76	97	100	100	92
85	日本兴亚	98	98	98	98	98	98
86	乐爱金	95	93	92	91	92	92
87	富邦产险	93	95	93	96	96	95
88	信利保险	100	100	100	100	100	100
外资小计		89	88	92	93	93	91
合计		89	92	93	94	95	93

表 6-6　2015—2019 年各产险公司意外险业务占比情况　%

序号	公司名称	意外伤害保险					
		2019 年	2018 年	2017 年	2016 年	2015 年	5 年平均
1	人保股份	2	2	2	2	2	2
2	大地财产	6	6	3	3	3	4
3	出口信用	0	0	0	0	0	0
4	中华联合	4	4	4	4	3	4
5	太保财	4	3	2	2	3	3
6	平安财	4	3	3	2	2	3
7	华泰	9	11	8	7	6	8
8	天安	7	6	4	4	4	5
9	华安	7	6	5	5	5	5

续表

序号	公司名称	意外伤害保险					
		2019 年	2018 年	2017 年	2016 年	2015 年	5 年平均
10	永安	14	15	8	4	4	9
11	太平保险	8	7	6	8	6	7
12	亚太产险	8	5	5	4	3	5
13	中银保险	11	12	9	8	8	10
14	安信农业	10	8	8	8	7	8
15	永诚	6	6	4	4	4	5
16	大家财险	5	4	2	2	1	3
17	国任产险	8	3	2	2	2	3
18	安华农业	2	1	1	1	1	1
19	阳光财产	5	4	3	3	2	3
20	阳光农业	2	1	1	1	2	1
21	都邦	4	4	3	2	3	3
22	渤海	2	2	2	2	2	2
23	华农	7	8	7	1	1	5
24	国寿财产	3	3	3	3	2	3
25	安诚	5	4	3	3	4	4
26	长安责任	0	3	3	2	2	2
27	国元农业	1	1	1	1	1	1
28	鼎和财产	6	6	6	5	6	6
29	中煤财产	5	7	6	5	2	5
30	英大财产	2	2	2	2	2	2
31	浙商财产	2	2	2	2	2	2
32	紫金财产	3	3	2	3	3	3
33	泰山产险	3	3	3	2	3	3
34	众诚保险	2	2	1	1	1	1
35	锦泰财产	3	2	2	2	2	2
36	诚泰财产	9	9	9	7	7	8
37	长江财产	4	3	4	4	3	4

续表

序号	公司名称	意外伤害保险					
		2019 年	2018 年	2017 年	2016 年	2015 年	5 年平均
38	富德财产	5	3	2	2	2	3
39	鑫安汽车	1	0	1	2	1	1
40	北部湾财产	9	8	7	8	8	8
41	中石油专属保险	0	0	0	0	1	0
42	众安财产	12	20	25	29	12	20
43	恒邦财产	4	4	4	2	0	3
44	合众财产	0	0	0	0	0	0
45	燕赵财产	5	5	3	4	2	4
46	华海财产	3	2	1	1	2	2
47	中原农业	3	4	6	9	1	4
48	中路财产	6	5	8	2	4	5
49	铁路自保	70	49	42	27	43	46
50	阳光信用	0	0	0	0	—	0
51	泰康在线	14	22	58	69	0	32
52	易安财产	81	43	38	85	—	62
53	东海航运	0	0	0	0	—	0
54	久隆财产	0	0	0	0	—	0
55	安心财产	4	17	16	16	—	13
56	前海联合	50	34	41	19	—	36
57	珠峰产险	18	17	9	10	—	13
58	海峡金桥	12	8	6	3	—	7
59	建信财产	10	15	15	0	—	10
60	众惠相互	36	63	57	—	—	52
61	太平科技	31	18	—	—	—	25
62	中远海自保	0	0	0	—	—	0
63	汇友互助	0	0	0	—	—	0
64	粤电自保	0	0	0	—	—	0

续表

序号	公司名称	意外伤害保险					
		2019 年	2018 年	2017 年	2016 年	2015 年	5 年平均
65	黄河产险	10	6	—	—	—	8
66	融盛产险	5	6	—	—	—	6
中资小计		4	3	3	3	2	3
67	史带财产	48	48	50	49	43	48
68	美亚	30	28	31	34	31	31
69	东京海上	2	1	2	1	1	1
70	瑞再企商	8	5	7	6	19	9
71	安达保险	4	4	3	2	1	3
72	三井住友	2	2	2	2	1	2
73	三星	5	5	5	4	5	5
74	安联	23	32	27	19	13	23
75	日本财产	3	3	4	4	2	3
76	利宝互助	4	5	4	5	6	5
77	中航安盟	2	1	2	1	1	1
78	安盛天平	4	3	2	1	1	2
79	苏黎世	0	2	4	3	1	2
80	现代财产	9	7	17	2	1	7
81	劳合社	0	0	0	0	0	0
82	中意财产	12	14	12	9	4	10
83	爱和谊	1	1	1	2	2	2
84	国泰财产	5	2	2	0	0	2
85	日本兴亚	2	2	2	2	2	2
86	乐爱金	3	5	5	5	5	4
87	富邦产险	4	4	6	3	4	4
88	信利保险	0	0	0	0	0	0
外资小计		8	7	7	6	5	7
合计		4	4	3	3	2	3

表 6-7　2015—2019 年各产险公司健康险业务占比情况　　%

序号	公司名称	健康保险					
		2019 年	2018 年	2017 年	2016 年	2015 年	5 年平均
1	人保股份	11	9	7	6	5	8
2	大地财产	8	6	5	5	5	6
3	出口信用	0	0	0	0	0	0
4	中华联合	8	6	6	5	4	6
5	太保财	4	3	2	2	2	2
6	平安财	0	0	0	0	0	0
7	华泰	5	5	2	2	2	3
8	天安	3	3	3	3	2	3
9	华安	1	1	2	2	1	2
10	永安	3	3	4	3	2	3
11	太平保险	6	1	1	1	1	2
12	亚太产险	2	2	1	1	1	1
13	中银保险	17	15	11	9	9	12
14	安信农业	0	0	0	0	1	1
15	永诚	4	3	2	2	1	2
16	大家财险	0	0	0	0	0	0
17	国任产险	1	1	1	1	2	1
18	安华农业	0	0	0	0	0	0
19	阳光财产	2	2	2	2	1	2
20	阳光农业	0	0	0	0	0	0
21	都邦	1	2	1	1	1	1
22	渤海	1	1	1	1	1	1
23	华农	0	0	0	0	0	0
24	国寿财产	1	1	0	0	0	0
25	安诚	12	11	12	13	12	12
26	长安责任	2	3	2	7	6	4
27	国元农业	36	37	23	22	21	28

续表

序号	公司名称	健康保险					
		2019 年	2018 年	2017 年	2016 年	2015 年	5 年平均
28	鼎和财产	2	2	2	2	1	2
29	中煤财产	2	1	0	0	0	0
30	英大财产	0	0	0	0	0	0
31	浙商财产	1	1	0	0	0	1
32	紫金财产	2	2	2	1	2	2
33	泰山产险	1	1	1	1	1	1
34	众诚保险	4	5	4	4	3	4
35	锦泰财产	13	11	4	3	4	7
36	诚泰财产	2	2	2	0	0	1
37	长江财产	1	1	1	1	1	1
38	富德财产	0	0	0	0	0	0
39	鑫安汽车	0	0	0	0	0	0
40	北部湾财产	1	2	0	0	0	1
41	中石油专属保险	0	0	0	0	0	0
42	众安财产	32	21	16	6	1	15
43	恒邦财产	3	3	3	0	0	2
44	合众财产	0	0	0	0	0	0
45	燕赵财产	5	5	1	0	0	2
46	华海财产	1	3	4	28	1	7
47	中原农业	11	12	11	0	0	7
48	中路财产	8	7	0	0	0	3
49	铁路自保	0	0	0	0	0	0
50	阳光信用	0	0	0	0	—	0
51	泰康在线	56	58	20	4	0	28
52	易安财产	5	46	40	1	—	23
53	东海航运	0	0	0	0	—	0
54	久隆财产	0	0	0	0	—	0
55	安心财产	83	39	11	5	—	35

续表

序号	公司名称	健康保险					
		2019 年	2018 年	2017 年	2016 年	2015 年	5 年平均
56	前海联合	0	0	0	0	—	0
57	珠峰产险	8	13	13	1	—	9
58	海峡金桥	8	9	10	14	—	10
59	建信财产	46	33	26	0	—	26
60	众惠相互	53	20	40	—	—	38
61	太平科技	0	0	—	—	—	0
62	中远海自保	0	0	0	—	—	0
63	汇友互助	0	0	0	—	—	0
64	粤电自保	0	0	0	—	—	0
65	黄河产险	4	1	—	—	—	2
66	融盛产险	0	0	—	—	—	0
中资小计		7	5	4	3	3	4
67	史带财产	0	0	5	14	0	4
68	美亚	5	3	3	4	7	5
69	东京海上	1	0	0	0	0	0
70	瑞再企商	0	0	0	0	0	0
71	安达保险	2	1	0	1	2	1
72	三井住友	0	0	0	0	0	0
73	三星	0	0	0	0	0	0
74	安联	5	9	9	8	6	7
75	日本财产	5	4	4	4	3	4
76	利宝互助	1	0	0	0	0	0
77	中航安盟	4	3	3	3	4	3
78	安盛天平	3	2	2	1	1	2
79	苏黎世	0	0	0	0	0	0
80	现代财产	1	1	1	1	1	1
81	劳合社	0	0	0	0	0	0
82	中意财产	0	0	0	0	0	0

续表

序号	公司名称	健康保险					
		2019 年	2018 年	2017 年	2016 年	2015 年	5 年平均
83	爱和谊	0	0	0	0	0	0
84	国泰财产	5	22	1	0	0	6
85	日本兴亚	0	0	0	0	0	0
86	乐爱金	2	2	3	4	4	3
87	富邦产险	3	1	1	0	0	1
88	信利保险	0	0	0	0	0	0
外资小计		3	6	2	2	2	3
合计		6	5	4	3	3	4

寿险市场格局深深悟（2015—2019年）

一、市场主体（2019 年）

2019年，中国银保监会批筹了一家外资保险公司（恒安标准养老保险有限责任公司），没有新开业的寿险公司；2018年，5家寿险公司获批开业，包括4家寿险公司——北京人寿、国宝人寿、海保人寿、国富人寿，1家健康险公司——瑞华健康。目前，已经批筹尚未开业的寿险公司为汇邦人寿和恒安标准养老。

2002年底，全国寿险公司仅为23家。但到了2006年底，已发展到48家，其中中资寿险公司23家，外资公司25家；综合性寿险公司41家，专业健康险公司4家，专业养老金公司3家。截至2019年底，全国寿险公司达到91家（本书中91家人身保险公司的简称使用中国银保监会网站公布的名称），其中中资公司63家，外资公司28家，如图6-2所示。

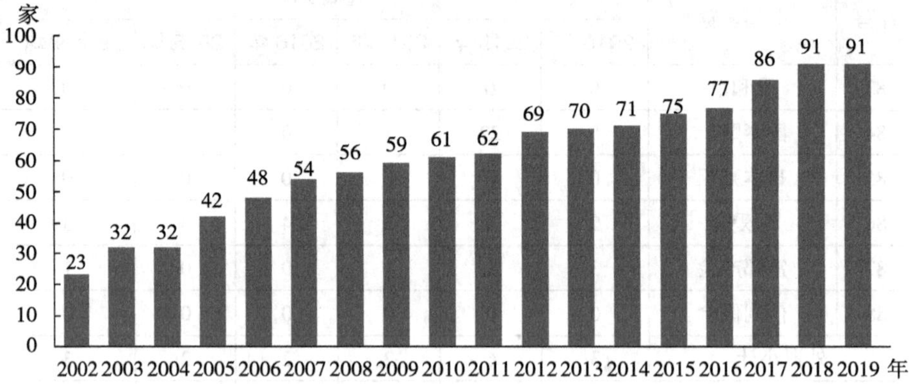

图 6-2　2002—2019 年寿险公司数量

二、市场份额（2019 年）

2019年，各人身保险公司的保费规模及市场份额如表6-8所示。

表 6-8　2019 年各寿险公司保费收入情况

序号	公司名称	保费收入 / 亿元	同比增长 /%	市场份额 /%
1	国寿股份	5684	6.0	19.2
2	太保寿	2124	5.5	7.2
3	平安寿	4939	10.5	16.7
4	新华	1381	13.0	4.7
5	泰康	1308	11.5	4.4
6	太平人寿	1405	13.6	4.7
7	建信人寿	292	17.2	1.0
8	天安人寿	521	–11.1	1.8
9	光大永明	117	13.5	0.4
10	民生人寿	123	7.1	0.4
11	富德生命人寿	513	–28.5	1.7
12	国寿存续	6	–75.0	0

续表

序号	公司名称	保费收入 / 亿元	同比增长 /%	市场份额 /%
13	平安养老	236	11.9	0.8
14	中融人寿	81	58.7	0.3
15	合众人寿	168	10.8	0.6
16	太平养老	50	3.3	0.2
17	人保健康	224	51.5	0.8
18	华夏人寿	1828	15.5	6.2
19	君康人寿	362	22.5	1.2
20	信泰	210	183.6	0.7
21	农银人寿	232	31.7	0.8
22	长城	81	30.7	0.3
23	昆仑健康	34	76.4	0.1
24	和谐健康	2	–34.5	0
25	人保寿险	981	4.7	3.3
26	国华	376	8.9	1.3
27	国寿养老	—	—	—
28	长江养老	—	—	—
29	英大人寿	97	79.4	0.3
30	泰康养老	90	31.6	0.3
31	幸福人寿	82	–10.0	0.3
32	阳光人寿	481	26.6	1.6
33	百年人寿	456	18.4	1.5
34	中邮人寿	675	17.1	2.3
35	大家人寿	51	–74.2	0.2
36	利安人寿	131	18.4	0.4
37	前海人寿	765	54.5	2.6
38	华汇人寿	0	–39.1	0
39	东吴人寿	36	89.0	0.1
40	珠江人寿	33	–20.9	0.1
41	弘康人寿	127	55.8	0.4

续表

序号	公司名称	保费收入 / 亿元	同比增长 /%	市场份额 /%
42	吉祥人寿	20	–28.1	0.1
43	大家养老	1	–63.3	0
44	渤海人寿	61	29.0	0.2
45	国联人寿	17	–9.4	0.1
46	太保安联健康	4	34.7	0
47	上海人寿	126	97.0	0.4
48	中华人寿	20	51.4	0.1
49	新华养老	—	—	—
50	三峡人寿	9	8204.8	0
51	横琴人寿	60	141.9	0.2
52	复星联合健康	18	248.0	0.1
53	信美人寿	20	273.3	0.1
54	华贵人寿	11	68.8	0
55	爱心人寿	8	154.3	0
56	和泰人寿	11	60.8	0
57	招商仁和	101	386.9	0.3
58	瑞华健康	0	2971.4	0
59	北京人寿	13	565.2	0
60	人保养老	—	—	—
61	海保人寿	5	492.3	0
62	国富人寿	6	302.8	0
63	国宝人寿	9	614.8	0
中资小计		26824	11.1	90.5
64	中宏人寿	100	23.1	0.3
65	中德安联	57	15.9	0.2
66	工银安盛	527	56.5	1.8
67	中信保诚	213	38.7	0.7
68	交银康联	113	40.7	0.4

续表

序号	公司名称	保费收入 / 亿元	同比增长 /%	市场份额 /%
69	中意	146	4.5	0.5
70	友邦	331	26.8	1.1
71	北大方正人寿	29	37.0	0.1
72	中荷人寿	54	15.8	0.2
73	中英人寿	94	18.0	0.3
74	同方全球人寿	51	37.2	0.2
75	招商信诺	180	19.5	0.6
76	长生人寿	15	–35.9	0.1
77	恒安标准	39	18.1	0.1
78	瑞泰人寿	7	19.0	0
79	中法人寿	0	–56.4	0
80	华泰人寿	62	16.2	0.2
81	陆家嘴国泰	27	15.4	0.1
82	中美联泰	144	23.9	0.5
83	平安健康	61	66.0	0.2
84	中银三星	53	85.1	0.2
85	恒大人寿	420	29.8	1.4
86	新光海航	1	–4.6	0
87	汇丰人寿	18	28.1	0.1
88	君龙人寿	6	–7.6	0
89	复星保德信	41	222.6	0.1
90	中韩人寿	7	32.6	0
91	德华安顾	9	46.9	0
外资小计		2805	31.9	9.5
合计		29628	12.8	100.0

2019年，保费规模超过100亿元的有36家公司，市场份额合计为94.38%，较上年上升0.24%；保费规模在10亿元至100亿元的有34家公司，市场份额合计为5.35%，较上年下降0.25%；保费规模在1亿元至10亿元的

有13家公司，市场份额合计为0.27%，较上年上升0.02%；保费规模在1亿元以下的有8家公司，市场份额基本可以忽略不计（见表6-9）。

表 6-9　2019 年寿险公司保费收入分布情况

保费规模	公司数目 / 家			市场份额合计 /%		
	2019 年	2018 年	2017 年	2019 年	2018 年	2017 年
大于 100 亿元	36	32	34	94.38	94.14	94.82
介于 10 亿元与 100 亿元之间	34	34	28	5.35	5.60	4.88
介于 1 亿元与 10 亿元之间	13	15	15	0.27	0.25	0.29
小于 1 亿元	8	10	9	0	0.01	0.01

三、市场集中度（2004—2019 年）

2019年，中国人身保险市场格局发生变化，太平人寿超越新华人寿成为第5名（2019年前5名分别为：中国人寿、中国平安、中国太保、华夏人寿、太平人寿）。

随着市场主体的增加，人身险市场的竞争格局也在悄然改变，市场从寡头垄断竞争阶段进入垄断竞争阶段。2004年，中国人寿的人身险保费占总保费的46.87%，其他4家人身险公司——中国平安、中国太保、新华保险、泰康人寿的人身险保费分别占17.18%、10.80%、5.87%、5.54%，前5家公司的市场份额合计超过86%。2019年，前5家公司总份额为53.9%，较2018年下降1.9个百分点。虽然5家市场总份额略有下降，但是小型人身险公司的市场份额却快速下降（见表6-10）。

表 6-10　2004—2019 年寿险市场集中度情况（CR5）　%

年份	中国人寿	中国平安	中国太保	新华保险	泰康人寿	合计
2004	46.9	17.2	10.8	5.9	5.5	86.3
2005	44.1	16.1	9.9	5.8	4.9	80.8

续表

年份	中国人寿	中国平安	中国太保	新华保险	泰康人寿	合计
2006	45.3	17.0	9.3	6.6	5.1	83.3
2007	39.7	16.0	10.2	6.6	6.9	79.5
2008	40.3	13.8	9.0	7.6	7.9	78.5
2009	36.2	16.2	8.3	8.2	8.2	77.2
2010	31.7	15.2	8.8	8.9	8.3	72.8
2011	33.3	12.4	9.8	9.9	7.1	72.5
2012	32.4	12.9	9.4	9.8	6.2	70.7
2013	32.2	14.4	9.4	10.2	6.0	72.2
年份	中国人寿	中国平安	中国太保	新华保险	人保寿险	合计
2014	26.1	13.7	7.8	8.7	6.2	62.5
2015	23.0	13.1	7.1	6.9	5.6	54.6
年份	中国人寿	中国平安	中国太保	大家人寿	新华保险	合计
2016	19.9	12.7	6.3	5.3	5.2	49.3
年份	中国人寿	中国平安	大家人寿	中国太保	泰康人寿	合计
2017	19.7	14.2	7.3	6.7	4.4	52.2
年份	中国人寿	中国平安	中国太保	华夏人寿	新华人寿	合计
2018	20.4	17.0	7.7	6.0	4.7	55.8
年份	中国人寿	中国平安	中国太保	华夏人寿	太平人寿	合计
2019	19.2	16.7	7.2	6.2	4.7	53.9

四、保费收入情况（2015—2019 年）

表6-11给出了2015—2019年各寿险公司保费收入增长情况，中资寿险公司年化增长率为17.5%，外资寿险公司年化增长率为30.8%，中外资合计年化增长率为18.5%。

表 6-11　2015—2019 年各寿险公司保费收入增长情况　%

序号	公司名称	保费收入增长率					
		2019 年	2018 年	2017 年	2016 年	2015 年	5 年年化
1	国寿股份	6	5	19	18	10	11
2	太保寿	5	16	27	26	10	17
3	平安寿	11	21	34	32	20	23
4	新华	13	12	–3	1	2	5
5	泰康	11	2	28	18	12	14
6	太平人寿	14	9	21	18	23	17
7	建信人寿	17	–16	–36	125	29	13
8	天安人寿	–11	22	44	75	583	79
9	光大永明	13	46	40	62	31	37
10	民生人寿	7	4	–11	32	19	9
11	富德生命人寿	–28	–11	–21	29	115	7
12	国寿存续	–75	–62	–39	–9	–5	–45
13	平安养老	12	20	15	17	48	22
14	中融人寿	59	44	1423361	–100	–27	11
15	合众人寿	11	–36	26	53	5	7
16	太平养老	3	6	15	22	13	12
17	人保健康	52	–23	–19	47	2	7
18	华夏人寿	15	82	91	770	65	125
19	君康人寿	23	8	647	–21	44	62
20	信泰	184	–37	319	107	–24	64
21	农银人寿	32	–26	30	27	37	17
22	长城	31	22	–26	157	10	27
23	昆仑健康	76	19	668	54	—	—
24	和谐健康	–35	–99	–66	247	—	—
25	人保寿险	5	–12	1	17	14	5
26	国华	9	–25	74	12	473	56
27	国寿养老	0	0	0	0	—	—

续表

序号	公司名称	保费收入增长率					
		2019 年	2018 年	2017 年	2016 年	2015 年	5 年年化
28	长江养老	0	0	0	0	—	—
29	英大人寿	79	34	78	6	27	42
30	泰康养老	32	33	44	75	630	100
31	幸福人寿	-10	-50	36	27	42	2
32	阳光人寿	27	-25	15	43	77	22
33	百年人寿	18	37	54	15	87	40
34	中邮人寿	17	40	39	20	13	25
35	大家人寿	-74	-90	66	109	3	-37
36	利安人寿	18	29	-25	69	31	21
37	前海人寿	54	55	45	27	415	87
38	华汇人寿	-39	-91	-74	122	-3	-51
39	东吴人寿	89	-63	35	761	15	56
40	珠江人寿	-21	-59	-32	12618	62	115
41	弘康人寿	56	40	421	-49	-6	40
42	吉祥人寿	-28	-48	75	131	125	28
43	大家养老	-63	-54	308856	10	—	—
44	渤海人寿	29	12	-37	1536	—	—
45	国联人寿	-9	105	-43	7006	—	—
46	太保安联健康	35	69	219	727	—	—
47	上海人寿	97	-1	-40	147	—	—
48	中华人寿	51	197	260	0	0	74
49	新华养老	0	0	0	0	0	0
50	三峡人寿	8205	0	0	0	0	142
51	横琴人寿	142	185	0	0	0	47
52	复星联合健康	248	782	0	0	0	98
53	信美人寿	273	14	0	0	0	34
54	华贵人寿	69	53	0	0	0	21

续表

序号	公司名称	保费收入增长率					
		2019 年	2018 年	2017 年	2016 年	2015 年	5 年年化
55	爱心人寿	154	584	0	0	0	77
56	和泰人寿	61	332	0	0	0	47
57	招商仁和	387	458	0	0	0	94
58	瑞华健康	2971	0	0	0	0	98
59	北京人寿	565	0	0	0	0	46
60	人保养老	0	0	0	0	0	0
61	海保人寿	492	0	0	0	0	43
62	国富人寿	303	0	0	0	0	32
63	国宝人寿	615	0	0	0	0	48
中资小计		11	0	19	37	24	18
64	中宏人寿	23	20	34	27	18	24
65	中德安联	16	22	28	24	20	22
66	工银安盛	57	–15	16	46	53	28
67	中信保诚	39	28	46	32	22	33
68	交银康联	41	–39	35	138	54	34
69	中意	5	49	–3	6	64	21
70	友邦	27	26	29	28	19	26
71	北大方正人寿	37	3	32	72	16	30
72	中荷人寿	16	17	39	24	–7	17
73	中英人寿	18	8	20	44	12	20
74	同方全球人寿	37	36	50	27	7	31
75	招商信诺	20	18	7	53	48	28
76	长生人寿	–36	25	–4	682	1	43
77	恒安标准	18	25	37	41	12	26
78	瑞泰人寿	19	46	–17	–16	176	27
79	中法人寿	–56	–37	–100	254356	—	—
80	华泰人寿	16	19	32	13	19	20
81	陆家嘴国泰	15	46	77	47	29	41

续表

序号	公司名称	保费收入增长率					
		2019 年	2018 年	2017 年	2016 年	2015 年	5 年年化
82	中美联泰	24	16	17	14	12	16
83	平安健康	66	72	172	51	—	—
84	中银三星	85	–26	8	17	373	52
85	恒大人寿	30	15	540	236	56	119
86	新光海航	–5	–6	–9	–29	–36	–18
87	汇丰人寿	28	20	39	0	10	19
88	君龙人寿	–8	–21	44	–8	82	12
89	复星保德信	223	90	470	103	37	150
90	中韩人寿	33	22	–2	29	102	33
91	德华安顾	47	45	138	147	123	95
外资小计		32	10	39	40	35	31
合计		13	1	20	37	25	19

五、赔付支出情况（2015—2019 年）

表6-12给出了2015—2019年各寿险公司简单赔付率情况，中资寿险公司5年平均赔付率为23.7%，外资寿险公司5年平均赔付率为14.2%，中外资寿险公司合计5年平均赔付率为23%。

表 6-12　2015—2019 年各寿险公司简单赔付率情况　%

序号	公司名称	简单赔付率					
		2019 年	2018 年	2017 年	2016 年	2015 年	5 年平均
1	国寿股份	23	33	39	48	37	36
2	太保寿	27	21	21	23	26	24
3	平安寿	14	16	15	17	18	16
4	新华	44	42	35	35	22	36
5	泰康	19	20	25	43	55	32

续表

序号	公司名称	简单赔付率					
		2019 年	2018 年	2017 年	2016 年	2015 年	5 年平均
6	太平人寿	13	18	14	16	22	17
7	建信人寿	9	14	17	5	3	10
8	天安人寿	8	7	6	2	2	5
9	光大永明	11	17	33	47	97	41
10	民生人寿	19	19	32	23	12	21
11	富德生命人寿	13	10	15	13	9	12
12	国寿存续	4292	1707	473	250	234	1391
13	平安养老	66	61	62	61	51	60
14	中融人寿	10	24	11	29126	0	5834
15	合众人寿	18	22	16	20	30	21
16	太平养老	49	46	37	32	31	39
17	人保健康	56	67	47	31	37	48
18	华夏人寿	5	5	8	10	33	12
19	君康人寿	0	0	0	7	6	3
20	信泰	5	7	7	43	89	30
21	农银人寿	22	28	12	10	13	17
22	长城	11	18	28	30	62	30
23	昆仑健康	3	4	4	26	67	21
24	和谐健康	118	65	0	0	0	37
25	人保寿险	18	34	44	48	47	38
26	国华	4	4	4	6	6	5
27	国寿养老	0	0	0	0	0	0
28	长江养老	0	0	0	0	0	0
29	英大人寿	7	9	14	17	26	15
30	泰康养老	17	19	20	20	14	18
31	幸福人寿	32	29	16	21	26	25
32	阳光人寿	16	21	13	15	22	17
33	百年人寿	7	8	10	8	4	7

续表

序号	公司名称	简单赔付率					
		2019 年	2018 年	2017 年	2016 年	2015 年	5 年平均
34	中邮人寿	11	20	27	25	8	18
35	大家人寿	478	8	1	0	0	97
36	利安人寿	6	10	14	5	3	8
37	前海人寿	1	3	3	1	0	2
38	华汇人寿	2260	691	39	0	0	598
39	东吴人寿	20	36	6	7	35	21
40	珠江人寿	13	15	0	0	17	9
41	弘康人寿	1	1	0	1	0	1
42	吉祥人寿	14	9	4	5	6	8
43	大家养老	112	43	0	52	2	42
44	渤海人寿	1	1	1	0	0	1
45	国联人寿	4	2	4	1	3	3
46	太保安联健康	77	72	47	27	12	47
47	上海人寿	1	4	2	1	0	2
48	中华人寿	4	6	6	7	0	5
49	新华养老	0	0	0	0	0	0
50	三峡人寿	0	5	0	0	0	1
51	横琴人寿	1	0	0	0	0	0
52	复星联合健康	12	6	5	0	0	5
53	信美人寿	3	3	0	0	0	1
54	华贵人寿	3	1	0	0	0	1
55	爱心人寿	7	6	0	0	0	3
56	和泰人寿	0	1	0	0	0	0
57	招商仁和	0	0	0	0	0	0
58	瑞华健康	1	4	0	0	0	1
59	北京人寿	9	1	0	0	0	2
60	人保养老	0	0	0	0	0	0
61	海保人寿	1	0	0	0	0	0

续表

序号	公司名称	简单赔付率					
		2019 年	2018 年	2017 年	2016 年	2015 年	5 年平均
62	国富人寿	0	0	0	0	0	0
63	国宝人寿	1	0	0	0	0	0
中资小计		20	23	23	26	27	24
64	中宏人寿	11	12	10	9	9	10
65	中德安联	9	9	9	9	14	10
66	工银安盛	21	20	8	4	2	11
67	中信保诚	7	7	10	13	26	13
68	交银康联	3	7	4	4	16	7
69	中意	29	27	37	31	34	32
70	友邦	14	14	14	18	18	16
71	北大方正人寿	11	15	12	7	10	11
72	中荷人寿	30	34	17	19	23	25
73	中英人寿	17	16	17	20	43	23
74	同方全球人寿	24	17	21	25	28	23
75	招商信诺	9	10	7	7	22	11
76	长生人寿	12	8	12	9	59	20
77	恒安标准	15	17	30	22	11	19
78	瑞泰人寿	10	9	10	6	4	8
79	中法人寿	5962	7945	27061	31	326596	73519
80	华泰人寿	13	18	25	43	110	42
81	陆家嘴国泰	11	10	12	27	36	19
82	中美联泰	12	16	17	18	9	14
83	平安健康	31	30	33	58	66	44
84	中银三星	5	7	4	6	2	5
85	恒大人寿	3	3	6	5	31	10
86	新光海航	91	199	183	99	60	126
87	汇丰人寿	6	6	6	6	4	5
88	君龙人寿	27	16	12	16	18	18

续表

序号	公司名称	简单赔付率					
		2019 年	2018 年	2017 年	2016 年	2015 年	5 年平均
89	复星保德信	1	4	6	8	5	5
90	中韩人寿	8	12	7	2	1	6
91	德华安顾	10	9	8	7	2	7
外资小计		13	14	12	13	19	14
合计		19	22	22	25	27	23

六、险种分布情况（2015—2019 年）

表6-13、表6-14、表6-15分别给出了2015—2019年各寿险公司的寿险（不含意外、健康险的险种）、意外伤害保险、健康保险的占比情况。

2015—2019年，中资寿险公司寿险、意外伤害保险、健康保险的平均占比分别为80.6%、2.4%、17%；外资寿险公司寿险、意外伤害保险、健康保险的平均占比分别为77.8%、2.4%、19.8%；中外资寿险公司寿险、意外伤害保险、健康保险的平均占比分别为80.4%、2.4%、17.2%。

表 6-13　2015—2019 年各寿险公司寿险业务占比情况　%

序号	公司名称	寿险（除意外、健康险之外的险种）					
		2019 年	2018 年	2017 年	2016 年	2015 年	5 年平均
1	国寿股份	79	82	84	84	85	83
2	太保寿	71	76	81	83	84	79
3	平安寿	72	73	75	76	78	75
4	新华	60	63	69	77	84	71
5	泰康	76	80	86	88	91	84
6	太平人寿	70	74	85	89	92	82
7	建信人寿	91	93	95	97	95	94
8	天安人寿	87	91	93	97	99	93

续表

序号	公司名称	寿险（除意外、健康险之外的险种）					
		2019 年	2018 年	2017 年	2016 年	2015 年	5 年平均
9	光大永明	76	81	75	69	58	72
10	民生人寿	75	76	80	87	86	81
11	富德生命人寿	73	85	92	97	98	89
12	国寿存续	92	70	82	88	89	84
13	平安养老	10	0	0	0	0	2
14	中融人寿	100	100	100	1	100	80
15	合众人寿	83	82	90	89	88	86
16	太平养老	6	5	11	17	23	12
17	人保健康	9	6	2	2	3	4
18	华夏人寿	88	90	88	87	69	85
19	君康人寿	100	100	100	99	100	100
20	信泰	93	89	96	93	92	93
21	农银人寿	90	89	94	95	96	93
22	长城	80	81	86	95	91	87
23	昆仑健康	0	0	0	0	0	0
24	和谐健康	0	0	0	0	0	0
25	人保寿险	78	81	83	87	88	83
26	国华	98	98	99	98	98	98
27	国寿养老	0	0	0	0	0	0
28	长江养老	0	0	0	0	0	0
29	英大人寿	85	76	77	68	71	75
30	泰康养老	16	15	17	14	16	16
31	幸福人寿	83	87	95	95	96	91
32	阳光人寿	79	79	89	91	91	86
33	百年人寿	88	92	95	95	96	93
34	中邮人寿	99	99	99	99	99	99
35	大家人寿	97	99	100	100	100	99
36	利安人寿	95	95	96	98	97	96
37	前海人寿	99	99	98	99	100	99

续表

序号	公司名称	寿险（除意外、健康险之外的险种）					
		2019 年	2018 年	2017 年	2016 年	2015 年	5 年平均
38	华汇人寿	85	90	99	100	99	95
39	东吴人寿	64	35	88	88	28	61
40	珠江人寿	95	97	99	100	57	90
41	弘康人寿	95	95	97	95	99	96
42	吉祥人寿	74	85	94	92	87	86
43	大家养老	100	100	100	0	0	60
44	渤海人寿	97	98	99	100	99	99
45	国联人寿	93	95	93	98	75	91
46	太保安联健康	0	0	0	0	0	0
47	上海人寿	99	99	100	100	100	99
48	中华人寿	87	75	49	6	0	44
49	新华养老	0	0	0	0	0	0
50	三峡人寿	94	39	0	0	0	26
51	横琴人寿	96	94	98	0	0	58
52	复星联合健康	0	0	0	0	0	0
53	信美人寿	98	82	95	0	0	55
54	华贵人寿	97	97	97	0	0	58
55	爱心人寿	85	83	90	0	0	52
56	和泰人寿	97	99	98	0	0	59
57	招商仁和	95	92	94	0	0	56
58	瑞华健康	0	0	0	0	0	0
59	北京人寿	82	44	0	0	0	25
60	人保养老	0	0	0	0	0	0
61	海保人寿	34	2	0	0	0	7
62	国富人寿	96	98	0	0	0	39
63	国宝人寿	95	86	0	0	0	36
中资小计		77	79	83	80	84	81
64	中宏人寿	60	61	66	70	74	66
65	中德安联	83	84	85	86	88	85

续表

序号	公司名称	寿险（除意外、健康险之外的险种）					
		2019年	2018年	2017年	2016年	2015年	5年平均
66	工银安盛	93	92	96	97	97	95
67	中信保诚	73	68	68	69	73	70
68	交银康联	94	92	96	96	92	94
69	中意	72	78	74	82	85	78
70	友邦	43	44	48	49	54	48
71	北大方正人寿	72	71	76	76	66	72
72	中荷人寿	79	80	83	86	89	83
73	中英人寿	59	59	66	73	74	66
74	同方全球人寿	41	33	35	47	61	43
75	招商信诺	75	72	72	76	72	74
76	长生人寿	66	87	87	92	48	76
77	恒安标准	64	64	73	80	82	73
78	瑞泰人寿	48	58	53	42	36	47
79	中法人寿	13	11	11	100	100	47
80	华泰人寿	72	72	75	75	80	75
81	陆家嘴国泰	73	74	69	60	54	66
82	中美联泰	73	74	77	80	82	77
83	平安健康	0	0	0	0	0	0
84	中银三星	86	78	90	92	93	88
85	恒大人寿	96	96	98	98	94	96
86	新光海航	82	84	84	84	77	83
87	汇丰人寿	99	99	99	99	99	99
88	君龙人寿	81	78	65	74	67	73
89	复星保德信	92	87	85	75	67	81
90	中韩人寿	73	70	71	83	91	78
91	德华安顾	57	50	62	81	72	64
外资小计		75	74	79	80	80	78
合计		77	79	82	80	83	80

表 6-14　2015—2019 年各寿险公司意外险业务占比情况　%

序号	公司名称	意外伤害保险					
		2019 年	2018 年	2017 年	2016 年	2015 年	5 年平均
1	国寿股份	3	3	3	3	4	3
2	太保寿	3	3	3	4	5	4
3	平安寿	4	4	4	4	3	4
4	新华	2	2	1	1	1	1
5	泰康	0	1	1	1	1	1
6	太平人寿	2	2	1	1	1	1
7	建信人寿	2	3	2	1	2	2
8	天安人寿	0	0	1	0	0	0
9	光大永明	3	4	7	8	7	6
10	民生人寿	0	0	0	0	0	0
11	富德生命人寿	1	1	1	0	0	1
12	国寿存续	1	0	0	0	0	0
13	平安养老	19	33	35	35	35	31
14	中融人寿	0	0	0	11	0	2
15	合众人寿	0	1	1	1	1	1
16	太平养老	15	15	17	15	17	16
17	人保健康	3	5	3	2	3	3
18	华夏人寿	1	1	1	1	7	2
19	君康人寿	0	0	0	0	0	0
20	信泰	0	0	0	1	1	1
21	农银人寿	2	3	2	2	2	2
22	长城	0	1	1	0	1	0
23	昆仑健康	1	5	11	14	7	8
24	和谐健康	14	13	0	0	0	5
25	人保寿险	2	2	2	2	2	2
26	国华	0	0	0	0	0	0
27	国寿养老	0	0	0	0	0	0
28	长江养老	0	0	0	0	0	0

续表

序号	公司名称	意外伤害保险					
		2019 年	2018 年	2017 年	2016 年	2015 年	5 年平均
29	英大人寿	6	11	12	19	18	13
30	泰康养老	5	8	10	18	28	14
31	幸福人寿	3	2	1	1	2	2
32	阳光人寿	3	4	2	1	1	2
33	百年人寿	0	0	0	1	1	0
34	中邮人寿	0	0	0	0	0	0
35	大家人寿	0	0	0	0	0	0
36	利安人寿	1	1	1	1	1	1
37	前海人寿	0	0	0	0	0	0
38	华汇人寿	0	0	0	0	0	0
39	东吴人寿	1	2	1	1	7	2
40	珠江人寿	1	1	0	0	20	4
41	弘康人寿	0	0	0	0	0	0
42	吉祥人寿	5	3	1	2	4	3
43	大家养老	0	0	0	62	64	25
44	渤海人寿	0	0	0	0	0	0
45	国联人寿	2	2	3	1	12	4
46	太保安联健康	16	14	19	15	10	15
47	上海人寿	0	0	0	0	0	0
48	中华人寿	3	6	10	14	0	7
49	新华养老	0	0	0	0	0	0
50	三峡人寿	1	27	0	0	0	6
51	横琴人寿	0	1	0	0	0	0
52	复星联合健康	7	6	13	0	0	5
53	信美人寿	0	0	0	0	0	0
54	华贵人寿	1	1	2	0	0	1
55	爱心人寿	1	1	0	0	0	0
56	和泰人寿	0	0	1	0	0	0

续表

序号	公司名称	意外伤害保险					
		2019 年	2018 年	2017 年	2016 年	2015 年	5 年平均
57	招商仁和	1	1	1	0	0	0
58	瑞华健康	3	22	0	0	0	5
59	北京人寿	0	1	0	0	0	0
60	人保养老	0	0	0	0	0	0
61	海保人寿	40	96	0	0	0	27
62	国富人寿	2	1	0	0	0	0
63	国宝人寿	0	0	0	0	0	0
中资小计		2	3	2	2	3	2
64	中宏人寿	1	2	2	2	2	2
65	中德安联	1	1	1	1	1	1
66	工银安盛	0	0	0	0	0	0
67	中信保诚	2	2	2	3	4	3
68	交银康联	1	2	1	1	4	2
69	中意	2	2	3	2	2	2
70	友邦	3	3	4	4	5	4
71	北大方正人寿	2	3	2	2	5	3
72	中荷人寿	1	1	1	1	1	1
73	中英人寿	2	2	2	2	3	2
74	同方全球人寿	2	2	3	2	2	2
75	招商信诺	4	5	5	5	7	5
76	长生人寿	1	2	4	2	9	4
77	恒安标准	4	4	2	1	2	3
78	瑞泰人寿	3	6	9	14	14	9
79	中法人寿	25	29	38	0	0	18
80	华泰人寿	1	2	2	3	3	2
81	陆家嘴国泰	3	4	5	9	15	7
82	中美联泰	6	7	8	7	6	7
83	平安健康	2	2	3	2	1	2

续表

序号	公司名称	意外伤害保险					
		2019 年	2018 年	2017 年	2016 年	2015 年	5 年平均
84	中银三星	6	11	4	4	4	6
85	恒大人寿	0	0	0	0	2	1
86	新光海航	0	0	0	0	4	1
87	汇丰人寿	0	0	0	0	0	0
88	君龙人寿	2	5	3	3	3	3
89	复星保德信	0	0	0	0	1	0
90	中韩人寿	1	1	1	1	1	1
91	德华安顾	4	6	10	5	16	8
外资小计		2	2	2	2	3	2
合计		2	3	2	2	3	2

表 6-15　2015—2019 年各寿险公司健康险业务占比情况　%

序号	公司名称	健康保险					
		2019 年	2018 年	2017 年	2016 年	2015 年	5 年平均
1	国寿股份	19	16	13	13	12	14
2	太保寿	26	21	15	13	11	17
3	平安寿	24	23	21	20	18	21
4	新华	39	35	29	21	15	28
5	泰康	23	19	14	11	8	15
6	太平人寿	28	24	14	10	6	16
7	建信人寿	7	5	3	1	3	4
8	天安人寿	13	9	6	3	1	6
9	光大永明	21	15	19	23	34	22
10	民生人寿	24	24	20	13	13	19
11	富德生命人寿	26	14	7	3	2	10
12	国寿存续	7	30	18	12	11	16
13	平安养老	71	67	65	65	65	67
14	中融人寿	0	0	0	88	0	18

续表

序号	公司名称	健康保险					
		2019 年	2018 年	2017 年	2016 年	2015 年	5 年平均
15	合众人寿	17	17	9	10	11	13
16	太平养老	79	81	72	69	60	72
17	人保健康	89	90	95	96	94	93
18	华夏人寿	11	10	11	12	25	14
19	君康人寿	0	0	0	1	0	0
20	信泰	7	10	4	6	6	7
21	农银人寿	8	8	4	3	2	5
22	长城	20	18	13	5	8	13
23	昆仑健康	99	95	89	86	93	92
24	和谐健康	86	87	100	100	100	95
25	人保寿险	20	17	15	11	10	15
26	国华	2	2	1	1	2	2
27	国寿养老	0	0	0	0	0	0
28	长江养老	0	0	0	0	0	0
29	英大人寿	9	13	11	13	11	11
30	泰康养老	79	77	73	68	56	71
31	幸福人寿	14	11	4	3	2	7
32	阳光人寿	18	17	9	8	8	12
33	百年人寿	12	7	5	4	3	6
34	中邮人寿	1	1	1	1	0	1
35	大家人寿	3	1	0	0	0	1
36	利安人寿	3	3	3	1	2	2
37	前海人寿	0	1	1	1	0	1
38	华汇人寿	15	10	1	0	1	5
39	东吴人寿	35	62	12	11	65	37
40	珠江人寿	4	2	1	0	23	6
41	弘康人寿	5	5	3	5	1	4
42	吉祥人寿	21	12	5	6	9	11

续表

序号	公司名称	健康保险					
		2019 年	2018 年	2017 年	2016 年	2015 年	5 年平均
43	大家养老	0	0	0	38	36	15
44	渤海人寿	3	2	1	0	1	1
45	国联人寿	5	3	4	1	13	5
46	太保安联健康	84	86	81	85	90	85
47	上海人寿	1	1	0	0	0	0
48	中华人寿	10	19	41	80	0	30
49	新华养老	0	0	0	0	0	0
50	三峡人寿	5	35	0	0	0	8
51	横琴人寿	4	5	2	0	0	2
52	复星联合健康	93	94	87	0	0	55
53	信美人寿	2	18	5	0	0	5
54	华贵人寿	2	1	1	0	0	1
55	爱心人寿	14	16	10	0	0	8
56	和泰人寿	3	0	1	0	0	1
57	招商仁和	4	8	6	0	0	3
58	瑞华健康	97	78	0	0	0	35
59	北京人寿	17	55	0	0	0	15
60	人保养老	0	0	0	0	0	0
61	海保人寿	26	3	0	0	0	6
62	国富人寿	3	1	0	0	0	1
63	国宝人寿	5	14	0	0	0	4
中资小计		21	18	15	17	14	17
64	中宏人寿	38	37	33	28	24	32
65	中德安联	16	15	14	13	11	14
66	工银安盛	7	8	4	3	3	5
67	中信保诚	26	30	30	28	23	27
68	交银康联	5	6	3	3	4	4
69	中意	26	20	23	15	12	19

续表

序号	公司名称	健康保险					
		2019 年	2018 年	2017 年	2016 年	2015 年	5 年平均
70	友邦	54	52	48	47	41	49
71	北大方正人寿	26	27	22	22	29	25
72	中荷人寿	20	19	16	13	10	16
73	中英人寿	39	39	31	25	24	32
74	同方全球人寿	58	65	62	51	37	55
75	招商信诺	21	23	22	19	21	21
76	长生人寿	33	11	9	6	43	21
77	恒安标准	32	32	25	19	16	25
78	瑞泰人寿	49	36	37	45	50	43
79	中法人寿	62	59	51	0	0	35
80	华泰人寿	27	26	23	21	17	23
81	陆家嘴国泰	24	23	26	31	31	27
82	中美联泰	21	19	15	13	12	16
83	平安健康	98	98	97	98	99	98
84	中银三星	8	12	6	5	2	6
85	恒大人寿	4	4	2	2	4	3
86	新光海航	18	16	16	16	19	17
87	汇丰人寿	1	1	1	1	1	1
88	君龙人寿	18	17	31	24	30	24
89	复星保德信	8	13	15	24	32	18
90	中韩人寿	26	29	28	16	8	21
91	德华安顾	40	45	28	14	12	28
外资小计		23	23	19	17	17	20
合计		21	19	15	17	14	17

第七章 中国互联网保险

互联网保险行业慢慢来（2011—2019年）

一、互联网保险

随着互联网技术的进步，保险业对于互联网的应用和尝试也在不断地深化。对于保险来说，互联网从最初的作为信息推送的营销手段，逐步实现了由点成线、由线成面、由面成体的体系化应用。互联网保险的发展大体可以分为四个阶段：萌芽阶段（Web1.0）、发展阶段（Web2.0）、移动互联阶段、基于4G技术的多媒体移动互联阶段；可以预期互联网保险即将步入基于5G技术的“万物节点、万物感知、互联智能、万物互联”阶段。

从互联网保险发展阶段可以看出，互联网保险的发展与互联网技术的进步是密不可分的，互联网技术的发展状况在很大程度上决定了互联网保险的发展方向和趋势。

近几年，金融科技的迅猛发展，特别是以大数据、云计算、人工智能、区块链等技术为代表的新一轮信息技术革命为互联网保险赋予了新能力、新发展、新未来。

二、互联网保险机构

表7-1、图7-1给出了2011—2019年经营互联网保险业务的保险公司数量，从2011年的28家增长到2019年的133家，其中产险为71家，寿险为62家。

表 7-1　2011—2019 年互联网保险市场参与情况　　单位：家

年份	保险公司数量			互联网保险参与数量		
	产险	寿险	合计	产险	寿险	合计
2011	60	62	122	12	16	28
2012	63	69	132	12	22	34
2013	65	70	135	16	44	60
2014	65	71	136	33	52	85
2015	73	75	148	49	61	110
2016	81	77	158	60	61	121
2017	85	86	171	70	61	131
2018	88	91	179	69	62	131
2019	88	91	179	71	62	133

数据来源：中国保险行业协会会员单位报送数据，如果保险公司没有加入中国保险行业协会或没有报送数据，则不包括在本书统计范围之内；下文中的数据采用了同样的统计口径。

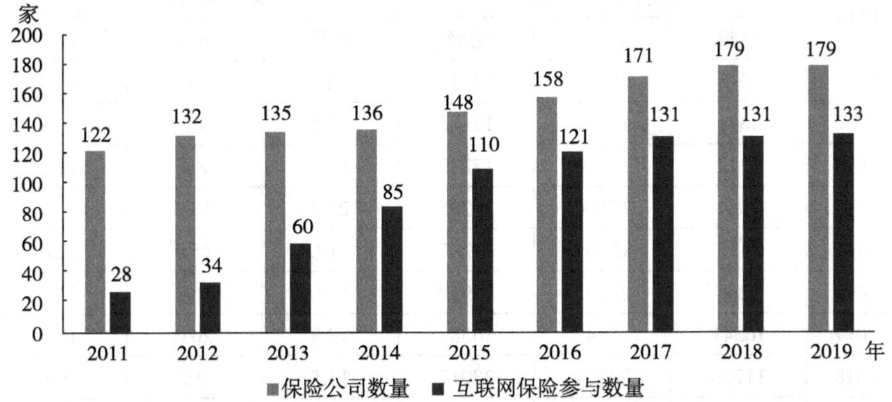

图 7-1　2011—2019 年互联网保险市场参与情况

三、互联网保险规模

表7–2给出了2011—2019年互联网保险保费及增长情况，表7–3给出了同期保险保费及增长情况。过去几年，互联网保险市场实现高速增长，规模从2011年的32亿元增至2019年的2696亿元，年化增长率74%。

表 7–2　2011—2019 年互联网保险保费及增长情况

年份	互联网保险保费收入 / 亿元			互联网保险保费增长率 /%		
	产险	寿险	合计	产险	寿险	合计
2011	22	10	32	—	—	—
2012	101	10	111	357.5	0.7	246.9
2013	237	54	291	134.3	445.5	162.3
2014	506	353	859	113.7	548.1	195.0
2015	768	1466	2234	51.9	314.9	160.1
2016	502	1797	2299	–34.6	22.6	2.9
2017	493	1383	1877	–1.8	–23.0	–18.4
2018	695	1193	1889	40.9	–13.7	0.6
2019	839	1858	2696	20.6	55.7	42.8

表 7–3　2011—2019 年保险保费及增长情况

年份	保费收入 / 亿元			保费增长率 /%		
	产险	寿险	合计	产险	寿险	合计
2011	4618	9721	14339	–4.8	0.4	–1.3
2012	5331	10157	15488	15.4	4.5	8.0
2013	6212	11010	17222	16.5	8.4	11.2
2014	7544	12690	20235	21.4	15.3	17.5
2015	8423	15859	24282	11.6	25.0	20.0
2016	9266	21693	30959	10.0	36.8	27.5
2017	10541	26040	36581	13.8	20.0	18.2
2018	11756	26261	38017	11.5	0.9	3.9
2019	13016	29628	42645	10.7	12.8	12.2

图7-2给出了2011—2019年保险市场及互联网保险市场保费增长情况，可以看出互联网保险增长波动较大。

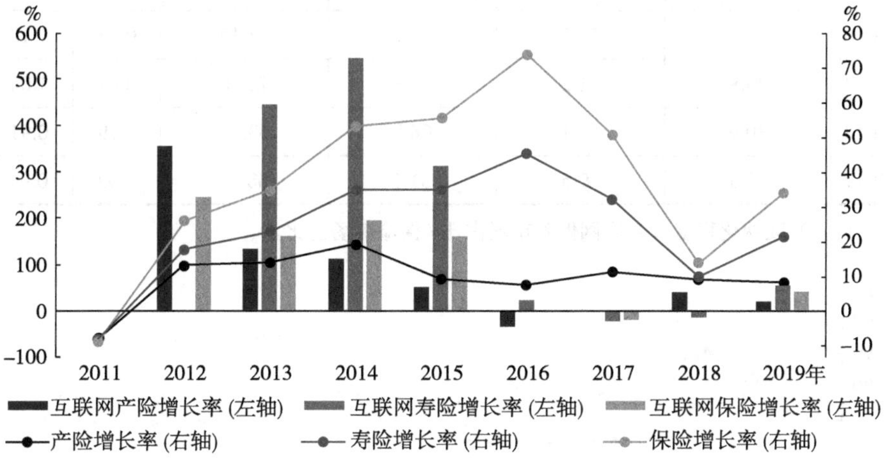

图 7-2　2011—2019 年保险市场及互联网保险增长情况

四、互联网保险结构

表7-4、图7-3给出了2011—2019年互联网保险保费收入结构，可以看出，产险互联网化程度逐年下降，寿险互联网化程度逐年提高，最近两年产险和寿险互联网化程度已基本持平。

表 7-4　2011—2019 年互联网保险保费收入结构

年份	保险行业保费收入结构 /%		互联网保险保费收入结构 /%		互联网化程度	
	产险	寿险	产险	寿险	产险	寿险
2011	32.2	67.8	69.0	31.00	2.14	0.46
2012	34.4	65.6	91.0	9.00	2.64	0.14
2013	36.1	63.9	81.3	18.72	2.25	0.29
2014	37.3	62.7	58.9	41.12	1.58	0.66
2015	34.7	65.3	34.4	65.61	0.99	1.00

续表

年份	保险行业保费收入结构 /%		互联网保险保费收入结构 /%		互联网化程度	
	产险	寿险	产险	寿险	产险	寿险
2016	29.9	70.1	21.8	78.15	0.73	1.12
2017	28.8	71.2	26.3	73.70	0.91	1.04
2018	30.9	69.1	36.8	63.18	1.19	0.91
2019	30.5	69.5	31.1	68.90	1.02	0.99

注：互联网化程度 = 互联网保险市场占比 / 保险市场占比。

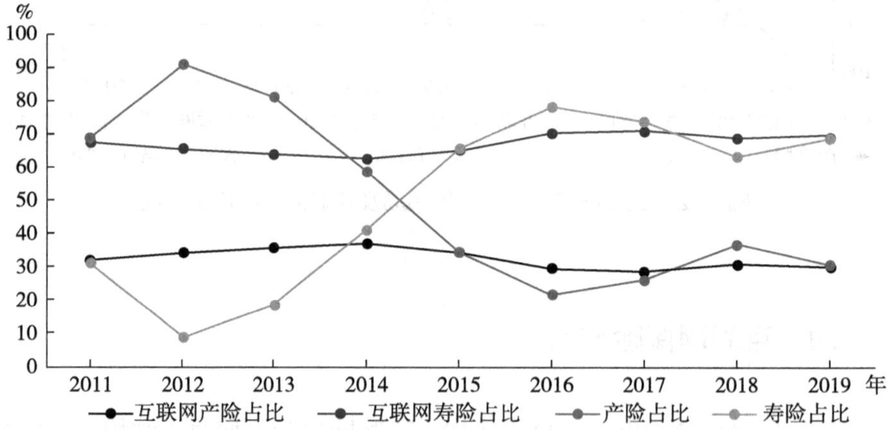

图 7-3　2011—2019 年保险市场及互联网保险收入结构情况

五、互联网保险渗透

表7-5、图7-4给出了2011—2019年互联网保险渗透率情况，互联网保险渗透率也一路走高。从2011年的0.2%上升至2015年的9.2%，达到峰值；2016—2018年连续三年下降，2019年恢复增长，达到6.3%。蓬勃发展的驱动因素之一是部分中小保险公司主要是通过理财型保险的收益率优势抢占保险市场，随着监管引导保险回归保障本源，整体规模自2016年收缩回落。

表 7-5　2011—2019 年互联网保险渗透率及增长情况　%

年份	互联网保险渗透率			互联网保险渗透率增长率		
	产险	寿险	合计	产险	寿险	合计
2011	0.5	0.1	0.2	—	—	—
2012	1.9	0.1	0.7	296.3	–3.6	221.1
2013	3.8	0.5	1.7	101.1	403.3	135.9
2014	6.7	2.8	4.2	76.0	462.3	151.1
2015	9.1	9.2	9.2	36.1	232.0	116.7
2016	5.4	8.3	7.4	–40.6	–10.4	–19.3
2017	4.7	5.3	5.1	–13.6	–35.9	–30.9
2018	5.9	4.5	5.0	26.4	–14.5	–3.2
2019	6.4	6.3	6.3	8.9	38.0	27.3

注：互联网保险渗透率 = 互联网保险保费 / 总保费。

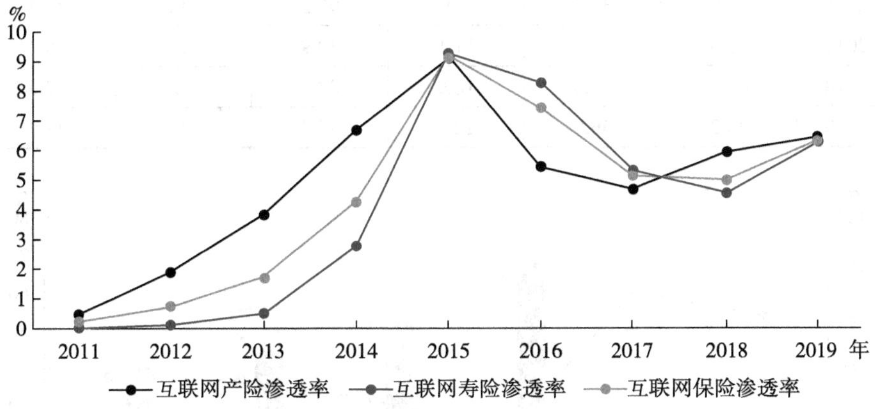

图 7-4　2011—2019 年互联网保险渗透率

六、互联网保险渠道

表7-6、图7-5给出了2014—2019年互联网保险渠道分布情况，无论是产险还是寿险，自营占比逐年提高，其中产险自营和渠道占比已经基本持平。

表 7-6　2014—2019 年互联网保险渠道分布——保费收入

年份	互联网产险		互联网寿险		互联网保险	
	自营 / 亿元	渠道 / 亿元	自营 / 亿元	渠道 / 亿元	自营 / 亿元	渠道 / 亿元
2014	96	410	7	346	104	755
2015	75	694	42	1424	117	2117
2016	340	162	87	1710	427	1872
2017	256	237	153	1230	410	1467
2018	310	386	201	992	511	1377
2019	363	476	238	1620	600	2096

表 7-7　2014—2019 年互联网保险渠道分布——保费占比

年份	互联网产险		互联网寿险		互联网保险	
	自营 /%	渠道 /%	自营 /%	渠道 /%	自营 /%	渠道 /%
2014	19.0	81.0	2.1	97.9	12.1	87.9
2015	9.7	90.3	2.9	97.1	5.2	94.8
2016	67.8	32.2	4.8	95.2	18.6	81.4
2017	52.0	48.0	11.1	88.9	21.8	78.2
2018	44.6	55.4	16.9	83.1	27.1	72.9
2019	43.2	56.8	12.8	87.2	22.3	77.7

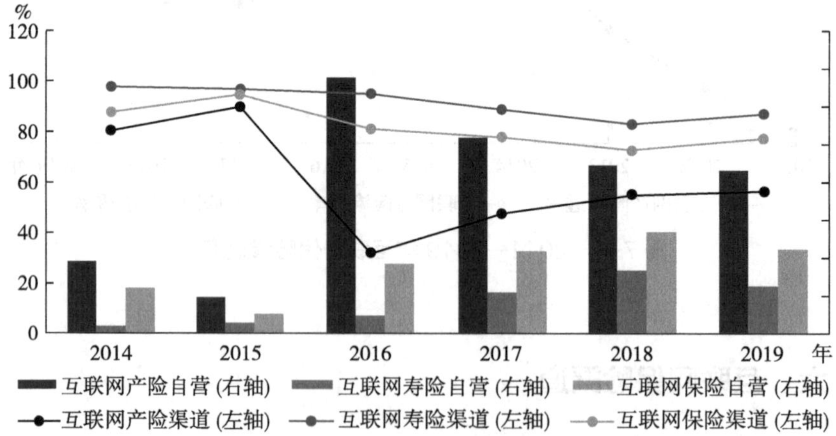

图 7-5　2014—2019 年互联网保险渠道分布

互联网保险和保险科技的发展，是当今时代保险行业转型升级的核心动能，也是中国从保险大国向保险强国跨越的重要契机。纵观全球保险科技发展进程，我国在保险科技应用方面已走在世界前列。通过利用互联网和新技术，保险业不断丰富产品供给、提升服务能力、优化客户体验、提高运营效率，保险业服务经济社会发展的能力不断增强。

我们相信，2019年，保险业将会深入推进大数据、云计算、人工智能、物联网、区块链等新兴技术的行业应用，持续拓展行业的创新能力。例如，依托大数据和云计算技术，保险业实现对互联网海量高并发交易的支持；基于人工智能为代表的创新技术，保险业发展出包括智能保顾在内的一系列产品应用，在优化客户产品体验的同时，释放了更多的保险需求。数字经济时代的到来，不仅带来了新的发展要求，也为互联网保险和保险科技的发展提出了新命题。

互联网保险慢慢来，不是为了“慢”，而是为了“来”，因为鉴往知来。

互联网产险慢慢来（2011—2019年）

一、市场概况

2019年，在88家财产险公司中有71家公司开展互联网财产保险业务，占比达81%。互联网财产保险保费收入共838.62亿元，同比增长20.60%。其中，车险保费收入共274.53亿元，同比负增长25.55%，占比32.74%；非车险保费收入共564.09亿元，同比增长72.69%，占比67.26%。

2019年互联网车险出现大幅度负增长，非车险实现大幅度增长，可谓此消彼长。由此可见，2019年互联网财产险开始回归正途，车险不再为了费用而选择互联网。

图7-6给出了2013—2019年产险市场互联网保险的市场份额，2015年

市场占比为9.1%，最近几年略有下降，2019年为6.4%。

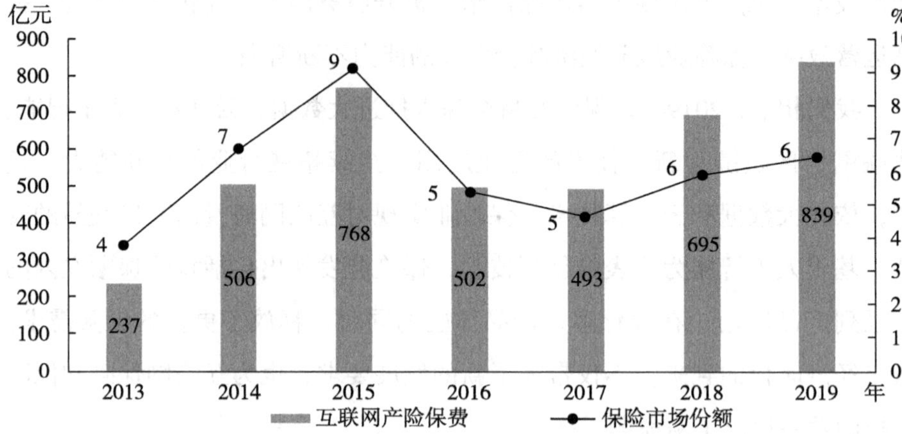

图 7-6　2013—2019 年产险市场互联网保险份额

图7-7给出了2013—2019年互联网保险市场中产险的市场份额，从2013年的81.3%下降到2016年的21.8%，最近两年略有增长，2019年为31.1%。

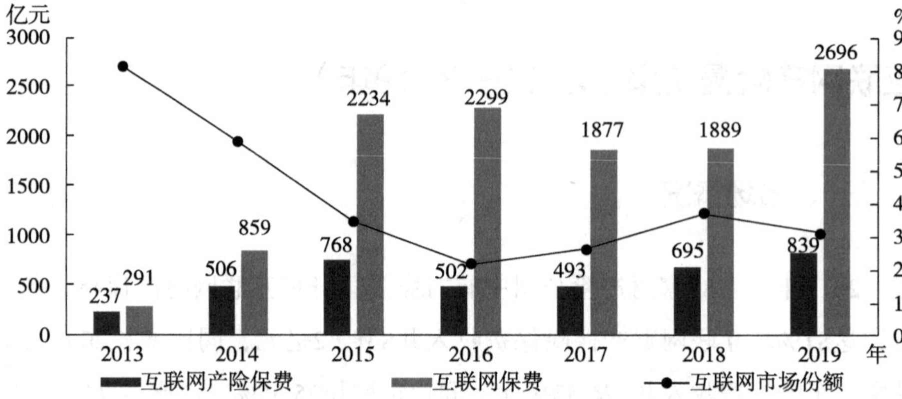

图 7-7　2013—2019 年互联网保险市场中产险份额

二、险种分析

2019年，从险种角度分析，车险保费收入共274.53亿元，占比32.74%；非车险保费收入共564.09亿元，占比67.26%，其中意外健康险为267.39亿元，占比31.88%，财产险为26.88亿元，占比3.21%，责任险为28.70亿元，占比3.42%，信用保证险为130.74亿元，占比15.59%，其他非车险（主要包括退货运费险）为110.39亿元，占比13.16%。

表7-7给出了2016—2019年各险种互联网保险保费占比情况以及各险种互联网保险单均保费情况。其中，意健险的市场份额逐年提高，2019年达到19.6%，互联网化最高；单均保费逐年下降，保单的碎片化趋势越来越明显。

表 7-7　各险种互联网保费占比情况

险种	互联网保费占比 /%				互联网单均保费 / 元			
	2019 年	2018 年	2017 年	2016 年	2019 年	2018 年	2017 年	2016 年
车险	3.4	4.7	4.1	5.8	1213	1574	2042	2084
财产险	5.8	3.9	5.1	2.5	1.75	1.22	1.28	10.84
意健险	19.6	17.0	12.6	9.2	3.72	2.19	5.07	27.58
信用保证险	12.5	5.9	3.1	1.8	4.60	2.32	1.11	0.84
责任险	3.8	4.2	4.7	2.8	2.29	2.32	2.02	4.53
其他	9.2	6.3	4.3	3.6	0.72	0.55	0.53	0.53
合计	6.4	5.9	4.7	5.4	2.97	2.87	3.77	7.74

三、渠道分析

从渠道角度分析，2019年，保险公司通过公司PC官网累计实现保费收入为49.67亿元，占比5.92%；通过移动终端（APP、WAP和微信等方式）实现累计保费收入共195.40亿元，占比23.30%，其中通过移动APP实现保费共136.90亿元，通过移动官网手机WAP实现保费共7.97亿元，通过微信平台实现保费共50.53亿元；通过保险专业中介机构实现累计保费收入共193.84亿元，占比23.11%；通过第三方网络平台实现累计保费收入共383.89亿元，占比46.73%；通过“其他”渠道实现累计保费收入共15.82亿元，占比1.89%。

表7-8给出了2016—2019年各渠道互联网保险保费占比情况，保险公司自营网络平台占比逐年下降，但其中微信公众号占比逐年提高；保险专业中介机构、第三方网络平台的保费占比逐年提高。

表 7-8　各渠道互联网保费占比情况　%

渠道分类	2019 年	2018 年	2017 年	2016 年
保险公司自营网络平台	29.2	44.6	52.0	67.8
其中：PC 官网	5.9	7.5	14.6	55.3
移动官网手机 WAP	1.0	0.5	28.9	4.1
移动 APP	16.3	21.5	1.5	4.9
微信公众号	6.0	15.1	7.0	3.4
保险专业中介机构	23.1	18.8	12.4	11.0
第三方网络平台	45.8	33.6	31.7	18.5
其他	1.9	3.1	3.9	2.7
总计	100.0	100.0	100.0	100.0

四、公司分析

2019年互联网财产保险总保费收入的前三名依然是人保产险、众安在线和太平洋财险。表7-9给出了88家财险公司互联网保费规模和占比情况，从最近三年互联网保险占比情况来看，中资财险公司平均占比5.4%，外资产险公司平均占比14%，行业平均占比5.6%；外资财险公司保费占比逐年提高，从2016年的2.8%提高到2019年的24.4%，互联网化程度较高；中资财险公司保费占比近几年基本持平。

表 7-9　88 家财险公司互联网保费情况

序号	公司	互联网保费收入 / 亿元				互联网保费占比 /%				
		2019 年	2018 年	2017 年	2016 年	2019 年	2018 年	2017 年	2016 年	4 年平均
1	人保股份	162.08	105.96	40.53	183.88	4	3	1	6	3
2	大地财产	63.97	40.65	23.02	19.59	13	10	6	6	9
3	出口信用	0.27	0.04	0.04	0.03	0	0	0	0	0
4	中华联合	8.53	13.31	8.84	10.30	2	3	2	3	2
5	太保财	73.81	42.23	28.05	20.77	6	4	3	2	4
6	平安财	63.56	128.59	148.41	117.66	2	5	7	7	5
7	华泰	8.31	13.24	8.58	7.27	11	16	11	10	12
8	天安	1.05	9.59	8.08	11.91	1	6	6	9	5
9	华安	14.83	9.97	16.30	7.27	10	8	14	7	10
10	永安	11.55	9.35	14.30	13.01	10	9	17	14	13
11	太平保险	37.43	28.76	17.58	12.85	14	12	8	7	10
12	亚太产险	3.89	4.86	3.76	1.14	8	13	12	4	9
13	中银保险	3.62	3.27	1.60	0.66	6	6	3	1	4
14	安信农业	0.13	0.09	0.06	0.01	1	1	1	0	1
15	永诚	5.62	9.57	16.57	10.70	9	16	26	17	17
16	大家财险	0.20	0.91	0.53	0.01	0	2	1	0	1
17	国任产险	0.65	0.13	0.13	0.40	1	0	0	1	1
18	安华农业	0.10	0.04	0.20	0.01	0	0	0	0	0
19	阳光财产	13.13	11.30	11.28	12.47	3	3	3	4	4
20	阳光农业	0	0	0	0	0	0	0	0	0
21	都邦	1.45	1.04	0.57	0	4	3	1	0	2
22	渤海	0.06	0.05	1.02	0.93	0	0	3	3	2
23	华农	0.02	0.10	0.01	0	0	1	0	0	0
24	国寿财产	21.91	16.30	16.79	11.08	3	2	3	2	2
25	安诚	1.56	1.41	0.08	0.06	4	3	0	0	2
26	长安责任	1.46	1.06	1.03	1.68	5	4	3	5	4
27	国元农业	0.19	0.25	0.13	0.02	0	0	0	0	0

续表

序号	公司	互联网保费收入 / 亿元				互联网保费占比 /%				
		2019 年	2018 年	2017 年	2016 年	2019 年	2018 年	2017 年	2016 年	4 年平均
28	鼎和财产	0.73	1.70	1.21	0.46	1	4	3	1	2
29	中煤财产	0.28	0.03	0.10	0.09	2	0	1	1	1
30	英大财产	0.05	0.25	1.54	5.04	0	0	2	6	2
31	浙商财产	3.02	3.02	1.95	2.28	7	7	5	7	6
32	紫金财产	1.70	0.97	0.43	0.89	3	2	1	2	2
33	泰山产险	1.22	0.53	0.65	0.14	5	3	4	1	3
34	众诚保险	0	0	0	0	0	0	0	0	0
35	锦泰财产	0.12	0.08	0.57	0.71	1	0	3	5	2
36	诚泰财产	0.34	1.20	0.28	0.05	2	10	3	1	4
37	长江财产	0	0	0	0.05	0	0	0	1	0
38	富德财产	0.24	0.30	0.49	0.71	1	1	2	4	2
39	鑫安汽车	0	0	0	0	0	0	0	0	0
40	北部湾财产	0.04	0.02	0.16	0.10	0	0	1	1	0
41	中石油专属保险	0	0	0	0	0	0	0	0	0
42	众安财产	146.35	112.23	59.57	34.08	100	100	100	100	100
43	恒邦财产	0.27	0.11	0.11	0	2	2	2	0	2
44	合众财产	0.20	0.25	0.48	0.27	7	12	44	46	27
45	燕赵财产	0	0	0	0	0	0	0	0	0
46	华海财产	7.32	8.76	0.47	0.09	35	43	3	1	20
47	中原农业	0	0.01	0.01	0	0	0	0	0	0
48	中路财产	0.67	1.10	0.21	0	7	14	6	0	7
49	铁路自保	0	0	0	0	0	0	0	0	0
50	阳光信用	1.50	2.52	1.21	0.28	100	101	100	94	99
51	泰康在线	51.30	29.52	17.71	7.21	100	100	107	107	103
52	易安财产	10.43	12.81	8.39	0	100	100	100	0	75
53	东海航运	0	0	0	0	0	0	0	0	0

续表

序号	公司	互联网保费收入 / 亿元				互联网保费占比 /%				
		2019 年	2018 年	2017 年	2016 年	2019 年	2018 年	2017 年	2016 年	4 年平均
54	久隆财产	0	0	0	0	0	0	0	0	0
55	安心财产	27.21	15.30	7.94	0.75	100	100	100	100	100
56	前海联合	10.25	5.50	3.07	0.10	56	48	51	20	44
57	珠峰产险	0	0	0	0	0	0	0	0	0
58	海峡金桥	0.14	0.01	0	0	3	0	0	0	1
59	建信财产	0.23	0.72	0.41	0	4	19	17	0	10
60	众惠相互	13.07	0.75	0.27	0	176	20	40	0	59
61	太平科技	0.11	0	0	0	14	0	0	0	4
62	中远海自保	0	0	0	0	0	0	0	0	0
63	汇友互助	0.87	0.29	0.04	0	92	80	85	0	64
64	粤电自保	0	0	0	0	0	0	0	0	0
65	黄河产险	0	0	0	0	0	0	0	0	0
66	融盛产险	0	0	0	0	0	0	0	0	0
中资小计		777.05	650.08	474.78	497.01	6	6	5	5	5
67	史带财产	0.88	0.64	0.64	0.38	34	32	35	21	30
68	美亚	1.85	1.81	1.75	1.61	12	11	12	12	12
69	东京海上	0.01	0.01	0.01	0	0	0	0	0	0
70	瑞再企商	0	0.01	0.01	0	0	1	1	0	0
71	安达保险	0.05	0.01	0.01	0	1	0	0	0	0
72	三井住友	0.03	0.02	0.01	0	1	0	0	0	0
73	三星	0.02	0	0.01	0.02	0	0	0	0	0
74	安联	11.69	2.86	1.87	0.92	50	27	20	11	27
75	日本财产	0.04	0	0.10	0.09	1	0	3	2	2
76	利宝互助	0.20	0.18	0.15	0.15	1	1	1	1	1
77	中航安盟	0.04	0	0	0	0	0	0	0	0
78	安盛天平	2.21	2.99	3.28	1.82	3	5	4	2	4
79	苏黎世	0	0.08	0.14	0.10	0	1	3	2	2

续表

序号	公司	互联网保费收入 / 亿元				互联网保费占比 /%				
		2019 年	2018 年	2017 年	2016 年	2019 年	2018 年	2017 年	2016 年	4 年平均
80	现代财产	0.06	0.05	0.17	0.01	5	6	17	1	7
81	劳合社	0	0	0	0	0	0	0	0	0
82	中意财产	0.69	0.68	0.45	0.17	9	10	8	4	8
83	爱和谊	0	0	0	0	0	0	0	0	0
84	国泰财产	43.58	35.83	9.73	0	90	93	75	0	65
85	日本兴亚	0	0	0	0	0	0	0	0	0
86	乐爱金	0	0	0	0	0	0	0	0	0
87	富邦产险	0.22	0.13	0.39	0	3	2	4	0	2
88	信利保险	0	0	0	0	0	0	0	0	0
外资小计		61.57	45.30	18.71	5.28	24	20	9	3	14
合计		838.62	695.38	493.49	502.29	6	6	5	5	6

表7-10给出了88家财险公司互联网车险保费规模和占比情况，表7-11给出了88家财险公司互联网非车险保费规模和占比情况；中资财险公司、外资财险公司互联网车险占比都逐年下降，互联网非车险占比都逐年提高。

从表7-10可以看出，2019年互联网车险总保费收入的前三名依然是大地保险、太保产险和平安产险，三家合计占比52.45%。

表 7-10　88 家财险公司互联网车险情况

序号	公司	互联网保费收入 / 亿元				互联网保费占比 /%				
		2019 年	2018 年	2017 年	2016 年	2019 年	2018 年	2017 年	2016 年	4 年平均
1	人保股份	1971	2395	2057	1890	21	74	74	95	66
2	大地财产	1674	2124	1649	2872	80	81	88	99	87
3	出口信用	0	0	0	0	0	0	0	0	0
4	中华联合	1764	1796	1521	3473	85	96	99	100	95
5	太保财	1714	1836	2140	3007	67	66	61	69	66
6	平安财	3032	2922	2769	2656	68	85	91	89	83

续表

序号	公司	互联网保费收入 / 亿元				互联网保费占比 /%				
		2019 年	2018 年	2017 年	2016 年	2019 年	2018 年	2017 年	2016 年	4 年平均
7	华泰	0	0	0	3519	0	0	0	0	0
8	天安	1341	1275	1372	1864	97	96	98	89	95
9	华安	1382	1305	1808	1943	86	87	93	96	90
10	永安	1104	1140	1263	1471	26	71	93	97	72
11	太平保险	1425	1357	1405	1884	29	61	46	36	43
12	亚太产险	980	1100	1180	1537	58	81	75	56	67
13	中银保险	1574	1638	1772	3091	79	80	90	87	84
14	安信农业	0	0	0	0	0	0	0	0	0
15	永诚	1844	2033	2963	1563	93	93	96	97	95
16	大家财险	1187	1387	2436	2354	55	83	76	4	54
17	国任产险	0	1699	1519	1785	0	100	100	100	75
18	安华农业	0	0	1278	1201	0	0	92	39	33
19	阳光财产	1858	1914	2306	1567	19	48	71	85	56
20	阳光农业	0	0	0	0	0	0	0	0	0
21	都邦	2215	2415	1567	0	16	31	10	0	14
22	渤海	1066	981	1095	1181	4	24	99	99	57
23	华农	0	0	0	0	0	0	0	0	0
24	国寿财产	1450	1467	1663	1729	33	45	40	33	38
25	安诚	1931	2334	2932	0	95	97	1	0	48
26	长安责任	1214	1142	1474	1788	98	84	82	94	90
27	国元农业	2715	2856	3201	1684	46	59	100	100	76
28	鼎和财产	1484	1999	2955	3119	83	95	99	99	94
29	中煤财产	927	0	1091	1119	100	0	100	100	75
30	英大财产	1072	1766	1888	1862	43	92	99	100	83
31	浙商财产	2621	2070	2714	1759	1	1	86	99	47
32	紫金财产	1932	1863	2871	1822	41	60	47	98	62
33	泰山产险	1777	1995	2027	1593	96	98	99	100	98
34	众诚保险	0	0	0	0	0	0	0	0	0

续表

序号	公司	互联网保费收入 / 亿元				互联网保费占比 /%				
		2019 年	2018 年	2017 年	2016 年	2019 年	2018 年	2017 年	2016 年	4 年平均
35	锦泰财产	2182	2323	3468	2071	77	86	98	97	89
36	诚泰财产	836	781	1297	879	15	78	35	28	39
37	长江财产	0	0	0	0	0	0	0	0	0
38	富德财产	1341	1492	2603	1550	32	64	84	76	64
39	鑫安汽车	0	0	0	0	0	0	0	0	0
40	北部湾财产	1032	5235	2413	1712	11	72	93	96	68
41	中石油专属保险	0	0	0	0	0	0	0	0	0
42	众安财产	177	211	129	111	9	10	1	0	5
43	恒邦财产	1647	1655	1996	0	97	99	100	0	74
44	合众财产	868	2391	920	1300	7	5	8	13	8
45	燕赵财产	0	0	0	0	0	0	0	0	0
46	华海财产	1023	1054	1254	905	93	95	92	91	93
47	中原农业	0	1239	0	0	0	46	0	0	11
48	中路财产	1160	1938	2208	0	0	0	5	0	1
49	铁路自保	0	0	0	0	0	0	0	0	0
50	阳光信用	0	0	0	0	0	0	0	0	0
51	泰康在线	1499	1397	2372	0	21	13	4	0	10
52	易安财产	0	0	0	0	0	0	0	0	0
53	东海航运	0	0	0	0	0	0	0	0	0
54	久隆财产	0	0	0	0	0	0	0	0	0
55	安心财产	493	863	1369	2311	13	33	34	1	20
56	前海联合	833	0	0	0	0	0	0	0	0
57	珠峰产险	0	0	0	0	0	0	0	0	0
58	海峡金桥	131	1319	0	0	32	64	0	0	24
59	建信财产	1088	1613	625	0	0	0	0	0	0
60	众惠相互	0	0	0	0	0	0	0	0	0

续表

序号	公司	互联网保费收入 / 亿元				互联网保费占比 /%				
		2019 年	2018 年	2017 年	2016 年	2019 年	2018 年	2017 年	2016 年	4 年平均
61	太平科技	0	0	0	0	0	0	0	0	0
62	中远海自保	0	0	0	0	0	0	0	0	0
63	汇友互助	0	0	0	0	0	0	0	0	0
64	粤电自保	0	0	0	0	0	0	0	0	0
65	黄河产险	0	0	0	0	0	0	0	0	0
66	融盛产险	0	0	0	0	0	0	0	0	0
中资小计		1211	1574	2040	2084	35	57	64	80	59
67	史带财产	0	0	0	0	0	0	0	0	0
68	美亚	0	0	0	0	0	0	0	0	0
69	东京海上	0	0	0	0	0	0	0	0	0
70	瑞再企商	0	0	0	0	0	0	0	0	0
71	安达保险	0	0	0	0	0	0	0	0	0
72	三井住友	0	0	0	0	0	0	0	0	0
73	三星	1167	2086	2405	3089	100	100	100	100	100
74	安联	767	960	0	2750	0	0	0	0	0
75	日本财产	0	0	0	0	0	0	0	0	0
76	利宝互助	0	0	0	3273	0	0	0	1	0
77	中航安盟	0	0	0	0	0	0	0	0	0
78	安盛天平	2054	1598	2355	2244	54	16	62	74	52
79	苏黎世	0	0	0	0	0	0	0	0	0
80	现代财产	0	0	0	0	0	0	0	0	0
81	劳合社	0	0	0	0	0	0	0	0	0
82	中意财产	0	0	0	0	0	0	0	0	0
83	爱和谊	0	0	0	0	0	0	0	0	0
84	国泰财产	0	0	0	0	0	0	0	0	0
85	日本兴亚	0	0	0	0	0	0	0	0	0
86	乐爱金	0	0	0	0	0	0	0	0	0

续表

序号	公司	互联网保费收入 / 亿元				互联网保费占比 /%				
		2019 年	2018 年	2017 年	2016 年	2019 年	2018 年	2017 年	2016 年	4 年平均
87	富邦产险	0	0	0	0	0	0	0	0	0
88	信利保险	0	0	0	0	0	0	0	0	0
外资小计		2027	1601	2355	2254	2	1	11	26	10
合计		1213	1574	2042	2084	33	53	62	79	57

从表7-11可以看出，众安保险、人保财险、国泰产险在互联网财产保险非车险部分的表现突出，占据市场份额54.16%，其中国泰财险增长最快。众安保险、泰康在线、安心保险和易安保险四家互联网保险公司2019年在互联网财产保险非车险表现一般，累计保费收入占比达36.96%，较2018年大幅下降。

88家财险公司，有的还在观望，有的还在退缩，互联网保险难道要慢慢来？或是因为还没有做好？

表 7-11　88 家财险公司互联网非车险情况

序号	公司	互联网保费收入 / 亿元				互联网保费占比 /%				
		2019 年	2018 年	2017 年	2016 年	2019 年	2018 年	2017 年	2016 年	4 年平均
1	人保股份	7.7	2.3	0.9	0.9	79	26	26	5	34
2	大地财产	0.9	0.7	0.6	67.0	20	19	12	1	13
3	出口信用	3799	3358	6358	8339	100	100	100	100	100
4	中华联合	56.4	169.0	136.3	40.5	15	4	1	0	5
5	太保财	4.0	2.0	1.5	3.2	33	34	39	31	34
6	平安财	28.6	15.6	27.2	16.6	32	15	9	11	17
7	华泰	1.7	1.7	0.9	0.8	100	100	100	100	100
8	天安	91.9	131.4	105.5	33.4	3	4	2	11	5
9	华安	34.2	27.9	28.1	29.0	14	13	7	4	10
10	永安	337.1	88.4	105.3	2.8	74	29	7	3	28
11	太平保险	3.8	1.0	1.1	2.5	71	39	54	64	57

续表

序号	公司	互联网保费收入 / 亿元				互联网保费占比 /%				
		2019 年	2018 年	2017 年	2016 年	2019 年	2018 年	2017 年	2016 年	4 年平均
12	亚太产险	30.8	39.9	22.7	10.4	42	19	25	44	33
13	中银保险	1289	404.8	41.4	26.7	21	20	10	13	16
14	安信农业	8.2	0.1	0.2	0.2	100	100	100	100	100
15	永诚	139.1	134.6	36.1	14.9	7	7	4	3	5
16	大家财险	162.0	166.2	60.8	77.4	45	17	24	96	46
17	国任产险	103.6	0	0	100.0	100	0	0	0	25
18	安华农业	91.3	44.6	28.8	22.6	100	100	8	61	67
19	阳光财产	1.9	1.0	29.3	37.6	81	52	29	15	44
20	阳光农业	0	0	0	0	0	0	0	0	0
21	都邦	339.3	299.0	228.7	127.6	84	69	90	100	86
22	渤海	0	104.9	37.2	65.6	0	76	1	1	19
23	华农	103509	86975	26600	0	100	100	100	0	75
24	国寿财产	585.4	182.5	163.4	168.3	67	55	60	67	62
25	安诚	71.5	44.2	58.6	779.8	5	3	99	100	52
26	长安责任	280.6	58.6	52.1	22.2	2	16	18	6	10
27	国元农业	154.4	156.1	0	0	54	41	0	0	24
28	鼎和财产	481.5	194.8	29.7	24.8	17	5	1	1	6
29	中煤财产	0	28.3	28.3	0	0	100	0	0	25
30	英大财产	46.5	33.7	38.2	55.9	57	8	1	0	17
31	浙商财产	0	0.5	0.6	410.9	0	99	14	1	28
32	紫金财产	90.4	158.2	170.0	53.2	59	40	53	2	38
33	泰山产险	77.9	40.8	121.0	600.0	4	2	1	0	2
34	众诚保险	73.1	62.7	71.1	66.9	100	101	100	100	100
35	锦泰财产	1261.5	456.7	187.1	91.0	23	14	2	3	11
36	诚泰财产	1439.8	240.3	131.5	78.4	85	22	65	72	61
37	长江财产	0	0	0	5363.3	0	0	100	100	50
38	富德财产	27.0	10.3	7.3	52.9	68	36	16	24	36

续表

序号	公司	互联网保费收入 / 亿元				互联网保费占比 /%				
		2019 年	2018 年	2017 年	2016 年	2019 年	2018 年	2017 年	2016 年	4 年平均
39	鑫安汽车	46.2	128.1	87.7	0	100	100	100	0	75
40	北部湾财产	502.5	68.1	37.5	50.0	89	28	7	4	32
41	中石油专属保险	0	0	0	0	0	0	0	0	0
42	众安财产	1.6	1.4	1.1	1.0	91	90	99	100	95
43	恒邦财产	117.5	4.3	0	0	3	1	0	0	1
44	合众财产	47.1	20.7	20.9	30.4	93	95	92	87	92
45	燕赵财产	1.8	2.0	3.4	13.0	100	100	100	100	100
46	华海财产	495.6	315.2	245.7	216.7	7	5	8	9	7
47	中原农业	127.5	56.9	52.5	3.5	106	54	100	100	90
48	中路财产	697	2545	16921	7.2	100	100	95	100	99
49	铁路自保	0	0	0	0	0	0	0	0	0
50	阳光信用	377.4	497.1	875.4	819.9	100	100	100	100	100
51	泰康在线	4.4	21.9	1.9	1.5	79	87	96	100	90
52	易安财产	31.9	49.4	38.4	0	100	100	100	0	75
53	东海航运	0	0	0	0	0	0	0	0	0
54	久隆财产	0	0	0	0	0	0	0	0	0
55	安心财产	96.9	95.0	60.3	36.8	87	67	66	99	80
56	前海联合	5.1	7.3	22.8	29.8	100	100	100	100	100
57	珠峰产险	0	0	0	0	0	0	0	0	0
58	海峡金桥	40.1	224.5	0	0	68	36	0	0	26
59	建信财产	19.8	22.1	30.8	0	100	100	100	0	75
60	众惠相互	532.8	552.3	694.6	0	100	100	100	0	75
61	太平科技	126.8	0	0	0	100	0	0	0	25
62	中远海自保	0	0	0	0	0	0	0	0	0
63	汇友互助	867.7	985.1	732.2	0	100	100	100	0	75

续表

序号	公司	互联网保费收入 / 亿元				互联网保费占比 /%				
		2019 年	2018 年	2017 年	2016 年	2019 年	2018 年	2017 年	2016 年	4 年平均
64	粤电自保	0	0	0	0	0	0	0	0	0
65	黄河产险	0	0	0	0	0	0	0	0	0
66	融盛产险	0	0	0	0	0	0	0	0	0
中资小计		3.4	2.0	1.6	1.5	64	43	36	20	41
67	史带财产	119.8	128.7	81.2	51.0	100	100	100	100	100
68	美亚	195.5	184.0	105.9	83.6	100	100	100	100	100
69	东京海上	182.6	217.2	145.6	141.1	100	100	100	100	100
70	瑞再企商	0	1203	1030	0	0	100	100	0	50
71	安达保险	36.6	105.7	133.9	94.8	100	100	100	100	100
72	三井住友	294.1	260.3	224.9	123.5	100	100	100	100	100
73	三星	0	0	0	0	0	0	0	0	0
74	安联	57.8	87.4	48.5	27.6	100	100	100	100	100
75	日本财产	134.6	0	122.2	101.4	100	0	100	100	75
76	利宝互助	129.4	225.9	145.6	204.3	100	100	100	99	100
77	中航安盟	163.8	0	0	0	100	0	0	0	25
78	安盛天平	81.5	0.8	1.5	185.3	46	84	38	26	48
79	苏黎世	454.6	409.2	363.6	365.6	100	100	100	100	100
80	现代财产	49.5	53.6	6.4	285.9	100	100	100	100	100
81	劳合社	0	0	0	0	0	0	0	0	0
82	中意财产	159.6	21.8	66.2	74.5	100	100	100	100	100
83	爱和谊	0	0	0	0	0	0	0	0	0
84	国泰财产	0.3	0.4	0.4	0	100	100	100	0	75
85	日本兴亚	0	0	0	0	0	0	0	0	0
86	乐爱金	0	0	0	0	0	0	0	0	0
87	富邦产险	73.8	78.2	98.5	0	100	100	100	0	75
88	信利保险	0	0	0	0	0	0	0	0	0
外资小计		0.5	0.4	0.7	58.4	98	99	89	74	90
合计		2.0	1.3	1.4	1.6	67	47	38	21	43

互联网寿险慢慢来（2011—2019年）

一、市场概况

2019年，在91家人身险公司中，有62家公司开展互联网人身保险业务，占比68%；互联网人身保险保费收入1858亿元，同比增长56%。图7-8给出了2013—2019年互联网寿险保费及增长情况。

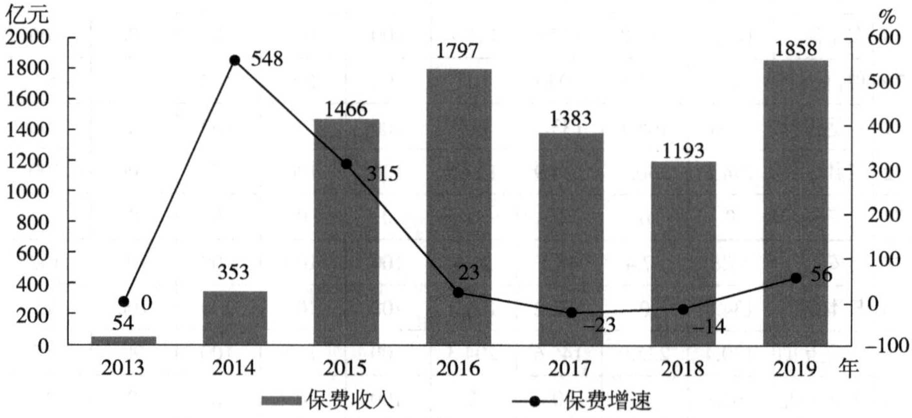

图 7-8　2013—2019 年互联网寿险保费及增长情况

图7-9给出了2013—2019年寿险市场互联网保险的渗透情况，2015年互联网保险渗透率为9.24%，最近几年快速下降，2019年略微上升到6.27%。

图7-10给出了2013—2019年互联网保险市场中寿险的市场份额，从2013年的18.7%上升到2016年的78.2%，最近两年略有下降，2019年为68.9%。

总体来看，2019年，互联网寿险规模保费收入趋于稳定，传统人身险公司借助互联网渠道快速、低成本地接触海量客户，从“线下”向“线上”转移的发展方式已进入瓶颈期。

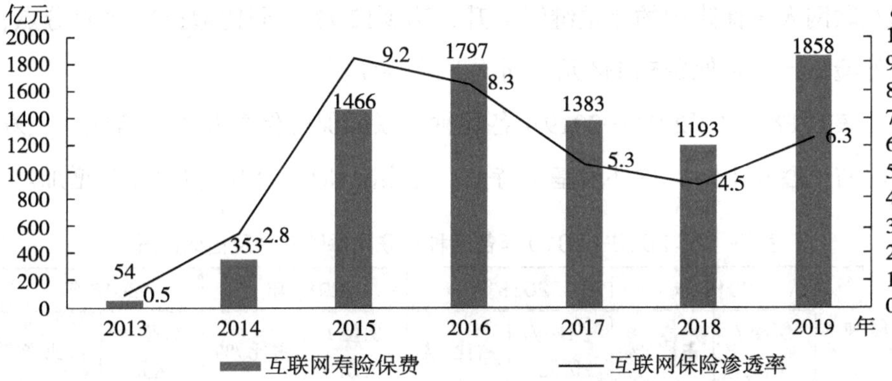

图 7-9　2013—2019 年寿险市场互联网保险渗透情况

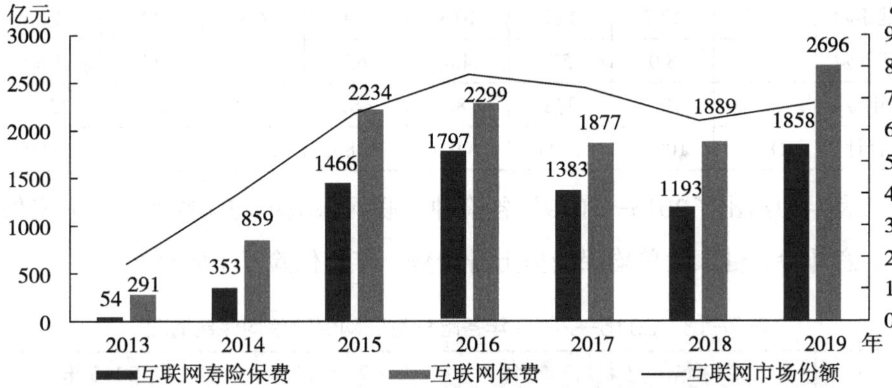

图 7-10　2013—2019 年互联网保险市场中寿险市场份额

二、险种分析

从险种角度分析，2019年互联网人身保险业务结构持续调整，除意外险出现下滑外，寿险、年金保险和健康险均实现不同程度增长，其中健康险增幅最大。寿险仍为互联网人身保险业务的主力险种，全年累计实现规模保费1212.4亿元，同比增长79.5%，在互联网人身保险总规模保费中的占比达65.3%，同比增长8.7个百分点；年金保险成为第二大险种，累计实现规模保费353.2亿元，同比增长4.5%，在互联网人身保险中占比为19%，同比下滑9.3个百分点；健康险累计实现规模保费236亿元，同比增长92%，在互联网人身保险中的比重继续提升，达到12.7%，同比增长2.4个百分点；意外险累计实现保费56.1亿元，同比下滑1.8%。

表7-12给出了2016—2019年各险种互联网保险保费及占比情况，人寿保险占比逐年下降，意外险基本持平，健康险和年金保险占比逐年增加。

表 7-12 2016—2019 年各险种互联网保险保费及占比情况

险种	2019 年		2018 年		2017 年		2016 年	
	保费 / 亿元	占比 /%	保费 / 亿元	占比 /%	保费 / 亿元	占比 /%	保费 / 亿元	占比 /%
寿险	1212	65.3	675	56.6	800	57.8	1494	83.2
健康险	236	12.7	123	10.3	59	4.3	32	1.8
意外险	56	3.0	57	4.8	63	4.6	23	1.3
年金	353	19.0	338	28.3	461	33.4	247	13.8
合计	1858	100.0	1193	100.0	1383	100.0	1797	100.0

表7-13给出了2016—2019年各险种互联网保险单均保费情况，人寿保险、意外险、健康险单均保费呈上升趋势，年金保险呈下降趋势。

表 7-13 2016—2019 年各险种互联网保险单均保费情况

险种	2019 年		2018 年		2017 年		2016 年	
	保费 / 亿元	单均保费 / 元	保费 / 亿元	单均保费 / 元	保费 / 亿元	单均保费 / 元	保费 / 亿元	单均保费 / 元
寿险	1212	3986	675	10173	800	8260	1494	8421
健康险	236	88	123	138	59	73	32	46
意外险	56	27	57	44	63	24	23	13
年金	353	2258	338	4806	461	21207	247	18237
合计	1858	356	1193	516	1383	390	1797	674

三、渠道分析

从渠道角度分析，2019年互联网人身保险的渠道经营模式仍然呈现以第三方平台（渠道）合作为主，公司自营平台（官网）为辅的发展格局。

据统计，61家公司与第三方平台合作开展互联网业务经营，51家公司通过公司自营平台展开经营，50家公司采用自营平台和第三方平台“双管齐下”的模式，整体与2018年保持一致。2019年通过第三方平台累计实现规模保费1619.8亿元，较2018年同比增长63.3%，占互联网人身保险总规模保费的87.2%；通过自营平台累计实现规模保费237.9亿元，同比增长18.2%，占互联网人身保险总规模保费的12.8%。

表7-14给出了2014—2019年各渠道互联网保险保费及占比情况，保险公司自营网络平台占比逐年上升，第三方渠道占比逐年下降，大多数公司采用自建官网和第三方渠道“双管齐下”的商业模式。

表 7-14　2014—2019 年各渠道互联网保险保费及占比情况

年份	合计	官网保费 / 亿元	官网占比 /%	渠道保费 / 亿元	渠道占比 /%
2014	353	7	2.1	346	97.9
2015	1466	42	2.9	1424	97.1
2016	1797	87	4.8	1710	95.2
2017	1383	153	11.1	1230	88.9
2018	1193	201	16.9	992	83.1
2019	1858	238	12.8	1620	87.2

四、公司分析

2019年，在开展互联网人身保险业务的公司中，国华人寿以380亿元的规模保费继续位列第一。此外，规模保费位列前10名的公司还有：建信人寿、工银安盛人寿、平安人寿、弘康人寿、农银人寿、国寿股份、光大永明人寿、合众人寿及平安健康，累计实现规模保费1100.4亿元，占互联网人身保险总规模保费的92.2%，行业集中度较高。由此可见，规模保费排名前列的银行系保险公司居多，网销规模保费占比也普遍较高，依托其母行庞大的客户资源及手机银行、网上银行等线上平台，成就了银行系保险公司开展互联网业务的天然优势。

表7–15给出了91家寿险公司互联网保费规模和占比情况，从最近4年互联网保险占比情况来看，中资公司平均占比5.26%，外资公司平均占比14.07%，行业平均占比5.91%；中外资寿险公司的互联网保险占比逐年下降，互联网化程度有弱化趋势。

表 7–15　91 家寿险公司互联网保费情况

序号	公司名称	互联网保费收入 / 亿元				互联网保费占比 /%				
		2019 年	2018 年	2017 年	2016 年	2019 年	2018 年	2017 年	2016 年	4 年平均
1	国寿股份	79	57	80	5	1	1	2	0	1
2	太保寿	0	1	1	3	0	0	0	0	0
3	平安寿	120	127	77	37	2	3	2	1	2
4	新华	5	6	14	26	0	0	1	2	1
5	泰康	15	7	10	12	1	1	1	1	1
6	太平人寿	34	9	47	11	2	1	4	1	2
7	建信人寿	148	294	274	209	51	118	93	45	71
8	天安人寿	4	3	10	74	1	0	2	22	5
9	光大永明	4	44	80	313	3	43	113	618	129
10	民生人寿	0	0	0	3	0	0	0	2	1
11	富德生命人寿	5	2	1	1	1	0	0	0	0
12	国寿存续	0	0	0	0	0	0	0	0	0
13	平安养老	4	4	8	5	1	2	5	3	3
14	中融人寿	3	0	0	0	3	0	0	968	2
15	合众人寿	36	40	3	3	22	26	1	2	11
16	太平养老	0	0	8	9	0	1	17	24	10
17	人保健康	70	18	2	1	31	12	1	0	11
18	华夏人寿	0	0	0	1	0	0	0	0	0
19	君康人寿	0	0	0	0	0	0	0	0	0
20	信泰	0	0	0	4	0	0	0	15	1

续表

序号	公司名称	互联网保费收入 / 亿元				互联网保费占比 /%				
		2019 年	2018 年	2017 年	2016 年	2019 年	2018 年	2017 年	2016 年	4 年平均
21	农银人寿	70	67	112	44	30	38	47	24	35
22	长城	1	0	0	0	1	0	0	0	0
23	昆仑健康	1	1	1	0	4	4	6	5	5
24	和谐健康	1	0	1	0	26	9	0	0	0
25	人保寿险	68	5	3	3	7	1	0	0	2
26	国华	380	190	229	200	101	55	50	75	69
27	国寿养老	0	0	0	0	0	0	0	0	0
28	长江养老	0	0	0	0	0	0	0	0	0
29	英大人寿	1	0	0	0	1	0	0	0	0
30	泰康养老	22	4	4	1	25	6	8	2	13
31	幸福人寿	0	0	0	0	0	0	0	0	0
32	阳光人寿	2	3	9	16	1	1	2	4	2
33	百年人寿	6	3	1	13	1	1	0	7	2
34	中邮人寿	319	0	0	0	47	0	0	0	16
35	大家人寿	0	6	4	1	1	3	0	0	0
36	利安人寿	1	0	2	1	0	0	2	1	1
37	前海人寿	0	0	0	0	0	0	0	0	0
38	华汇人寿	0	0	0	0	0	0	0	0	0
39	东吴人寿	0	0	0	2	0	0	0	5	1
40	珠江人寿	0	0	0	0	0	0	0	0	0
41	弘康人寿	75	89	70	400	59	109	120	3576	228
42	吉祥人寿	0	0	0	0	0	0	0	0	0
43	大家养老	0	0	0	0	0	0	0	0	0
44	渤海人寿	1	1	39	119	2	2	93	177	74
45	国联人寿	0	0	0	0	0	0	0	0	0
46	太保安联健康	0	0	0	0	0	0	0	0	0

续表

序号	公司名称	互联网保费收入 / 亿元				互联网保费占比 /%				
		2019 年	2018 年	2017 年	2016 年	2019 年	2018 年	2017 年	2016 年	4 年平均
47	上海人寿	0	0	0	0	0	0	0	0	0
48	中华人寿	0	1	2	10	1	6	34	795	32
49	新华养老	0	0	0	0	0	0	0	0	0
50	三峡人寿	0	0	0	0	0	0	0	0	0
51	横琴人寿	0	0	0	0	0	0	0	0	0
52	复星联合健康	6	3	0	0	32	54	0	0	35
53	信美人寿	0	0	0	0	0	0	0	0	0
54	华贵人寿	2	1	0	0	20	9	0	0	11
55	爱心人寿	0	0	0	0	0	0	0	0	0
56	和泰人寿	0	0	0	0	0	0	0	0	0
57	招商仁和	2	0	0	0	2	1	0	0	2
58	瑞华健康	0	0	0	0	0	0	0	0	0
59	北京人寿	1	0	0	0	8	0	0	0	5
60	人保养老	0	0	0	0	0	0	0	0	0
61	海保人寿	0	0	0	0	0	0	0	0	0
62	国富人寿	0	0	0	0	0	0	0	0	0
63	国宝人寿	0	0	0	0	0	0	0	0	0
中资小计		1487	986	1092	1528	6	4	5	8	5
64	中宏人寿	0	0	0	0	0	0	0	0	0
65	中德安联	0	0	0	0	0	0	0	0	0
66	工银安盛	295	164	265	244	56	49	67	71	60
67	中信保诚	0	0	0	0	0	0	0	0	0
68	交银康联	0	0	0	0	0	0	0	0	0
69	中意	7	5	3	9	5	4	3	9	5
70	友邦	0	0	0	0	0	0	0	0	0

续表

序号	公司名称	互联网保费收入 / 亿元				互联网保费占比 /%				
		2019 年	2018 年	2017 年	2016 年	2019 年	2018 年	2017 年	2016 年	4 年平均
71	北大方正人寿	0	0	0	0	0	0	0	0	0
72	中荷人寿	3	0	0	0	6	0	0	0	2
73	中英人寿	1	0	0	0	1	0	0	0	0
74	同方全球人寿	1	0	0	0	2	1	1	0	1
75	招商信诺	0	0	0	0	0	0	0	0	0
76	长生人寿	0	0	0	5	2	0	2	27	8
77	恒安标准	1	0	0	0	2	0	0	0	1
78	瑞泰人寿	1	1	1	4	15	13	15	93	32
79	中法人寿	0	0	0	0	0	0	0	0	0
80	华泰人寿	0	0	0	0	0	0	0	0	0
81	陆家嘴国泰	0	0	0	1	0	0	0	11	1
82	中美联泰	2	1	2	1	1	1	2	1	1
83	平安健康	51	29	13	1	83	77	59	15	73
84	中银三星	1	1	1	1	1	2	2	2	2
85	恒大人寿	0	0	0	0	0	0	0	0	0
86	新光海航	0	0	0	0	0	0	0	0	0
87	汇丰人寿	0	0	0	0	0	0	0	0	0
88	君龙人寿	1	2	5	1	21	36	67	19	38
89	复星保德信	2	0	0	0	5	2	0	3	4
90	中韩人寿	0	0	0	0	0	1	1	0	0
91	德华安顾	3	3	2	1	38	42	43	33	40
外资小计		371	207	291	268	13	10	15	19	14
合计		1858	1193	1383	1797	6	5	5	8	6

表7–16给出了91家寿险公司官网的互联网保费规模和占比情况，表7–17给出了91家寿险公司渠道的互联网保费规模和占比情况。

表 7–16　91 家寿险公司官网的互联网保费规模和占比情况

序号	公司名称	互联网保费收入 / 亿元				官网保费占比 /%				
		2019 年	2018 年	2017 年	2016 年	2019 年	2018 年	2017 年	2016 年	4 年平均
1	国寿股份	61	39	39	5	78	70	49	100	66
2	太保寿	0	0	0	0	4	4	0	0	1
3	平安寿	120	127	77	30	100	100	100	81	98
4	新华	5	4	3	1	94	71	19	4	26
5	泰康	5	7	9	11	35	98	92	90	72
6	太平人寿	0	2	3	1	1	28	7	6	7
7	建信人寿	1	2	4	15	1	1	2	7	2
8	天安人寿	3	2	3	10	97	96	35	14	22
9	光大永明	0	0	0	0	1	0	0	0	0
10	民生人寿	0	0	0	3	99	94	76	100	99
11	富德生命人寿	3	1	1	0	52	49	41	46	49
12	国寿存续	0	0	0	0	0	0	0	0	0
13	平安养老	2	3	4	4	61	67	53	82	65
14	中融人寿	0	0	0	0	0	0	0	100	1
15	合众人寿	0	0	0	0	0	0	0	0	0
16	太平养老	0	0	0	0	0	0	0	0	0
17	人保健康	0	0	0	0	0	0	1	1	0
18	华夏人寿	0	0	0	0	0	0	0	0	0
19	君康人寿	0	0	0	0	0	0	0	0	0
20	信泰	0	0	0	0	1	2	5	0	0
21	农银人寿	1	0	0	0	1	1	0	0	0
22	长城	0	0	0	0	0	0	0	0	0
23	昆仑健康	0	0	0	0	5	31	0	85	13
24	和谐健康	0	0	0	0	8	3	6	75	9

续表

序号	公司名称	互联网保费收入 / 亿元				官网保费占比 /%				
		2019 年	2018 年	2017 年	2016 年	2019 年	2018 年	2017 年	2016 年	4 年平均
25	人保寿险	0	0	0	0	0	9	3	1	1
26	国华	0	0	0	0	0	0	0	0	0
27	国寿养老	0	0	0	0	0	0	0	0	0
28	长江养老	0	0	0	0	0	0	0	0	0
29	英大人寿	0	0	0	0	20	73	100	100	21
30	泰康养老	22	4	4	0	100	100	100	0	98
31	幸福人寿	0	0	0	0	0	0	0	0	0
32	阳光人寿	1	1	1	2	32	29	10	15	16
33	百年人寿	0	0	0	0	5	1	0	0	1
34	中邮人寿	0	0	0	0	0	0	0	0	0
35	大家人寿	0	6	3	1	16	99	98	100	96
36	利安人寿	0	0	0	0	0	0	0	0	0
37	前海人寿	0	0	0	0	101	100	100	0	100
38	华汇人寿	0	0	0	0	0	0	0	0	0
39	东吴人寿	0	0	0	0	0	0	0	15	15
40	珠江人寿	0	0	0	0	0	0	0	0	0
41	弘康人寿	0	0	0	2	0	0	0	0	0
42	吉祥人寿	0	0	0	0	100	0	0	0	0
43	大家养老	0	0	0	0	0	0	0	0	0
44	渤海人寿	0	0	0	0	7	8	0	0	0
45	国联人寿	0	0	0	0	0	0	0	0	0
46	太保安联健康	0	0	0	0	0	0	0	0	0
47	上海人寿	0	0	0	0	0	0	0	0	0
48	中华人寿	0	0	0	0	0	0	0	2	2
49	新华养老	0	0	0	0	0	0	0	0	0
50	三峡人寿	0	0	0	0	0	0	0	0	0
51	横琴人寿	0	0	0	0	0	0	0	0	0

续表

序号	公司名称	互联网保费收入 / 亿元				官网保费占比 /%				
		2019 年	2018 年	2017 年	2016 年	2019 年	2018 年	2017 年	2016 年	4 年平均
52	复星联合健康	0	0	0	0	0	0	0	0	0
53	信美人寿	0	0	0	0	0	0	0	0	0
54	华贵人寿	0	0	0	0	10	8	0	0	9
55	爱心人寿	0	0	0	0	0	0	0	0	0
56	和泰人寿	0	0	0	0	0	0	0	0	0
57	招商仁和	0	0	0	0	22	23	0	0	22
58	瑞华健康	0	0	0	0	0	0	0	0	0
59	北京人寿	0	0	0	0	0	0	0	0	0
60	人保养老	0	0	0	0	0	0	0	0	0
61	海保人寿	0	0	0	0	0	0	0	0	0
62	国富人寿	0	0	0	0	0	0	0	0	0
63	国宝人寿	0	0	0	0	0	0	0	0	0
中资小计		226	200	152	86	15	20	14	6	13
64	中宏人寿	0	0	0	0	0	100	0	0	24
65	中德安联	0	0	0	0	40	39	41	77	46
66	工银安盛	0	0	0	0	0	0	0	0	0
67	中信保诚	0	0	0	0	21	11	96	100	31
68	交银康联	0	0	0	0	0	0	0	0	0
69	中意	0	0	0	0	2	2	1	0	1
70	友邦	0	0	0	0	92	92	82	65	80
71	北大方正人寿	0	0	0	0	75	0	0	0	33
72	中荷人寿	0	0	0	0	1	17	0	0	1
73	中英人寿	0	0	0	0	91	67	37	56	77
74	同方全球人寿	0	0	0	0	4	13	6	24	7
75	招商信诺	0	0	0	0	59	33	97	93	82

续表

序号	公司名称	互联网保费收入 / 亿元				官网保费占比 /%				
		2019 年	2018 年	2017 年	2016 年	2019 年	2018 年	2017 年	2016 年	4 年平均
76	长生人寿	0	0	0	0	1	2	0	0	0
77	恒安标准	0	0	0	0	0	0	0	1	0
78	瑞泰人寿	0	0	0	0	0	0	0	0	0
79	中法人寿	0	0	0	0	0	0	0	0	0
80	华泰人寿	0	0	0	0	1	0	1	0	0
81	陆家嘴国泰	0	0	0	0	77	74	8	1	1
82	中美联泰	0	0	0	0	1	0	0	1	0
83	平安健康	10	0	0	0	20	1	3	5	12
84	中银三星	0	0	0	0	12	1	1	0	3
85	恒大人寿	0	0	0	0	0	0	0	0	0
86	新光海航	0	0	0	0	0	0	0	0	0
87	汇丰人寿	0	0	0	0	0	0	0	0	0
88	君龙人寿	0	0	0	0	0	0	0	0	0
89	复星保德信	0	0	0	0	0	0	3	4	0
90	中韩人寿	0	0	0	0	0	0	0	0	0
91	德华安顾	0	0	0	0	5	2	3	10	4
外资小计		12	1	1	1	3	0	0	0	1
合计		238	201	153	87	13	17	11	5	11

表 7-17　91 家寿险公司渠道的互联网保费规模和占比情况

序号	公司名称	互联网保费收入 / 亿元				渠道保费占比 /%				
		2019 年	2018 年	2017 年	2016 年	2019 年	2018 年	2017 年	2016 年	4 年平均
1	国寿股份	18	17	41	0	22	30	51	0	34
2	太保寿	0	1	1	3	96	96	100	100	99
3	平安寿	0	0	0	7	0	0	0	19	2
4	新华	0	2	11	25	6	29	81	96	74

续表

序号	公司名称	互联网保费收入 / 亿元				渠道保费占比 /%				
		2019 年	2018 年	2017 年	2016 年	2019 年	2018 年	2017 年	2016 年	4 年平均
5	泰康	10	0	1	1	65	2	8	10	28
6	太平人寿	34	6	44	11	99	72	93	94	93
7	建信人寿	148	293	270	194	99	99	98	93	98
8	天安人寿	0	0	6	64	3	4	65	86	78
9	光大永明	4	44	80	313	99	100	100	100	100
10	民生人寿	0	0	0	0	1	6	24	0	1
11	富德生命人寿	2	1	1	0	48	51	59	54	51
12	国寿存续	0	0	0	0	0	0	0	0	0
13	平安养老	1	1	4	1	39	33	47	18	35
14	中融人寿	3	0	0	0	100	100	0	0	99
15	合众人寿	36	40	3	3	100	100	100	100	100
16	太平养老	0	0	8	9	100	100	100	100	100
17	人保健康	70	18	2	1	100	100	99	99	100
18	华夏人寿	0	0	0	1	0	0	0	100	100
19	君康人寿	0	0	0	0	0	0	0	0	0
20	信泰	0	0	0	4	99	98	95	100	100
21	农银人寿	69	67	112	44	99	99	100	100	100
22	长城	1	0	0	0	100	100	100	100	100
23	昆仑健康	1	1	1	0	95	69	100	15	87
24	和谐健康	1	0	1	0	92	97	94	25	91
25	人保寿险	68	4	3	3	100	91	97	99	99
26	国华	380	190	229	200	100	100	100	100	100
27	国寿养老	0	0	0	0	0	0	0	0	0
28	长江养老	0	0	0	0	0	0	0	0	0
29	英大人寿	1	0	0	0	80	27	0	0	79
30	泰康养老	0	0	0	1	0	0	0	100	2
31	幸福人寿	0	0	0	0	0	100	100	100	100
32	阳光人寿	2	2	8	13	68	71	90	85	84

续表

序号	公司名称	互联网保费收入 / 亿元				渠道保费占比 /%				
		2019 年	2018 年	2017 年	2016 年	2019 年	2018 年	2017 年	2016 年	4 年平均
33	百年人寿	5	3	1	13	95	99	100	100	99
34	中邮人寿	319	0	0	0	100	0	0	0	100
35	大家人寿	0	0	0	0	84	1	2	0	4
36	利安人寿	1	0	2	1	100	100	100	100	100
37	前海人寿	0	0	0	0	–1	0	0	0	0
38	华汇人寿	0	0	0	0	0	0	100	100	100
39	东吴人寿	0	0	0	2	0	0	0	85	85
40	珠江人寿	0	0	0	0	0	0	0	0	0
41	弘康人寿	75	89	70	398	100	100	100	100	100
42	吉祥人寿	0	0	0	0	0	100	100	100	100
43	大家养老	0	0	0	0	0	0	0	0	0
44	渤海人寿	1	1	39	119	93	92	100	100	100
45	国联人寿	0	0	0	0	0	0	0	0	0
46	太保安联健康	0	0	0	0	0	0	0	0	0
47	上海人寿	0	0	0	0	0	0	0	0	0
48	中华人寿	0	1	2	10	100	100	100	98	98
49	新华养老	0	0	0	0	0	0	0	0	0
50	三峡人寿	0	0	0	0	0	0	0	0	0
51	横琴人寿	0	0	0	0	0	0	0	0	0
52	复星联合健康	6	3	0	0	100	100	0	0	100
53	信美人寿	0	0	0	0	0	0	0	0	0
54	华贵人寿	2	1	0	0	90	92	0	0	91
55	爱心人寿	0	0	0	0	0	0	0	0	0
56	和泰人寿	0	0	0	0	0	0	0	0	0
57	招商仁和	1	0	0	0	78	77	0	0	78
58	瑞华健康	0	0	0	0	0	0	0	0	0
59	北京人寿	1	0	0	0	100	100	0	0	100

续表

序号	公司名称	互联网保费收入 / 亿元				渠道保费占比 /%				
		2019 年	2018 年	2017 年	2016 年	2019 年	2018 年	2017 年	2016 年	4 年平均
60	人保养老	0	0	0	0	0	0	0	0	0
61	海保人寿	0	0	0	0	0	0	0	0	0
62	国富人寿	0	0	0	0	0	0	0	0	0
63	国宝人寿	0	0	0	0	0	0	0	0	0
中资小计		1261	786	940	1442	85	80	86	94	87
64	中宏人寿	0	0	0	0	100	0	0	0	76
65	中德安联	0	0	0	0	60	61	59	23	54
66	工银安盛	295	164	265	244	100	100	100	100	100
67	中信保诚	0	0	0	0	79	89	4	0	69
68	交银康联	0	0	0	0	0	0	0	0	0
69	中意	7	5	2	9	98	98	99	100	99
70	友邦	0	0	0	0	8	8	18	35	20
71	北大方正人寿	0	0	0	0	25	100	100	100	67
72	中荷人寿	3	0	0	0	99	83	0	0	99
73	中英人寿	0	0	0	0	9	33	63	44	23
74	同方全球人寿	1	0	0	0	96	87	94	75	93
75	招商信诺	0	0	0	0	41	67	3	7	18
76	长生人寿	0	0	0	5	99	98	100	100	100
77	恒安标准	1	0	0	0	100	100	100	99	100
78	瑞泰人寿	1	1	1	4	100	100	100	100	100
79	中法人寿	0	0	0	0	0	0	0	0	0
80	华泰人寿	0	0	0	0	99	100	99	100	100
81	陆家嘴国泰	0	0	0	1	23	26	92	99	99
82	中美联泰	2	1	2	1	99	100	100	99	100
83	平安健康	41	28	12	1	80	99	97	95	88
84	中银三星	1	1	1	1	88	99	99	100	97

续表

序号	公司名称	互联网保费收入 / 亿元				渠道保费占比 /%				
		2019 年	2018 年	2017 年	2016 年	2019 年	2018 年	2017 年	2016 年	4 年平均
85	恒大人寿	0	0	0	0	0	0	0	0	0
86	新光海航	0	0	0	0	0	0	0	0	0
87	汇丰人寿	0	0	0	0	0	0	0	0	0
88	君龙人寿	1	2	5	1	100	100	100	100	100
89	复星保德信	2	0	0	0	100	100	97	96	100
90	中韩人寿	0	0	0	0	100	100	100	100	100
91	德华安顾	3	2	2	1	95	98	97	90	96
外资小计		359	206	290	268	97	100	100	100	99
合计		1620	992	1230	1710	87	83	89	95	89

“对于互联网保险业务的支持与推进，如今已经成为行业共识，越来越多的公司将拥抱互联网视为抓住社会消费主力群体，借国家政策助力行业发展的重要战略；越来越多的公司关注和重视互联网保险市场”。这是我们的主观认识，可现实是最近几年互联网寿险市场规模逐年缩小。

对中小寿险公司来讲，互联网渠道开辟了新的发展机遇，成为中小寿险公司突破传统渠道瓶颈制约、借助理财型产品实现保费规模跨越式发展的一大助力。但是，受制于政策的变化，借助互联网实现跨越式发展已成为历史。同时，也可以看出，传统大型寿险公司也意识到互联网时代的到来，积极做出适应和改变，为自己的传统优势继续加分。

总体来看，已经逐步形成大中小型寿险公司齐头并进、各有侧重的趋势。互联网时代发展日新月异，各家寿险公司只有不断顺应时代的需求才可以走得更远。

91家寿险公司，有的还在观望，有的还在退缩，互联网保险难道要慢慢来？或是因为还没有做好？

场景为互联网保险带来无限想象空间

一、场景化与碎片化

2011年以来的实践经验表明，互联网保险是整个行业未来的蓝海。通过互联网提供的保险服务，极大地降低了新增保单的边际成本，大大降低了渠道费用，实现更精准、更有效地获客；互联网跨地域、低成本的交互方式，能够帮助保险公司快速捕捉更新更碎片化的保险需求，并能够提供更及时、更优质的客户服务；互联网对用户数据的获取、储存和处理技术，能够帮助保险公司实现产品的精确定价和个性化服务。

通过这些，我们见证了互联网保险的场景化，图7-11给出了2019年互联网保险的主要场景保费占比（场景类产品指与其他电商服务流程场景捆绑销售的碎片化产品）。

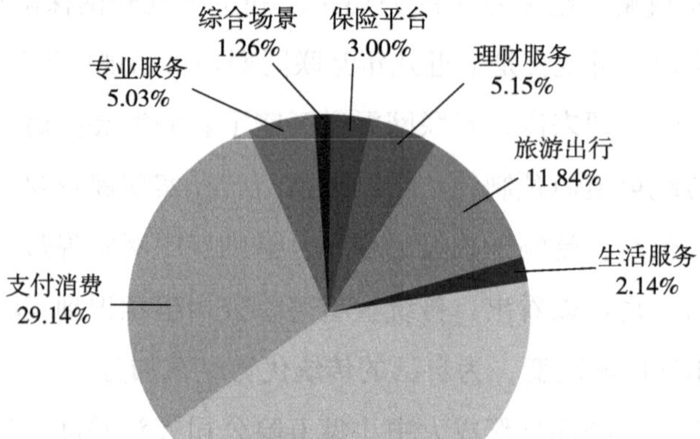

图 7-11　2019 年互联网保险的主要场景保费占比

图7-12给出了2017—2019年场景保险在互联网保险中的件数和保费占比情况，可见场景保险已经成为互联网保险的主力。

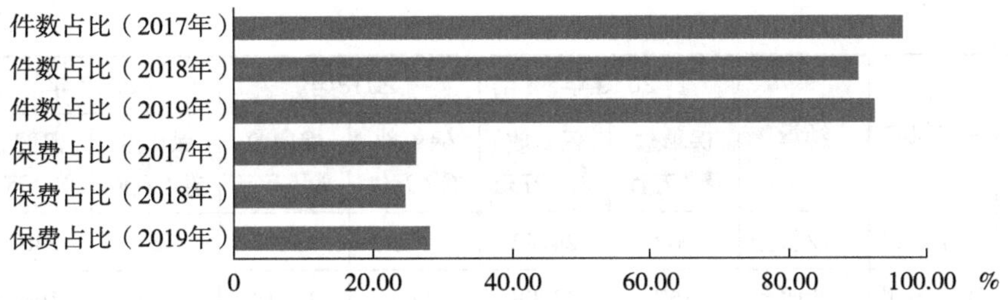

图 7-12　场景保险在互联网保险中的件数和保费占比情况

二、互联网财险主要场景

根据中国保险行业协会发布的《互联网和电话销售财产保险月览》，表7-18给出了我们对于互联网保险场景的分类，包括：网络购物、支付消费、旅游出行、理财服务、专业服务、保险平台、综合场景、生活服务（该分类仅供参考）。

表 7-18　互联网主要场景经营情况

序号	合作机构	场景	2019 年		2018 年		2017 年	
			保单数量 / 万件	保费收入 / 万元	保单数量 / 万件	保费收入 / 万元	保单数量 / 万件	保费收入 / 万元
1	淘宝网	网络购物	1509047	840051	1167952	524775	969150	424446
2	支付宝	支付消费	865252	689567	789856	455681	129360	232643
3	天猫	网络购物	151982	151086	130189	93861	117684	74086
4	小赢理财	理财服务	261	107943	2158	111802	2129	35333
5	同程网	旅游出行	3037	79538	3697	47486	775	15882
6	去哪儿网	旅游出行	1712	59771	1543	63992	2977	83376
7	携程网	旅游出行	2480	53076	2552	56048	5064	113141
8	美团网	生活服务	36221	50561	10731	27134	4917	15139
9	旅游保险网	旅游出行	545	43813	675	13104	—	—

续表

序号	合作机构	场景	2019年		2018年		2017年	
			保单数量/万件	保费收入/万元	保单数量/万件	保费收入/万元	保单数量/万件	保费收入/万元
10	明亚经纪	专业服务	962	24742	402	13608	785	24675
11	泛华集团	专业服务	157	23899	110	13714	117	10697
12	大童经纪	专业服务	80	23701	112	21451	97	12018
13	e家保险	保险平台	61	18626	68	40950	30	13058
14	去啊/飞猪	旅游出行	667	18218	744	23919	540	25586
15	向日葵	专业服务	121	17488	164	19309	53	9370
16	启舰	综合场景	2.3	15923	0.3	10100	0.1	5479
17	慧择网	保险平台	375	15521	504	18348	478	16601
18	滴滴出行	旅游出行	1031	14995	34666	5547	29	4901
19	保险师	保险平台	83	14025	21	5555	3.6	1185
20	京东	网络购物	18275	11957	28173	14356	18844	7662
21	大特保	专业服务	112	11684	152	8585	124	7307
22	宜信博诚	理财服务	12	9977	35	14830	49	17903
23	十一贝	综合场景	508	9957	635	12873	716	20287
24	中民保险网	保险平台	474	8172	95	9012	190	13253
25	江泰经纪	专业服务	136	6567	90	4266	780	16355
26	百川经纪	专业服务	15	3917	20	5397	25	5330
27	E保网	保险平台	1.8	3906	2.0	2762	4.3	4976
28	百度	综合场景	32.1	3752	65	7834	76	578
29	平安普惠	理财服务	–0.2	3686	84	28030	38	25182
30	中怡经纪	专业服务	0.8	3215	2.2	3010	1.2	2863
31	开心保	保险平台	134	3160	114	3153	92	4593
32	GXYDKYZ	保险平台	532	2943	768	2192	—	—

续表

序号	合作机构	场景	2019 年		2018 年		2017 年	
			保单数量 / 万件	保费收入 / 万元	保单数量 / 万件	保费收入 / 万元	保单数量 / 万件	保费收入 / 万元
33	途牛网	旅游出行	43	2425	80	4211	189	9248
34	航班管家	旅游出行	87	2334	440	5388	197	3046
35	安馒保险网	保险平台	33	2325	6.1	484	5.3	675
36	新一站	专业服务	58	2254	36	3023	53	2997
37	旅游卫士	旅游出行	10	2134	3.3	1255	—	—
38	酷讯	旅游出行	85	1876	77	1797	109	1360
39	保翼网	保险平台	0.5	1491	0.2	1167	—	—
40	南方航空	旅游出行	27	1110	348	3961	577	8537
41	弘浩经纪	专业服务	6.2	1052	3.9	487	13	3433
42	天河客运站	旅游出行	230	854	483	1125	599	1465
43	太保在线	保险平台	7.4	794	7.0	3363	9	7279
44	深圳华大基因	健康服务	29	672	19	435	—	—
45	关爱通	企业服务	0.5	335	—	—	—	—
46	招商银行—出行易	理财服务	14	327	21	390	50	904
47	意时网	综合场景	134	270	154	1040	175	2887
48	国汇经纪	专业服务	1.8	249	4.2	1945	23	5404
49	中元经纪	专业服务	0.1	136	369	2286	46	989
50	途安网	旅游出行	0.8	91	10	426	—	—

注: 为了使数据具有对比性，我们选择了 50 家主要机构，这 50 家机构在 2017 年、2018 年、2019 年都入选了中国保险行业协会《互联网和电话销售财产保险月览》的互联网保险主要合作机构。

三、场景保费情况

表7–19给出了10个场景的保费收入及承保件数情况，表7–20和图7–13给出了各场景保费收入占比及单均保费情况。从中可以看出，主要业务集中在网络购物、支付消费、旅游出行三大场景，占比接近83.4%；同时我们也可以看到，理财服务、专业服务、保险平台三大自建场景保费收入占比从2018年的19.8%下降到2019年的13.2%，但是这三大自建场景的单均保费远远高于其他场景。

表 7–19　互联网财险主要场景的保费

场景	2019 年		2018 年		2017 年	
	保单数量 / 万单	保费收入 / 万元	保单数量 / 万单	保费收入 / 万元	保单数量 / 万单	保费收入 / 万元
保险平台	1704	70962	1587	86988	813	61619
健康服务	29	672	19	435	0	0
理财服务	288	121934	2298	155052	2266	79322
旅游出行	9954	280234	45319	228258	11055	266540
企业服务	0	335	0	—	0	—
生活服务	36221	50561	10731	27134	4917	15139
网络购物	1679304	1003094	1326314	632992	1105678	506194
支付消费	865252	689567	789856	455681	129360	232643
专业服务	1651	118904	1465	97081	2117	101438
综合场景	677	29903	855	31846	968	29230
总计	2595080	2366165	2178444	1715467	1257173	1292125

表 7–20　互联网财险主要场景的保费占比和单均保费

场景	保费占比 /%			单均保费 / 元		
	2019 年	2018 年	2017 年	2019 年	2018 年	2017 年
保险平台	3.0	5.1	4.8	41.7	54.8	75.8
健康服务	0	0	0	23.0	23.0	—

续表

场景	保费占比 /%			单均保费 / 元		
	2019 年	2018 年	2017 年	2019 年	2018 年	2017 年
理财服务	5.2	9.0	6.1	424.0	67.5	35.0
旅游出行	11.8	13.3	20.6	28.2	5.0	24.1
企业服务	0	0	0	671.3	—	—
生活服务	2.1	1.6	1.2	1.4	2.5	3.1
网络购物	42.4	36.9	39.2	0.6	0.5	0.5
支付消费	29.1	26.6	18.0	0.8	0.6	1.8
专业服务	5.0	5.7	7.9	72.0	66.2	47.9
综合场景	1.3	1.9	2.3	44.2	37.3	30.2
总计	100.0	100.0	100.0	0.9	0.8	1.0

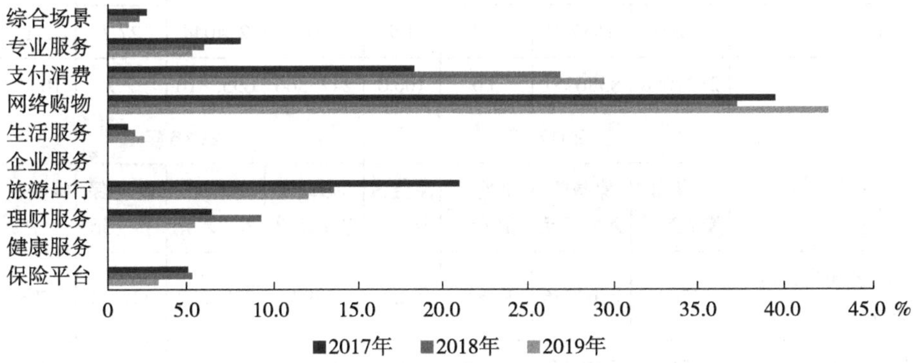

图 7-13　互联网财险主要场景保费占比情况

四、渠道与场景分布

表7-21、图7-14给出了互联网财险主要渠道的保费收入情况，场景化产品集中在保险专业中介机构、第三方网络平台、其他三个渠道。可以看出，场景化产品2019年保费占比虽然不足50%，但件数占比超过了90%。

表 7-21　互联网财险各渠道保费分布情况

渠道分类	2019 年				2018 年			
	保单数量 / 万件	保费收入 / 万元	单均保费 / 元	保费占比 /%	保单数量 / 万件	保费收入 / 万元	单均保费 / 元	保费占比 /%
保险公司自营网络平台	13056	2450644	187.7	29.2	26854	3098355	115.4	44.6
其中：PC 官网	10936	496684	45.4	5.9	22904	518376	22.6	7.5
移动官网手机 WAP	110	79674	724.2	1.0	71	37555	527.6	0.5
移动 APP	1395	1368982	981.3	16.3	3040	1494525	491.6	21.5
微信公众号	615	505304	822.3	6.0	838	1047899	1249.9	15.1
保险专业中介机构	102370	1938434	18.9	23.1	207443	1304308	6.3	18.8
第三方网络平台	2653460	3838855	1.4	45.8	2183352	2337110	1.1	33.6
其他	52202	158219	3.0	1.9	7717	214044	27.7	3.1
总计	2821088	8386151	3.0	100.0	2425366	6953816	2.9	100.0
渠道分类	2017 年				2016 年			
	保单数量 / 万件	保费收入 / 万元	单均保费 / 元	保费占比 /%	保单数量 / 万件	保费收入 / 万元	单均保费 / 元	保费占比 /%
保险公司自营网络平台	2709	2564756	946.8	52.0	2992	3403292	1137.3	67.8
其中：PC 官网	1514	718580	474.5	14.6	2563	2778366	1083.9	55.3
移动官网手机 WAP	648	1426432	2202.4	28.9	86	207052	2397.9	4.1
移动 APP	61	73974	1204.7	1.5	129	248153	1927.7	4.9
微信公众号	485	345770	712.5	7.0	214	169720	793.1	3.4
保险专业中介机构	33624	613410	18.2	12.4	10429	551273	52.9	11.0
第三方网络平台	1261585	1562486	1.2	31.7	635148	930382	1.5	18.5
其他	9956	194217	19.5	3.9	740	136922	185.0	2.7
总计	1307874	4934864	3.8	100.0	649345	5022920	7.7	100.0

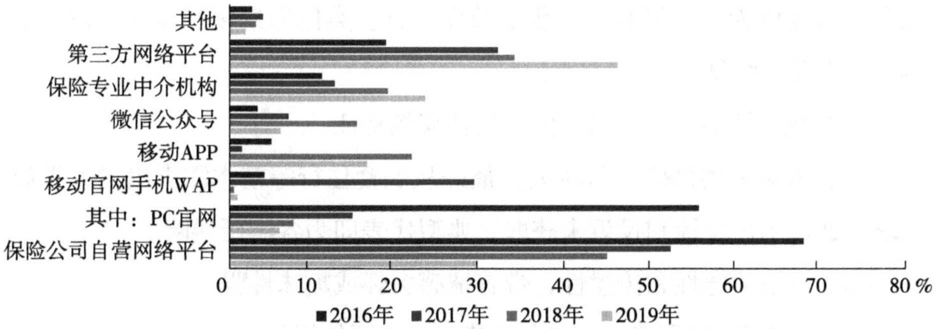

图 7-14 互联网财险保险渠道分布

五、互联网保险与场景化

场景化对于互联网保险的机会体现在三个方面：

首先，大量场景下的保险产品具备小额和高频特征，大大降低了保险产品的使用门槛，加之其通常具备情感性和传播性，互联网保险的“低成本+传播性”已经成为保险普及教育工作的最佳入口，这是其对保险行业的重要价值。

其次，新型的互联网技术给予开发场景化保险产品更多机会，如基于手机的LBS服务和GPS设备可实时挖掘用户的保险需求。

最后，以更低的成本进行批量获客。保险通常归属于弱需求，其需求意识需要场景触发，但现状是除了某些垂直行业的兼业代理机构，保险产品的营销普遍缺乏场景，随着互联网尤其是移动互联网的普及，场景化获客的成本和效率得到了明显的优化，不再需要过多人工介入，而是通过技术接口和服务模块的嵌入来完成。

六、场景化保险的展望

首先，借助场景可开发大量小额、高频又带有情感关怀的保险产品，其情感性通常能够激发用户的分享和传播欲望，切身体会保险带来的保障红利，可能成为一个更有效的普及教育工具。类似场景化产品的开发通常具备以下几个特征：

（1）额度较小，购买门槛低，具备高频特征。

（2）风险适用群体基数较大，最好从衣食住行等基本需求出发，类似需求可通过用户反馈和投诉来获取，典型代表即为各类延误险。

（3）具备情感性和传播性，带有情感关怀或趣味性强。

其次，借助LBS服务、GPS设备甚至智能硬件等新型技术，可根据实时场景和行为习惯来捕捉用户需求，提供相应保险服务。

最后，借助线上和线下场景进行批量获客，保险公司早期已经在线下建立了一些场景化获客渠道，诸如早期机场对航空意外险的代理、旅行社对旅行意外险的代理以及4S店对车险的代理。而互联网拓宽了场景化客户的渠道，同时大幅提高了效率。

七、场景化保险的思考

场景化获客渠道的选择可遵循如下几条思路：

（1）能够以更低成本介入的线下获客场景。

（2）原本存在于线下但被转移至线上的获客场景。

（3）与传统线下获客场景提供同类服务的线上场景。

（4）新型互联网互动、交易和服务场景，因新技术应用带来新风险的场景，它们往往集中于被技术改造幅度较大的行业，如实时通信中的隐私泄露风险和移动支付中的资金安全风险等。

场景是用来发现用户的，需求是用来吸引用户，服务体验是用来留住用户的，这是我对于产品的理解。场景化的产品是基于用户的需求反向制定产品的整个商业模式和商业逻辑。场景化的产品更强调用户服务体验，这正是互联网思维中用户思维想要传递的价值思想。场景为保险产品带来了无限的想象空间……

电话销售产险的没落（2015—2019年）

一、参与情况

在88家产险公司中，共有34家公司先后参与了电销业务（电话销售保险）；2016年美亚退出，泰山财险、恒邦产险2家加入，达到33家；2017年都邦财险、富德财险、泰山财险、恒邦财险退出，降为29家；2018年，安诚财险退出，参与公司降为28家；2019年，长安责任、永诚保险、英大财险、浙商保险、鑫安保险退出，降为23家。

图7-15给出了2015—2019年财险公司电销参与情况，同时给出了网销参与情况，可喜的是23家电销公司都参与了网销。从参与数量上来看，相对于网销，电销显然已经进入了没落期。

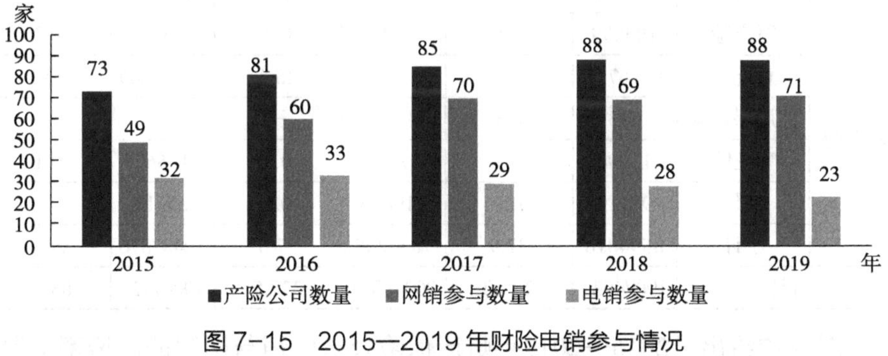

图 7-15　2015—2019 年财险电销参与情况

二、电销概览

2019年，产险电销实现保费收入为288.00亿元，同比负增长14.66%。其中：车险为255.09亿元，同比负增长17.84%，业务占比88.57%；非车险为32.91亿元，同比增长21.98%，业务占比11.43%。

2019年，在车险电话销售保险保费收入中，车险呼入业务为12.97亿元，业务占比5.08%；车险呼出业务为78.16亿元，业务占比30.64%，车险续保业务为163.96亿元，业务占比64.28%。

表7-22给出了2017—2019年财产保险公司电销业务详细情况，图7-16给出了车险电销和非车险电销保费对比情况。

表 7-22　2017—2019 年财产保险公司电销业务情况

险种分类	业务类型	2019 年		2018 年		2017 年	
		保单数量 / 单	保费收入 / 亿元	保单数量 / 单	保费收入 / 亿元	保单数量 / 单	保费收入 / 亿元
车险	呼入业务	505040	13.0	908250	22.2	2805912	73.6
	呼出业务	3133573	78.2	4204977	109.2	9489507	290.2
	续保业务	6841502	164.0	7096409	179.1	17224426	444.9
	小计	10480115	255.1	12209636	310.5	29519846	808.7
非车险	财产险	104299	0.5	82689	0.2	115290	0.2
	意健险	8376798	31.7	7613955	26.4	10338605	24.1
	信用保证险	513	0.3	—	—	—	—
	责任险	15096	0.3	17716	0.3	13667	0.1
	其他	98110	0.1	119885	0.1	20314	0
	小计	8594816	32.9	7834245	27.0	10487876	24.4
合计		19074931	288.0	20043881	337.5	40007722	833.1

图7-17给出了2015—2019年财产保险公司电销与网销的渗透率情况，电销从2015年的10.6%下降到2019年的2.2%，网销虽从2015年高点开始下降，但最近两年开始稳步上升，2019年达到6.4%，是电销的近3倍。

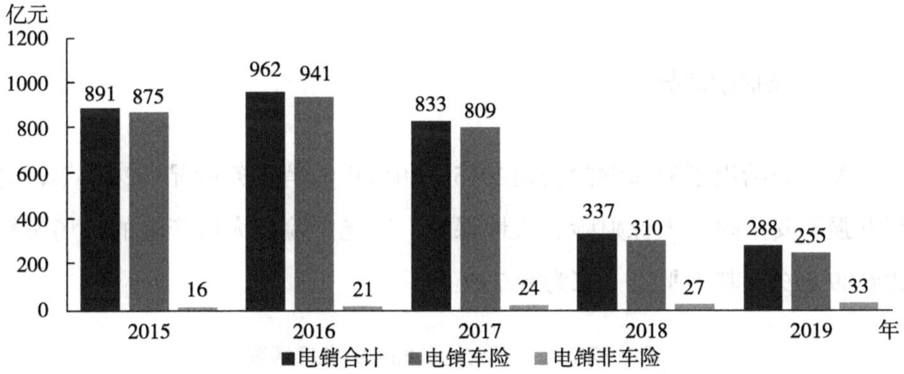

图 7-16 2015—2019 年财险电销保费情况

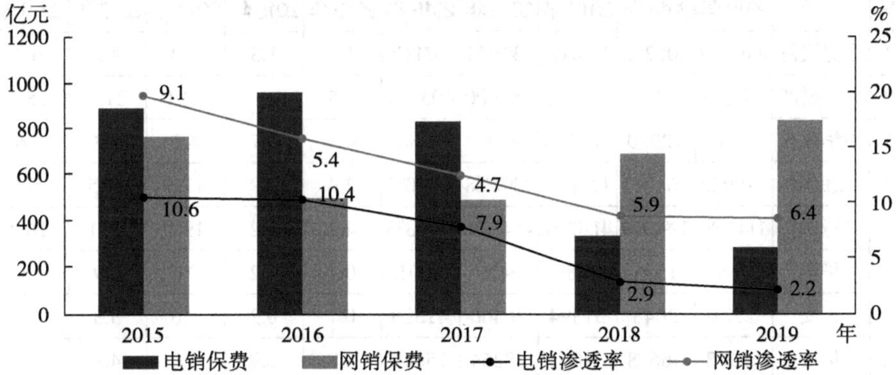

图 7-17 2015—2019 年财险电销渗透情况

从电销规模上来看（见图7-18），我们进一步见证了电销的没落，甚至可以说电销已经进入“食之无味”的尴尬境地。

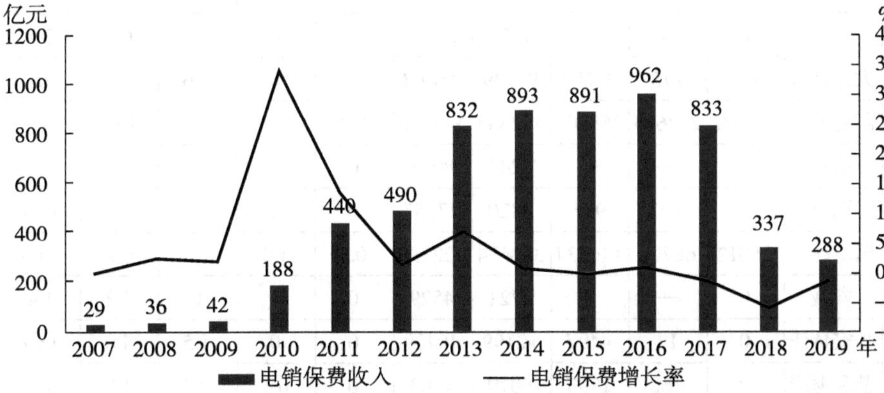

图 7-18 2007—2019 年财险电销保费变化情况

三、机构情况

表7-23给出了34家财险公司2015—2019年电销业务情况。2019年，电销五强平安产险、人保财险、大地保险、阳光产险、太保产险的市场份额达到89.95%，其中平安一家为39.78%。

表 7-23　34 家财险公司电销业务情况

序号	公司	电销保费收入 / 亿元					电销保费占比 /%				
		2019 年	2018 年	2017 年	2016 年	2015 年	2019 年	2018 年	2017 年	2016 年	2015 年
1	人保股份	446189	506292	1056456	1308881	1874835	1.0	1.3	3.0	4.2	6.7
2	大地财产	362193	437317	709112	682600	405759	7.5	10.3	19.1	21.4	15.3
3	中华联合	23348	72990	164184	128994	377887	0.5	1.7	4.2	3.3	9.6
4	太保财	310922	461061	1274514	1397338	1413032	2.4	3.9	12.3	14.5	15.0
5	平安财	1145646	1291739	4120851	4644575	2653338	4.2	5.2	19.1	26.1	16.2
6	华泰	465	1525	4489	6429	9001	0.1	0.2	0.6	0.9	1.4
7	天安	2222	2648	51394	46460	41520	0.1	0.2	3.6	3.3	3.2
8	华安	53588	46688	34041	48264	75640	3.8	3.9	3.0	4.8	8.8
9	永安	178	84	251	1043	19215	0	0	0	0.1	2.4
10	太平保险	177	1560	7700	18902	122225	0	0.1	0.3	1.0	7.8
11	亚太产险	949	893	724	3854	10886	0.2	0.2	0.2	1.3	4.5
12	中银保险	28193	32435	5280	983	786	4.3	5.5	0.9	0.2	0.2
13	永诚	0	6	6	1423	16493	0	0	0	0.2	2.5
14	大家财险	180	175	37699	95639	104946	0	0	5.6	17.8	20.0
15	阳光财产	325542	297603	358803	432887	547082	8.2	8.2	10.7	15.2	21.2
16	都邦	0	—	—	8243	8931	0	0	0	2.1	2.2
17	渤海	0	107	937	4820	27957	0	0	0.2	1.6	11.7
18	国寿财产	36012	66700	146634	368684	722390	0.5	1.0	2.2	6.2	14.3
19	安诚	0	—	3	4721	4529	0	0	0	1.3	1.4
20	长安责任	0	12	4497	12199	46429	0	0	1.5	4.0	16.7
21	鼎和财产	0	462	1393	6079	4103	0	0.1	0.3	1.9	1.5

续表

序号	公司	电销保费收入 / 亿元					电销保费占比 /%				
		2019 年	2018 年	2017 年	2016 年	2015 年	2019 年	2018 年	2017 年	2016 年	2015 年
22	英大财产	0	2	22	10523	60102	0	0	0	1.3	8.2
23	浙商财产	0	—	-3	5009	12334	0	0	0	1.4	3.7
24	紫金财产	131	-4	9571	19963	37644	0	0	1.9	4.0	9.0
25	泰山产险	0	—	—	1	—	0	0	0	0	0
26	锦泰财产	122	830	578	21	711	0.1	0.4	0.4	0	0.5
27	富德财产	0	—	—	2120	2389	0	0	0	1.2	2.4
28	鑫安汽车	0	—	350	926	1663	0	0	0.7	2.2	4.0
29	恒邦财产	0	—	—	1574	443	0	0	0	3.4	2.1
中资小计		2736055	3221124	7989486	9263156	8602273	2.1	2.8	7.7	10.2	10.4
30	美亚	0	—	—	—	9795	0	0	0	0	6.8
31	三星	16475	17781	19419	17458	14731	20.0	20.9	22.7	21.4	17.5
32	利宝互助	0	1855	1743	211	—	0	1.0	1.1	0.2	0
33	安盛天平	125163	131461	316862	336940	276203	19.8	20.8	39.9	42.3	38.6
34	富邦产险	2298	2499	3260	6032	9469	3.5	3.2	3.5	6.2	11.3
外资小计		143936	153596	341283	360641	310199	5.7	6.7	16.5	19.1	17.8
合计		2879992	3374721	8330771	9623797	8912472	2.2	2.9	7.9	10.4	10.6

从电销在各家公司的占比情况来看，2019年占比较高的分别为三星财险（20%）、安盛天平（19.8%）、阳光财险（8.2%）、大地财险（7.5%）。总体来看，各家公司的电销占比都逐年下降。

表7-24、表7-25分别给出了34家财险公司2015—2019年车险、非车险电销业务情况。

表 7-24　34 家财险公司车险电销业务情况

序号	公司	车险电销单均保费 / 元					车险电销保费占比 /%				
		2019 年	2018 年	2017 年	2016 年	2015 年	2019 年	2018 年	2017 年	2016 年	2015 年
1	人保股份	2728	2804	3074	3182	3551	95	97	98	99	99
2	大地财产	2185	2289	2364	2377	2202	92	94	97	97	98
3	中华联合	1625	2733	1697	1726	1939	76	94	99	100	100

续表

序号	公司	车险电销单均保费 / 元					车险电销保费占比 /%				
		2019 年	2018 年	2017 年	2016 年	2015 年	2019 年	2018 年	2017 年	2016 年	2015 年
4	太保财	2945	3104	3490	3181	3639	77	93	98	99	99
5	平安财	2580	2685	2757	2965	2892	93	93	97	98	97
6	华泰	1834	2134	2745	2817	2845	100	100	100	100	100
7	天安	1322	1381	1563	3321	3506	99	97	97	99	100
8	华安	1548	1936	606	2864	2782	2	1	0	40	66
9	永安	1613	2353	1893	1573	2061	100	100	100	100	100
10	太平保险	961	1336	1496	1606	4030	96	97	99	99	100
11	亚太产险	1629	1652	1415	1764	1805	100	100	100	100	100
12	中银保险	1189	1596	1447	1746	1534	0	2	6	100	100
13	永诚	0	2069	2069	2247	1984	0	100	100	100	100
14	大家财险	2454	2791	3748	3727	3633	100	100	100	100	100
15	阳光财产	1909	1889	2233	1493	2731	92	94	95	96	98
16	都邦	0	0	0	3502	3570	0	0	0	100	100
17	渤海	0	2195	2873	3231	2989	0	99	100	100	100
18	国寿财产	1472	1570	1659	1898	3353	96	99	100	100	100
19	安诚	0	0	1875	3754	3822	0	0	100	100	100
20	长安责任	0	1846	1295	2835	3374	0	100	100	100	100
21	鼎和财产	800	1981	2627	3154	3705	100	100	100	100	100
22	英大财产	0	1429	3188	1975	3376	0	100	100	100	100
23	浙商财产	0	0	0	2099	2067	0	0	100	100	100
24	紫金财产	0	519	3255	1678	3545	0	100	100	100	100
25	泰山产险	0	0	0	1250	0	0	0	0	100	0
26	锦泰财产	1726	2488	3100	2019	2003	92	98	99	100	100
27	富德财产	0	0	0	1717	1809	0	0	0	100	100
28	鑫安汽车	0	0	2855	3161	1888	0	0	100	100	100
29	恒邦财产	0	0	0	2523	2523	0	0	0	100	100
中资小计		2426	2546	2735	2749	3054	88	92	97	98	98
30	美亚	0	0	0	0	3955	0	0	0	0	12

续表

序号	公司	车险电销单均保费 / 元					车险电销保费占比 /%				
		2019 年	2018 年	2017 年	2016 年	2015 年	2019 年	2018 年	2017 年	2016 年	2015 年
31	三星	2671	3276	3555	3745	3857	100	100	100	100	100
32	利宝互助	850	3626	3755	3392	0	100	98	99	100	0
33	安盛天平	2591	2389	2798	2747	2565	93	95	98	99	100
34	富邦产险	2201	2393	3131	3173	3691	47	52	61	80	89
外资小计		2597	2482	2839	2788	2634	93	95	97	99	97
合计		2434	2543	2739	2751	3037	89	92	97	98	98

表 7-25　34 家财险公司非车险电销业务情况

序号	公司	非车险电销单均保费 / 元					非车险电销保费占比 /%				
		2019 年	2018 年	2017 年	2016 年	2015 年	2019 年	2018 年	2017 年	2016 年	2015 年
1	人保股份	262	241	218	206	202	5	3	2	1	1
2	大地财产	397	300	183	145	146	8	6	3	3	2
3	中华联合	207	207	172	0	0	24	6	1	0	0
4	太保财	280	238	238	230	227	23	7	2	1	1
5	平安财	355	289	198	206	190	7	7	3	2	3
6	华泰	0	0	0	0	0	0	0	0	0	0
7	天安	196	168	149	138	0	1	3	3	1	0
8	华安	1313	1303	1304	1307	1193	98	99	100	60	34
9	永安	0	0	0	0	0	0	0	0	0	0
10	太平保险	248	149	154	145	152	4	3	1	1	0
11	亚太产险	0	0	0	0	0	0	0	0	0	0
12	中银保险	1579	1667	1778	0	0	100	98	94	0	0
13	永诚	0	0	0	0	0	0	0	0	0	0
14	大家财险	0	0	0	0	0	0	0	0	0	0
15	阳光财产	318	265	262	250	193	8	6	5	4	2
16	都邦	0	0	0	0	0	0	0	0	0	0
17	渤海	100	0	270	41	120	100	0	0	0	0
18	国寿财产	221	143	140	0	0	4	1	0	0	0

续表

序号	公司	非车险电销单均保费 / 元					非车险电销保费占比 /%				
		2019 年	2018 年	2017 年	2016 年	2015 年	2019 年	2018 年	2017 年	2016 年	2015 年
19	安诚	0	0	0	0	0	0	0	0	0	0
20	长安责任	0	0	83	85	94	0	0	0	0	0
21	鼎和财产	0	0	0	0	0	0	0	0	0	0
22	英大财产	0	0	0	0	0	0	0	0	0	0
23	浙商财产	0	0	0	0	0	0	0	0	0	0
24	紫金财产	708	0	0	0	0	100	0	0	0	0
25	泰山产险	0	0	0	0	0	0	0	0	0	0
26	锦泰财产	145	139	154	0	0	8	2	1	0	0
27	富德财产	0	0	0	0	0	0	0	0	0	0
28	鑫安汽车	0	0	0	0	0	0	0	0	0	0
29	恒邦财产	0	0	0	0	0	0	0	0	0	0
中资小计		390	355	239	230	221	12	8	3	2	2
30	美亚	0	0	0	0	2396	0	0	0	0	88
31	三星	0	0	0	0	0	0	0	0	0	0
32	利宝互助	0	217	210	0	0	0	2	1	0	0
33	安盛天平	229	155	124	122	112	7	5	2	1	0
34	富邦产险	659	614	625	559	571	53	48	39	20	11
外资小计		249	175	141	156	746	7	5	3	1	3
合计		383	344	233	227	232	11	8	3	2	2

四、网电情况

我们一直认为，从电销向网销方向发展是未来发展趋势。确实，继保险电销渠道快速发展成为财产险公司保费收入的重要渠道之后，国内保险销售市场又掀起一股网络销售热潮，而网销对于急寻转型的电销来说，显然是一条充满想象力的新路。

表7-26给出了34家财险公司2016—2019年电销和网销业务总体情况，中资公司网电业务占比从2016年的15.20%降低到2019年的8.2%，外资公司网电业务占比从2016年的21%上升到2019年的30.1%，中外资公司网电业务占比从2016年的15.3%降低到2019年的8.7%，网销没有弥补电销的缺口，或者说网销没有承担起电销转型突围的后盾，寻找新的行业增长点成为亟待解决的问题。

表 7-26　34 家财险公司网电业务情况

序号	公司	网电保费收入 / 万元				网电保费占比 /%			
		2019 年	2018 年	2017 年	2016 年	2019 年	2018 年	2017 年	2016 年
1	人保股份	2067037	1565890	1461761	3147697	4.8	4.0	4.2	10.1
2	大地财产	1001865	843833	939266	878470	20.7	19.9	25.3	27.5
3	中华联合	108675	206126	252596	232040	2.2	4.9	6.5	6.0
4	太保财	1049044	883408	1555061	1605025	7.9	7.5	15.0	16.7
5	平安财	1781272	2577663	5604986	5821130	6.6	10.4	26.0	32.7
6	华泰	83565	133935	90298	79111	10.8	16.6	11.3	11.3
7	天安	12725	98500	132208	165554	0.8	6.5	9.3	11.9
8	华安	201924	146358	197074	120974	14.3	12.2	17.5	12.1
9	永安	115712	93604	143263	131098	9.8	9.0	17.0	14.5
10	太平保险	374435	289144	183485	147353	13.9	11.9	8.3	8.1
11	亚太产险	39858	49476	38362	15265	8.4	13.3	12.3	5.3
12	中银保险	64436	65153	21264	7577	9.8	11.0	3.8	1.5
13	永诚	56243	95708	165695	108465	8.9	15.5	25.9	17.1
14	大家财险	2150	9266	43002	95722	0.5	2.4	6.3	17.8
15	阳光财产	456829	410606	471648	557596	11.6	11.3	14.1	19.6
16	都邦	14459	10408	5704	8255	3.8	2.7	1.4	2.1
17	渤海	622	641	11121	14117	0.2	0.2	2.9	4.8
18	国寿财产	255109	229738	314546	479464	3.3	3.3	4.8	8.0
19	安诚	15598	14053	758	5296	3.5	3.4	0.2	1.4
20	长安责任	14601	10607	14753	29014	5.1	3.7	5.0	9.5

续表

序号	公司	网电保费收入 / 亿元				网电保费占比 /%			
		2019 年	2018 年	2017 年	2016 年	2019 年	2018 年	2017 年	2016 年
21	鼎和财产	7262	17433	13539	10638	1.5	3.9	3.4	3.3
22	英大财产	512	2516	15399	60968	0.1	0.3	1.9	7.3
23	浙商财产	30212	30217	19502	27815	7.3	6.9	5.2	8.0
24	紫金财产	17172	9649	13918	28906	2.7	1.8	2.7	5.8
25	泰山产险	12192	5258	6482	1417	5.5	3.1	4.3	1.1
26	锦泰财产	1296	1610	6229	7126	0.6	0.8	3.8	4.9
27	富德财产	2428	3026	4948	9218	1.0	1.3	2.4	5.0
28	鑫安汽车	2	6	356	926	0	0	0.7	2.2
29	恒邦财产	2719	1106	1122	1574	2.5	1.5	2.2	3.4
中资小计		10506528	7804935	11728346	13797812	8.2	6.8	11.3	15.2
30	美亚	18475	18089	17508	16135	12.0	11.4	12.3	11.7
31	三星	16687	17820	19478	17676	20.3	20.9	22.8	21.6
32	利宝互助	2008	3608	3267	1705	0.9	1.9	2.1	1.4
33	安盛天平	147228	161317	349700	355124	23.3	25.5	44.0	44.6
34	富邦产险	4509	3823	7169	6032	6.9	4.9	7.7	6.2
外资小计		759616	204656	397121	396672	30.1	9.0	19.2	21.0
合计		11266143	8009592	12125469	14194484	8.7	6.8	11.5	15.3

表7-27给出了34家财险公司2016—2019年电销和网销业务占比情况，可以看出，各家公司都在突围之中，准备迎接移动互联网时代到来。

表 7-27　34 家财险公司电销和网销业务情况

%

序号	公司	网销保费占比				电销保费占比			
		2019 年	2018 年	2017 年	2016 年	2019 年	2018 年	2017 年	2016 年
1	人保股份	3.8	2.7	1.2	5.9	1.0	1.3	3.0	4.2
2	大地财产	13.2	9.6	6.2	6.1	7.5	10.3	19.1	21.4
3	中华联合	1.8	3.2	2.3	2.7	0.5	1.7	4.2	3.3
4	太保财	5.6	3.6	2.7	2.2	2.4	3.9	12.3	14.5
5	平安财	2.3	5.2	6.9	6.6	4.2	5.2	19.1	26.1

续表

序号	公司	网销保费占比				电销保费占比			
		2019 年	2018 年	2017 年	2016 年	2019 年	2018 年	2017 年	2016 年
6	华泰	10.7	16.4	10.8	10.4	0.1	0.2	0.6	0.9
7	天安	0.7	6.3	5.7	8.6	0.1	0.2	3.6	3.3
8	华安	10.5	8.3	14.5	7.2	3.8	3.9	3.0	4.8
9	永安	9.8	9.0	16.9	14.4	0	0	0	0.1
10	太平保险	13.9	11.9	8.0	7.1	0	0.1	0.3	1.0
11	亚太产险	8.2	13.0	12.0	4.0	0.2	0.2	0.2	1.3
12	中银保险	5.5	5.5	2.9	1.3	4.3	5.5	0.9	0.2
13	永诚	8.9	15.5	25.9	16.9	0	0	0	0.2
14	大家财险	0.5	2.4	0.8	0	0	0	5.6	17.8
15	阳光财产	3.3	3.1	3.4	4.4	8.2	8.2	10.7	15.2
16	都邦	3.8	2.7	1.4	0	0	0	0	2.1
17	渤海	0.2	0.1	2.6	3.1	0	0	0.2	1.6
18	国寿财产	2.8	2.4	2.5	1.9	0.5	1.0	2.2	6.2
19	安诚	3.5	3.4	0.2	0.2	0	0	0	1.3
20	长安责任	5.1	3.6	3.5	5.5	0	0	1.5	4.0
21	鼎和财产	1.5	3.8	3.0	1.4	0	0.1	0.3	1.9
22	英大财产	0.1	0.3	1.9	6.1	0	0	0	1.3
23	浙商财产	7.3	6.9	5.2	6.6	0	0	0	1.4
24	紫金财产	2.7	1.8	0.9	1.8	0	0	1.9	4.0
25	泰山产险	5.5	3.1	4.3	1.1	0	0	0	0
26	锦泰财产	0.5	0.4	3.4	4.9	0.1	0.4	0.4	0
27	富德财产	1.0	1.3	2.4	3.9	0	0	0	1.2
28	鑫安汽车	0	0	0	0	0	0	0.7	2.2
29	恒邦财产	2.5	1.5	2.2	0	0	0	0	3.4
中资小计		6.1	4.0	3.6	5.0	2.1	2.8	7.7	10.2
30	美亚	12.0	11.4	12.3	11.7	0	0	0	0
31	三星	0.3	0	0.1	0.3	20.0	20.9	22.7	21.4
32	利宝互助	0.9	0.9	1.0	1.2	0	1.0	1.1	0.2
33	安盛天平	3.5	4.7	4.1	2.3	19.8	20.8	39.9	42.3

续表

序号	公司	网销保费占比				电销保费占比			
		2019 年	2018 年	2017 年	2016 年	2019 年	2018 年	2017 年	2016 年
34	富邦产险	3.4	1.7	4.2	0	3.5	3.2	3.5	6.2
外资小计		24.4	2.2	2.7	1.9	5.7	6.7	16.5	19.1
合计		6.4	3.9	3.6	4.9	2.2	2.9	7.9	10.4

在互联网保险高速发展和“移动化、社交化、场景化、碎片化”深入发展的背景下，电销模式的局限性已经充分暴露，电销行业已经进入“壮士断臂”时期。此时，我们不需要再考虑电销如何转型，而是要考虑电销如何融入网销之中。

自原中国保监会2007年批准车险电销产品入市以来，由于拥有低价以及集中运营、超常规营销投入等优势，电销渠道的竞争力持续爆发；但是，随着互联网保险的普及，电销从“朝阳”变成了“夕阳”。

一段电销发展史，见证了多少人的青春，以此纪念电销人逝去的青春。

电话销售寿险的没落（2015—2019年）

一、参与情况

2019年，在91家寿险公司中，共有22家公司参与了电销业务（电话销售保险）。

从经营主体来看，自2014年以来，经营寿险电销业务的公司逐年减少，2019年有3家公司逐步退出寿险电销市场，1家公司加入，2019年末，仅有22家人身险公司开展寿险电销业务。规模保费一直排名前十的中国人寿也在2020年正式退出寿险电销市场，预计未来几年，可能有更多保险公司将逐步退出寿险电销市场。

二、电销概览

总体来看，2019年寿险电销市场规模保费首次出现下滑，累计实现规模保费共175.5亿元，较2018年同比下滑17.8%（见图7-19）。

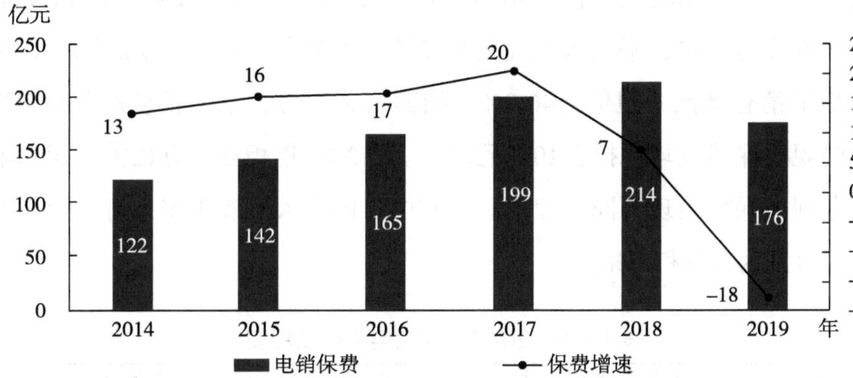

图 7-19　2014—2019 年寿险电销市场发展情况

图7-20给出了2015—2019年寿险电销业务渗透率情况，电销渗透率从2014年的1%下降到2019年的0.6%。

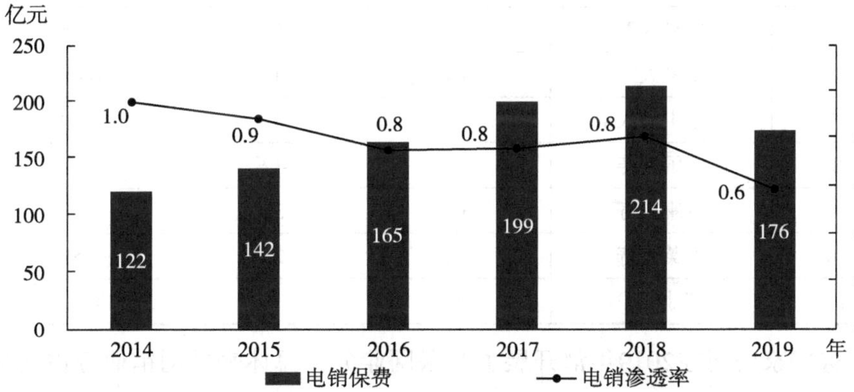

图 7-20　2015—2019 年寿险电销业务渗透情况

三、机构情况

2019年寿险电销业务规模保费排名前十位的公司与2018年保持一致（见表7–28），分别是平安人寿、招商信诺人寿、中美联泰人寿、阳光人寿、华夏人寿、太平人寿、富德生命人寿、中国人寿、泰康人寿和中英人寿，合计实现规模保费为158亿元，占据90%的寿险电销市场份额，市场集中度较高。

从各公司来看，平安人寿凭借71.7亿元的规模保费再次稳居第一，市场份额虽稍有降低，但仍为40.9%；招商信诺人寿、中美联泰人寿和阳光人寿的规模保费也均保持在10亿元以上。与2018年相比，有12家公司的电销业务规模保费出现不同程度下滑，其中，国华人寿和平安人寿下滑程度较大，分别为71%和32%。

表 7–28　2019 年寿险电销保费规模

序号	公司	电销保费 / 亿元	市场份额 /%	公司占比 /%
1	平安人寿	71.7	40.9	1.45
2	招商信诺人寿	21.3	12.1	21.16
3	中美联泰人寿	12.6	7.2	8.76
4	阳光人寿	11.1	6.3	2.31
5	华夏人寿	8.8	5.0	0.48
6	太平人寿	8.4	4.8	0.60
7	富德生命人寿	7.2	4.1	1.40
8	中国人寿	6.4	3.6	0.11
9	泰康人寿	6.2	3.5	0.47
10	中英人寿	4.3	2.5	4.58
11	其他公司	17.5	10.0	0.13

这10家公司在2019年都开展了互联网业务，总体来看网销业务占比低于电销业务，如表7–29所示。

表 7-29　2019 年寿险电销和网销情况

序号	公司	电销保费 / 亿元	电销占比 /%	网销保费 / 亿元	网销占比 /%	公司保费 / 亿元
1	平安人寿	71.7	1.5	51.3	1.0	4939.1
2	招商信诺人寿	21.3	21.2	0.2	0.2	100.7
3	中美联泰人寿	12.6	8.8	1.9	1.3	143.8
4	阳光人寿	11.1	2.3	2.4	0.5	481.2
5	华夏人寿	8.8	0.5	0	0	1828.0
6	太平人寿	8.4	0.6	34.1	2.4	1404.6
7	富德生命人寿	7.2	1.4	5.0	1.0	513.1
8	中国人寿	6.4	0.1	78.9	1.4	5683.8
9	泰康人寿	6.2	0.5	15.4	1.2	1308.4
10	中英人寿	4.3	4.6	0.5	0.6	93.9
11	其他公司	17.5	0.1	1667.9	12.7	13131.9

2019年，开展寿险电销业务的22家公司中，中资公司有13家，合计实现规模保费为128.8亿元，占比73.4%，外资公司有9家，合计实现规模保费为46.7亿元，占比26.6%。中资公司在寿险电销市场仍占据主导地位。

四、其他情况

从渠道来看，2019年整个寿险电销行业有21家公司通过自建机构开展经营业务，共实现规模保费109.8亿元，较2018年同比下降27.3%，占寿险电销总规模保费的62.6%；有18家公司通过合作机构开展经营业务，共实现规模保费65.7亿元，同比增长5%，占比为37.4%。

图7-21给出了2014—2019年寿险电销保费渠道分布情况，总体来看自建渠道保费在逐年下降，合作机构保费在逐年上升。

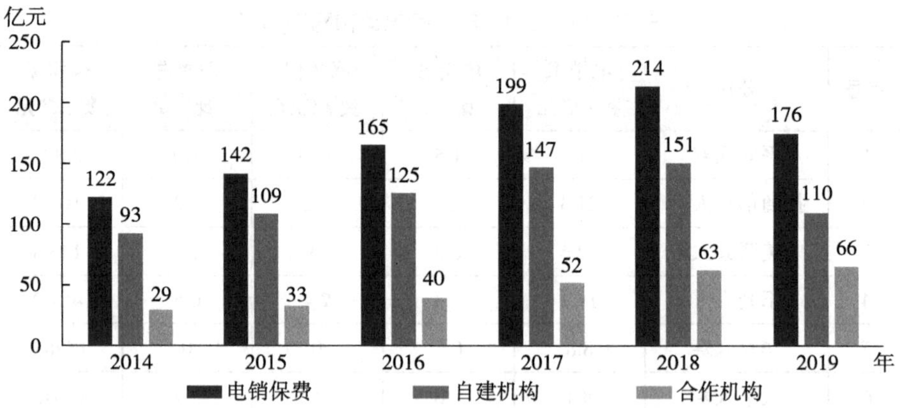

图 7-21　2014—2019 年寿险电销保费渠道分布情况

随着各公司回归保障本源，积极调整业务结构，2019年寿险电销渠道产品结构变化明显（见表7-30）。年金保险持续稳定增长，累计实现规模保费59.8亿元，较2018年同比增长5.3%，占寿险电销业务总规模保费的34.1%，取代意外险成为寿险电销渠道的主力险种；健康险实现规模保费共45.1亿元，与2018年基本持平，占比为25.7%，成为寿险电销渠道的第二大险种；寿险实现规模保费共39亿元，同比下滑19.6%，占比为22.2%；意外险下滑幅度最大，实现规模保费共31.6亿元，同比下滑49.9%，占比仅为18%。

表 7-30　2019 年寿险电销险种分布情况

险种	电销保费 / 亿元	保费占比 /%	增长率 /%
寿险	39.0	22.2	−19.6
年金	59.8	34.1	5.3
健康险	45.1	25.7	−0.3
意外险	31.6	18.0	−49.9
合计	175.5	100.0	−17.8

2019年，在寿险电销渠道其他险种增长乏力的情况下，年金保险继续保持平稳增长，其中养老年金保险增幅较大，实现规模保费共3.6亿元，较2018年同比增长23.6%，非养老年金保险实现规模保费共56.2亿元，同比增长4.3%（见图7-22）。

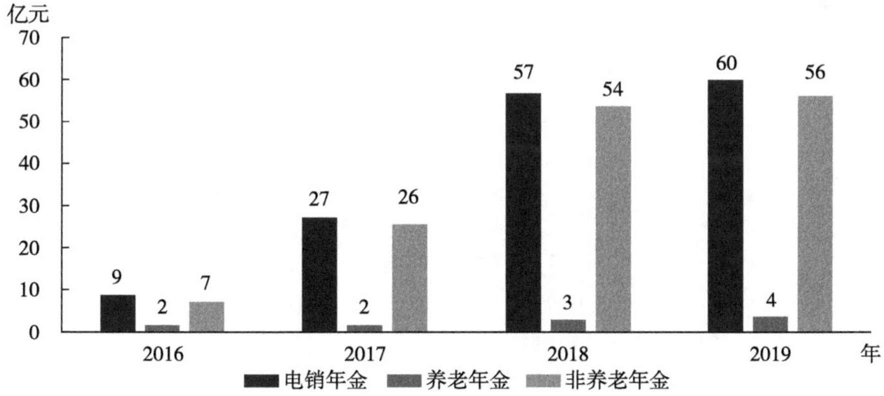

图 7-22　2016—2019 年寿险电销年金分布情况

2019年，寿险电销行业销售人力出现下滑，总销售人力为6.7万余人，较2018年底减少1.3万余人。销售人员月均脱落人数为13647人，行业年度整体脱落率为17.2%，较2018年同比上升3个百分点，销售人员流动仍是影响电销行业发展的关键因素（见图7-23）。

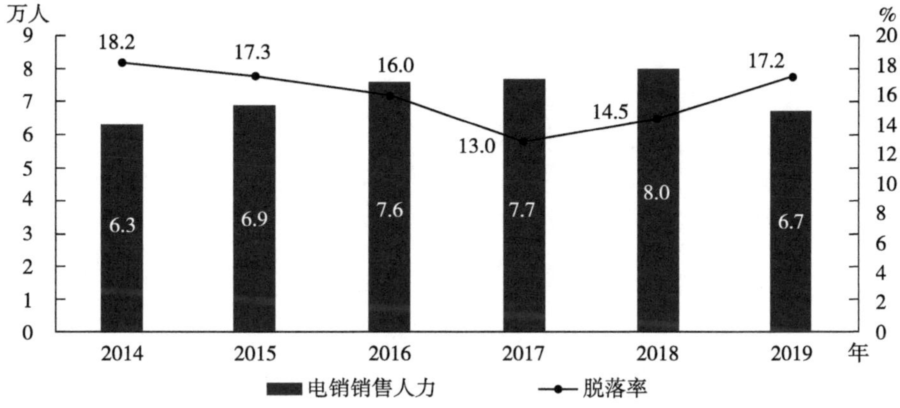

图 7-23　2014—2019 年寿险电销销售人力变化情况

第三篇

数说保险 2019

数据背后的问题

数据掩盖的现象

2019 年保险数据回顾

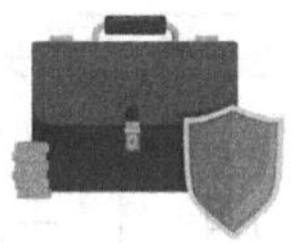

第八章　数据背后的问题

保险金额，虚高背后的数据问题

一、保险金额数据（2016—2019 年）

2019年，保险业提供保险金额共6470.04万亿元，同比下降6.20%。其中，产险公司保险金额共5368.78万亿元，下降7.07%；人身险公司保险金额共1101.26万亿元，下降1.69%（见表8-1）。人身险公司期末有效保险金额共952.56万亿元，增长14.93%。

表 8-1　2016—2019 年保险金额情况——产寿分布

项目	2019 年		2018 年		2017 年		2016 年	
	保险金额 / 万亿元	增长率 /%	保险金额 / 万亿元	增长率 /%	保险金额 / 万亿元	增长率 /%	保险金额 / 万亿元	增长率 /%
保险业	6470	–6.2	6897	66.2	4154	75.1	2373	38.1
产险公司	5369	–7.1	5777	90.7	3030	136.2	1283	36.2
寿险公司	1101	–1.6	1120	0.1	1124	3.1	1090	40.4

2019年，从险种看，车险保额为252.34万亿元，增长19.4%；责任险保额为1560.19万亿元，增长80.1%；农险保额为38061.28亿元，增长10.0%；寿险保额为38.90万亿元，增长29.7%；健康险保额为1219.94万亿元，增长254.1%；意外险保额为1219.94万亿元，下降68.0%（见表8-2）。

表 8-2　2016—2019 年保险金额情况——险种分布

项目	2019 年		2018 年		2017 年		2016 年	
	保险金额 / 万亿元	增长率 /%	保险金额 / 万亿元	增长率 /%	保险金额 / 万亿元	增长率 /%	保险金额 / 万亿元	增长率 /%
车险	252	19.4	211	24.9	169	26.5	134	—
责任保险	1560	80.1	866	244.0	252	113.0	118	—
农业保险	4	10.0	3	24.0	3	29.2	2	—
其他财产险	570	-51.7	1180	301.6	294	227.7	90	—
寿险	39	29.7	30	-5.5	32	59.8	20	—
意外险	1220	-68.0	3809	32.8	2868	0	2868	—
健康险	2825	25.8	798	48.6	537	23.9	433	—

二、保险金额与保费收入对比分析

为了更清晰地反映保险金额与保费收入的关系，表8-3~表8-4给出了产寿险、分险种的平均费率，对于寿险业务，该指标不具有说明意义，仅供参考。

从表8-3~表8-4可以看出，产险业务平均费率连续大幅度下降，进而导致整个保险业保险费率连续大幅度下降。可能原因是财险公司经营的是短期业务，保险金额被重复计算，没有计算年化保险金额，导致保险金额虚高，未能真实反映保险业保险保证程度。

表 8-3　2016—2019 年保费收入情况——产寿分布

项目	2019 年		2018 年		2017 年		2016 年	
	保费收入 / 亿元	增长率 /%	保费收入 / 亿元	增长率 /%	保费收入 / 亿元	增长率 /%	保费收入 / 亿元	增长率 /%
保险业	42645	12.2	38017	3.9	36581	18.2	30959	27.5
产险公司	13016	10.7	11756	11.5	10541	13.8	9266	10.0
寿险公司	29628	12.8	26261	0.8	26040	20.0	21693	36.8

表 8-4　2016—2019 年平均费率情况——产寿分布

项目	2019 年		2018 年		2017 年		2016 年	
	金额 / 万亿元	增长率 /%	金额 / 万亿元	增长率 /%	金额 / 万亿元	增长率 /%	金额 / 万亿元	增长率 /%
保险业	0.0659	19.6	0.0551	−37.4	0.0881	−32.5	0.1305	—
产险公司	0.0242	19.2	0.0203	−41.5	0.0348	−51.8	0.0722	—
寿险公司	0.2690	14.7	0.2345	1.2	0.2317	16.4	0.1990	—

从表8-5~表8-6可以看出，除寿险以外（平均费率仅供参考，不具有指导意义，因为平均费率没有考虑保险金额的年化问题），意外险、责任险的平均费率下降幅度较大，农险、其他财险、健康险平均费率有所上升。

表 8-5　2016—2019 年保费收入情况——产寿分布

项目	2019 年		2018 年		2017 年		2016 年	
	保费收入 / 亿元	增长率 /%	保费收入 / 亿元	增长率 /%	保费收入 / 亿元	增长率 /%	保费收入 / 亿元	增长率 /%
车险	8188	4.5	7834	4.2	7521	10.0	6835	10.3
责任保险	753	27.5	591	30.9	451	24.5	362	20.0
农业保险	672	17.4	573	19.5	479	14.7	418	11.4
其他财产险	2035	14.8	1773	28.1	1383	24.6	1110	22.0
寿险	22754	9.8	20723	−3.4	21455	23.0	17442	31.7
意外险	1175	−78.4	5448	24.1	4389	8.6	4042	67.7
健康险	7066	557.0	1076	19.3	901	20.2	750	18.0

表 8-6　2016—2019 年平均费率情况——产寿分布

项目	2019 年		2018 年		2017 年		2016 年	
	金额 / 万亿元	增长率 /%	金额 / 万亿元	增长率 /%	金额 / 万亿元	增长率 /%	金额 / 万亿元	增长率 /%
车险	0.3245	−12.5	0.3708	−16.6	0.4447	−13.0	0.5113	—
责任保险	0.0048	−29.2	0.0068	−61.9	0.0179	−41.5	0.0307	—
农业保险	1.7668	6.8	1.6551	−3.6	1.7171	−11.2	1.9343	—
其他财产险	0.0357	137.5	0.0150	−68.1	0.0471	−62.0	0.1238	—
寿险	5.8494	−15.3	6.9076	2.2	6.7619	−23.0	8.7837	—
意外险	0.0096	−32.7	0.0143	−6.5	0.0153	−40.3	0.0257	—
健康险	0.0250	85.6	0.0135	−19.7	0.0168	−3.0	0.0173	—

三、保险金额与赔付支出对比分析

为了更清晰地反映保险金额与赔付支出的关系，表8–7~表8–10给出了产寿险分险种的平均赔付情况，对于寿险业务，该指标不具有说明意义，仅供参考。

从表8–7~表8–8可以看出，产险业务平均赔付连续大幅度下降，进而导致整个保险业平均赔付连续大幅度下降。

表 8–7　2016—2019 年赔付支出情况——产寿分布

项目	2019 年		2018 年		2017 年		2016 年	
	保费收入 / 亿元	增长率 /%	保费收入 / 亿元	增长率 /%	保费收入 / 亿元	增长率 /%	保费收入 / 亿元	增长率 /%
保险业	12894	4.5	12341	10.2	11197	6.2	10547	21.5
产险公司	7279	12.8	6455	17.4	5497	9.0	5042	13.4
寿险公司	5615	–4.6	5886	3.3	5699	3.5	5505	30.0

表 8–8　2016—2019 年平均赔付情况——产寿分布

项目	2019 年		2018 年		2017 年		2016 年	
	金额 / 万亿元	增长率 /%	金额 / 万亿元	增长率 /%	金额 / 万亿元	增长率 /%	金额 / 万亿元	增长率 /%
保险业	0.0199	11.4	0.0179	–33.6	0.0270	–39.4	0.0444	—
产险公司	0.0136	21.3	0.0112	–38.4	0.0181	–53.8	0.0393	—
寿险公司	0.0510	–3.0	0.0526	3.6	0.0507	0.4	0.0505	—

从表8–9~表8–10可以看出，除寿险以外（平均赔付类似于平均费率，仅供参考），其他险种的平均赔付连续下降，其中责任保险、其他财产保险下降幅度最大。

表 8-9　2016—2019 年赔付支出情况——险种分布

项目	2019 年		2018 年		2017 年		2016 年	
	金额 / 万亿元	增长率 /%	金额 / 万亿元	增长率 /%	金额 / 万亿元	增长率 /%	金额 / 万亿元	增长率 /%
车险	4613	4.5	4402	11.8	3938	8.0	3648	9.4
责任保险	342	27.5	265	31.7	201	21.2	166	28.6
农业保险	528	17.4	393	17.6	334	11.8	299	26.2
其他财产险	1019	14.8	837	36.4	613	0.1	613	—
寿险	3743	9.8	4432	−3.5	4591	−1.0	4637	29.8
意外险	298	−78.4	268	19.7	224	22.2	183	20.5
健康险	2351	557.0	1744	34.7	1295	29.4	1001	31.2

表 8-10　2016—2019 年平均赔付情况——险种分布

项目	2019 年		2018 年		2017 年		2016 年	
	金额 / 万亿元	增长率 /%	金额 / 万亿元	增长率 /%	金额 / 万亿元	增长率 /%	金额 / 万亿元	增长率 /%
车险	0.1828	−12.3	0.2084	−10.5	0.2329	−14.7	0.2729	—
责任保险	0.0022	−28.5	0.0031	−61.7	0.0080	−43.1	0.0141	—
农业保险	1.3869	22.0	1.1372	−5.1	1.1989	−13.5	1.3856	—
其他财产险	0.0179	151.9	0.0071	−66.0	0.0209	−69.5	0.0684	—
寿险	0.9623	−34.9	1.4773	2.1	1.4469	−38.0	2.3352	—
意外险	0.0024	247.2	0.0007	−9.9	0.0008	−32.8	0.0012	—
健康险	0.0083	−61.9	0.0219	−9.4	0.0241	4.4	0.0231	—

四、回归保障，更需要关注风险

从2016—2019年保险业的经营情况来看，保险业一直在回归保障，从保险金额来看，提供的保险保障增幅远远高于保费增幅，表面来看，切实为消费者提供了更具有保障价值的产品。

另外，从平均费率来看，呈连续下降态势，其根本原因是保险竞争越来越激烈，保险公司费率水平越来越低。

但是，从平均赔付来看，其下降幅度与平均费率下降幅度基本一致，也就是说保险公司的赔付率基本持平，这个从前面的分析中已经显现出来，其结果就是消费者得到了一个虚高的、没有赔付意义的保额。

保险回归保障，一定是要让消费者切实地得到保障，而不是费率下降，赔付也下降。

应收保费，保险不能承受之痛

一、应收保费现状

保险，在中国经济高速发展40年中的30年，安逸的生活过得太久，感知危机的神经迟钝了，忘记了应收保费等不能承受之痛。是无知于经济发展的不确定性，还是在自我麻痹？

通过前面的数据，我们发现当前保险公司最紧要的问题是解决好应收保费问题。表8-11给出了2013年以来整个行业、产险公司、寿险公司应收保费变化情况。

表 8-11　2013—2019 年保险业应收保费数据

年度	保费收入 / 亿元			应收保费 / 亿元			应收保费率 /%		
	行业	寿险	产险	行业	寿险	产险	行业	寿险	产险
2013	17222	10741	6481	600	290	310	3.5	2.7	4.8
2014	20235	12690	7544	747	295	453	3.7	2.3	6.0
2015	24282	15859	8423	865	327	542	3.6	2.1	6.4
2016	30959	21693	9266	1047	401	654	3.4	1.8	7.1
2017	36581	26040	10541	1371	482	910	3.7	1.8	8.6
2018	38017	26261	11756	1896	588	1332	5.0	2.2	11.3
2019	42645	29628	13016	2520	668	1864	5.9	2.3	14.3

产险公司2019年应收保费为1864亿元，较年初增长30.46%，平均应收保费率为14.3%。车险是见费出单，扣除2019年车险保费收入共8188亿元，平均应收保费率为38.6%，一个可怕的数字，看来未来产险公司的主要工作应该是促收保费。

寿险公司2019年应收保费为668亿元，较年初增长13.43%，相对于寿险总保费来说，占比非常小。但是我们知道个险应收保费很少，主要是团险产生的，而团险2019年总保费仅为1347亿元，如果只考虑团险，应收保费率达到了49.6%，也是一个可怕的数字。

应收保费问题曾经是保险公司发展中的一颗定时炸弹，为此，原保监会2008年下发了《关于加强保险公司应收保费管理有关事项的通知》。随后开始实施机动车辆保险见费出单，整个行业的应收保费问题得到了缓解。

进入2019年之后，应收保费率高速增长，特别是产险公司达到11.52%，扣除车险之后更是达到38.6%。我们不禁要反问：保险业这是怎么了？到底谁在欠保险公司的钱？这些应收保费还能收回吗？如果收不回会是何种结局？

带着这些问题，我们先体会一下何谓“不能承受之痛”？

二、保险不能承受之痛

保险公司经营中，难免会出现一些无法承受之痛，比如：黑天鹅保险事件，灰犀牛操作事件，核心团队人员的离职，股东的内战内耗，内外勾结的诈骗，销售人员的误导，应收保费的失控……

这些痛，也许我们没有经受过，但是我们却好像天天看到这样的新闻：保证保险“爆雷”的，投资失败的，股东决裂的……对于这些保险不能承受之痛，相信其中滋味，每一个经历过的人都会记忆犹新，心有余悸。

2019年，保险业应收保费为2519.64亿元，较年初增长26.36%。其中产险公司为1864.01亿元，较年初增长30.46%，平均应收保费率11.52%；人身险公司为668.38亿元，较年初增长13.43%。这就是应收保费之痛，我不知道保险公司是如何承受的；“人到中年”的保险公司（老态的管理模式、不确定的明天……保险变得失去了活力），应收保费也许已经成为不能承受之痛。

三、何谓应收保费

应收保费，是指保险公司按照合同约定应向投保人收取但尚未收到的保费收入。保险公司应当按照以下原则确认应收保费：

（1）对于财产保险合同、意外伤害保险合同和短期健康保险合同，保险公司应当在保险合同约定的开始承担保险责任的日期将所有应收但尚未收到的保费收入全额确认为应收保费。对合同约定分期缴纳保费的，以后各期应收的保费收入也应同时确认为应收保费。

（2）对于长期人身保险合同，合同约定一次缴纳保费的，保险公司应当在保险合同约定的开始承担保险责任的日期确认应收保费；合同约定分期缴纳保费的，保险公司应当在保险合同约定的开始承担保险责任的日期确认首期应收保费，在合同约定的以后各期投保人缴费日确认相应各期的应收保费。根据这一原则，对于宽限期内应收未收的保费收入，保险公司应当确认应收保费。

四、谁在欠保险公司的钱？

通过前面的分析，面对图8-1中急剧爬升的应收保费率，我一直没有搞明白，谁在欠保险公司的钱？谁能欠保险公司的钱？

对于产险公司，车险已经见费出单，如果是非车险，高达50%的应收率也显得有点不可思议。

整体经济下滑，企财险、工程险等险种应收保费上升可以理解，但是这些业务的保费有限。到底是谁欠财险公司的钱呢？

是保险代理公司？是保险经纪公司？好像都不是，问题出在了一些大的互联网平台。从2018年开始，我了解到，一些公司为了迎合互联网平台，一年期的产品拆分成按月付保费，导致一笔业务起保之日就产生了11个月的应收保费，所以应收保费暴增也就不足为奇了。

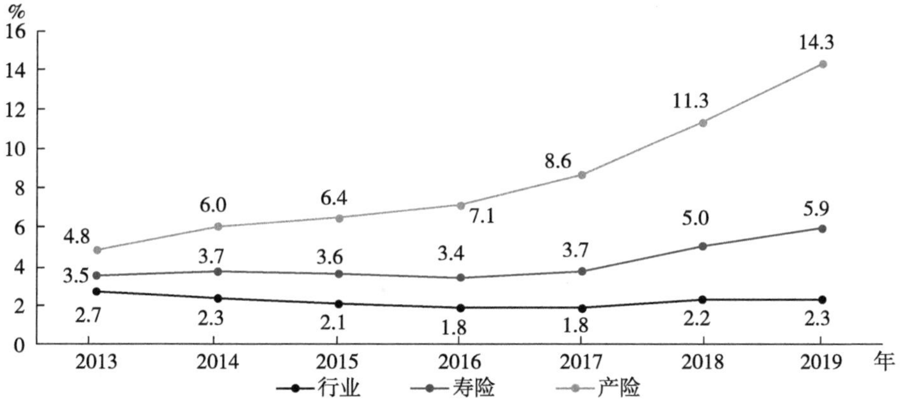

图 8-1　2013—2019 年保险业应收保费率变化趋势

对于寿险公司，个人客户基本上都是见费出单；如果是团体客户，高达91%的应收率更显得有点不可思议。是保险代理公司？是保险经纪公司？显然我们不希望再次看到“泛鑫事件”重演，我想寿险公司也有难言之隐。

不管是谁欠保险公司的钱，我们都要思考欠钱的这些“主”有能力还钱吗？有意愿还钱吗？

如果没有能力，显然要有应对之策；如果没有意愿，显然更要有对策。如果互联网平台（背后为保险经纪公司、保险代理公司）以各种借口不支付保险公司保费，我们不得不重新考虑这些互联网平台的信用问题，这可能比保证保险“爆雷”所产生的影响更大。

最后，面对未来发展的不确定性，我们比任何时候都要更加清醒，因为你的交易对手明天也许就会倒下。各公司应从战略高度，充分认识应收保费所隐藏的问题，切实分析是什么原因导致的，是真实的应收保费，还是虚假的应收保费？

第九章 数据掩盖的现象

2019年寿险业务的“爬升”

一、寿险业务概况

中国寿险业已经走过了“螺旋上升”的时代，进入“爬升”的时代，相应地，我们要切换到“爬升指数”来认识“爬升”这一科学指标。

2019年，寿险公司实现保费收入29628亿元，同比增长12.82%。其中，寿险业务（不包括意外险、健康险，下同）实现保费收入22754亿元，同比增长9.8%，占比76.8%。

寿险业务看似已经走出了2018年的谷底，现实又如何呢？带着这个问题，我们首先回顾一下2004年以来历年寿险保费收入及增长情况，如图9-1所示。

显然，通过图9-1我们看到的还是带有迷惑性的数据。寿险不同于产险，其保费按照缴费类型分为新单、续期，其中新单又分为新单期缴、新单趸交。表9-1给出了2004年以来历年寿险保费收入缴费类型情况。

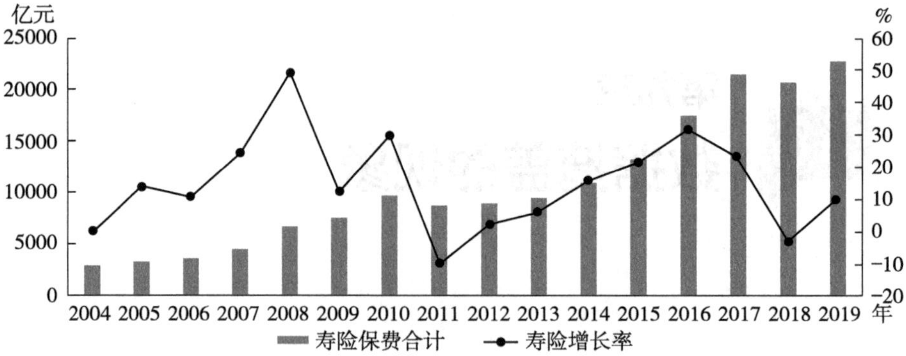

图 9-1　历年寿险保费收入及增长情况

表 9-1　寿险新单续期保费收入情况

年份	寿险保费合计 / 亿元	新单保费 / 亿元	新单期缴 / 亿元	新单趸交 / 亿元	续期保费 / 亿元	新单占比 /%	续期占比 /%
2004	2851	1748	339	1409	1104	61.3	38.7
2005	3245	1959	441	1519	1286	60.4	39.6
2006	3590	2358	512	1846	1232	65.7	34.3
2007	4463	3064	769	2295	1399	68.7	31.3
2008	6658	5178	1023	4155	1480	77.8	22.2
2009	7457	5426	1365	4061	2031	72.8	27.2
2010	9680	6883	1805	5078	2797	71.1	28.9
2011	8696	5364	1479	3886	3331	61.7	38.3
2012	8908	4843	1470	3373	4065	54.4	45.6
2013	9425	4119	1276	2843	5306	43.7	56.3
2014	10902	5314	1507	3806	5588	48.7	51.3
2015	13241	7393	2008	5385	5848	55.8	44.2
2016	17442	10598	3502	7096	6844	60.8	39.2
2017	21455	12243	4711	7532	9213	57.1	42.9
2018	20723	8316	4158	4158	12407	40.1	59.9
2019	22754	9059	4774	4286	13695	39.8	60.2

通过表9-1我们可以看出，寿险新单占比低于续期占比，新单占比继续下滑，2019年底下降到39.8%。

2004年以来，新单、续期占比此起彼伏，好像没有规律可循，如图9-2所示。如果要问新单占比、续期占比在什么区间，对于寿险公司来说是最优的，或者说是有潜力的、有价值的，也许4：6是一个合理的数值。

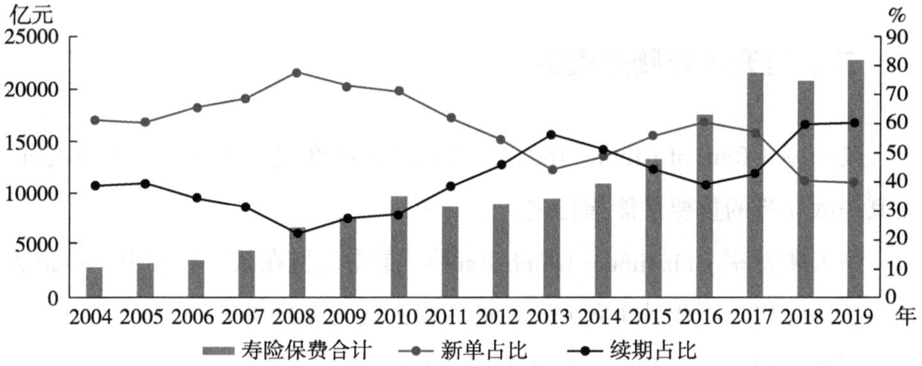

图 9-2 历年寿险新单续期占比情况

再有就是新单中的期缴、趸交占比，好像开始趋向合理化，如图9-3所示，希望这不是短暂的平衡，而是长期优化的结果。新单期缴与趸交占比为8：2也许是比较合理的。

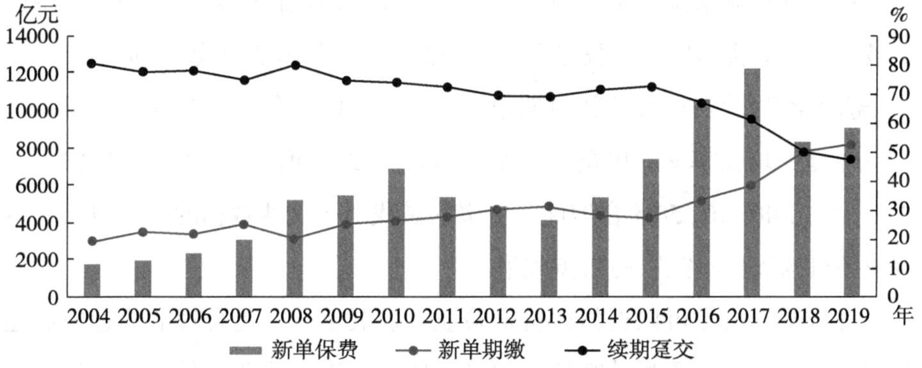

图 9-3 历年寿险新单期缴趸交占比情况

综上，可见我国寿险业正值转型过渡时期，我们有必要研究寿险业务结构的变化，认真分析我国寿险市场的发展状况，掌握寿险市场的需求和潜力，以及寿险业务结构的演进过程。

这些都可以用一个新词“爬升指数”来进行描述，因为爬升代表了一种“积极的态度”，一种“科学的状态”。

二、爬升率与爬升指数

爬升率（Rate of Climb，RoC），又称爬升速度或上升串，是各型飞机，尤其是战斗机的重要性能指标之一。

最大爬升率（Maximum Climb Rate），是指飞机在某一高度上，以最大油门状态，按不同爬升角爬升，所能获得的爬升率的最大值。

同样，对于寿险来说，因为涉及不同的细分市场，面对不同职业、不同收入、不同年龄、不同性别、不同偏好的消费者，同时，每家寿险公司又有不同的盈利指标、内含价值指标、佣金指标、首年费用指标、续年费用指标和资本金需求指标等，所以，每家寿险公司的爬升率和最大爬升率都不尽相同。

对于寿险业来说，基于前期“寿险业务机构优化研究”的一些成果以及最近几年的实际情况，我定义了一个简单的寿险爬升指数，即

寿险爬升指数=40×（新单期缴增长率×新单期缴占比）+10×（新单趸交增长率×新单趸交占比）+50×（续期增长率×续期占比）

式中，关于40、10、50的合理性，更多的是我对于这些数据的判断以及“寿险业务机构优化研究”的初步成果。

寿险爬升指数可以近似评价寿险业务发展情况，是合理的快速发展还是超常规的发展；通过计算该加权平均值，可以消除业务的周期性波动影响，同时回归新单与续期主导的寿险业务价值成长之路。

三、寿险业的爬升指数

图9–2给出了寿险新单、续期占比情况，图9–3给出了寿险新单期缴、新单趸交保费占比情况。为了计算寿险爬升指数，图9–4给出了寿险新单、续期保费增长情况，图9–5给出了寿险新单期缴、新单趸交保费增长情况。

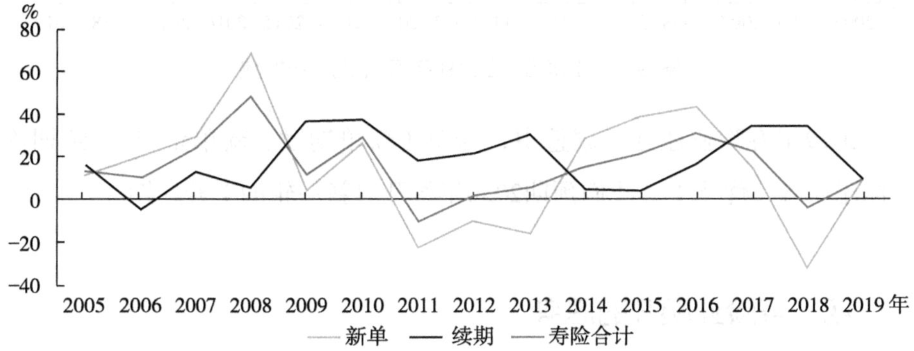

图 9–4　2005—2019 年寿险新单续期增长情况

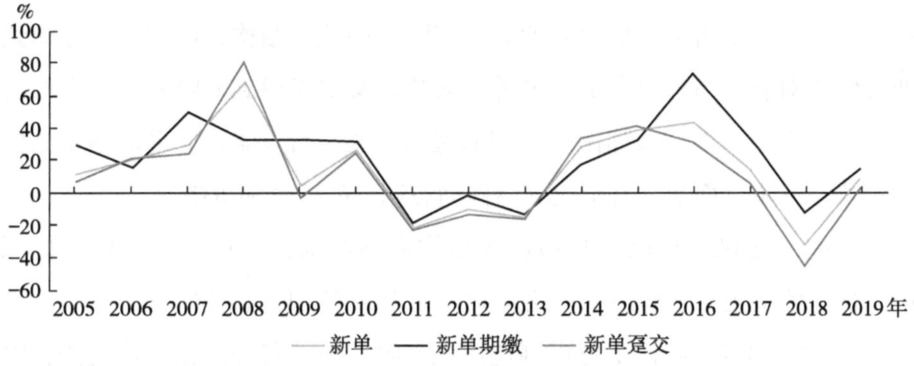

图 9–5　2005—2019 年寿险新单期缴趸交增长情况

显然，我们无法直接使用这些指标来判断寿险业发展状况。基于上面的数据，图9–6给出了历年寿险业爬升指数。

通过图9–6可以看出，2019年寿险业虽然表面上保持了9.8%的增长，但是仍然没有摆脱下行周期。2019年对于寿险业来说，应该是一个深度转型期，从爬升指数趋势来看，2020年将触底反弹。

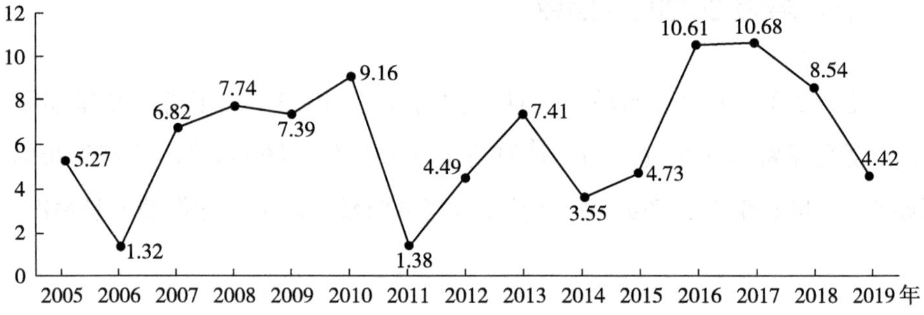

图 9-6　2005—2019 年寿险业爬升指数

2019年寿险业还处于调整中，新单（新单期缴、新单趸交）、续期等指标还在持续优化中，我们预期2020年将开启新一轮的上升周期。

四、寿险业爬升的思考

寿险业务的优化并非一朝一夕所能完成的。作为一个业务规模最大，在保险市场上最有影响的保险业务，寿险调整业务结构，应当既要考虑到业务结构对整个行业经营成果的重大影响，又要考虑到寿险业务本身的巨大惯性，避免采取“头痛医头、脚痛医脚”的经营策略，应采取逐步到位的方式，逐步全面建立寿险业务结构动态调整的理念和机制。

因此，建议坚持以下几项业务结构调整原则：最优业务结构目标原则；优先解决主要矛盾原则；逐步到位原则；产品匹配原则。

面向2020年，我们要更深刻地认识寿险业务的爬升指数变化趋势，因为简单的增长率会掩盖寿险发展存在的问题。

寿险业爬升指数，也许不科学、不准确，但是我们回归到新单（新单期缴、新单趸交）、续期等指标来考虑寿险的发展问题，特别是公司业务发展问题，却是刻不容缓的事情。

2019年寿险公司的“性质”

一、姓保与名保

基于2019年数据，在91家寿险公司中，65家“姓保”，26家“名保”；这是我们希望的结果还是无奈的结果？且随想，且随笔。

2016年12月13日，原中国保监会召开专题会议，指出保险业必须落实“保险业姓保”的要求，正确把握保险业的定位和发展方向。

“保险业姓保”是指要分清保障与投资属性的主次。保障是保险业的根本功能，投资是辅助功能，是为了更好地保障，必须服务和服从于保障，绝不能本末倒置。要坚持长期投资、价值投资、稳健投资，起到支持实体经济、促进资本市场稳定健康发展的作用。

既然存在“保险业姓保”，那就一定存在“保险业名保”。“保险业名保”是指保障是保险业辅助功能，投资是根本功能。

所以，“姓保”与“名保”也就不言而喻了。“姓保”是指保险主业超过了投资辅业，“名保”是指保险主业少于投资辅业。

新会计准则实施之后，万能险和投连险保费被分拆，一部分确认为保费收入（1%左右），大部分确认为非保险合同交费，其中万能险称为保户投资款交费，投连险称为独立账户交费。

对于万能险和投连险不再确认为保费部分，我们统称为非保险合同交费，我们用非保险合同占比来衡量一家寿险公司是“姓保”，还是“名保”①。

“保险业姓保”提出以来，保险业的真实情况如何呢？图9–7给出了最近几年非保险合同占比情况，可以看出“保险业姓保”问题经过2017年的整改，2018年、2019年开始进入一个平稳期，也许得到了“保险业姓保”问题的一个“最优解”，即非保险合同占比25%左右。

① 注：非保险合同占比 = 非保险合同交费 ÷（保费收入 + 非保险合同交费）。

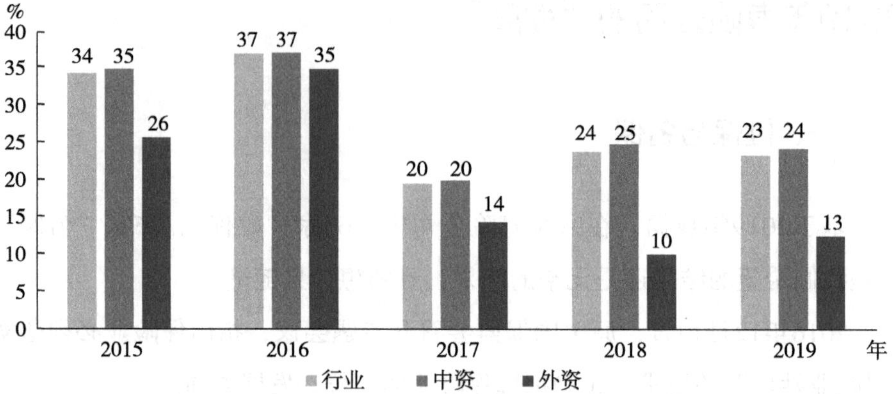

图 9-7　寿险公司非保险合同占比情况

显然，对待“保险业姓保”这个问题上，外资公司落实得更好（外资公司剔除恒大人寿之后，非保险合同占比更低），中资公司也许无法落实或不敢落实，因为相对于是不是“姓保”，现金流成了更大的问题。

既然“保险业姓保”的问题找到了一个“最优解”，那么后面的分析我将采用非保险合同占比25%作为衡量一家公司“姓保”与“名保”的临界值。如果非保险合同占比低于25%，则定义为“姓保”，否则定义为“名保”。

二、行业纵览

2019年，寿险公司实现保险保费收入29628亿元，同比增长12.82%。其中寿险保费收入为22754亿元，同比增长9.80%；意外险保费收入为649亿元，同比增长-1.57%；健康险保费收入为6226亿元，同比增长27.60%。

2019年，寿险公司非保险合同交费为9087亿元，同比增长9.66%；寿险公司保费收入和非保险合同交费合计为38715亿元，其中非保险合同交费占比23.5%。

通过表9-2可以看出，中资公司非保险合同交费占比高于外资公司，这说明更多的中资寿险公司还没有摆脱投资驱动的发展模式，还没有真正回归到“保险业姓保”的正途上。

表 9-2　2019 年寿险公司保费收入及非保险合同交费情况

资本类型	项目	保费收入 / 亿元	万能险保户投资款新增交费 / 亿元	投连险独立账户新增交费 / 亿元	保费收入和非保险合同交费合计 / 亿元	非保险合同占比 /%
行业	普通险	10474	—	—	10474	0
	分红险	12167	—	—	12167	0
	万能险	109	8711	—	8820	98.8
	投连险	4	—	376	380	98.8
	寿险业务小计	22754	8711	376	31841	28.5
	意外险	649	—	—	649	0
	健康险	6226	—	—	6226	0
	寿险公司合计	29628	8711	376	38715	23.5
中资	普通险	9614	—	—	9614	0
	分红险	10923	—	—	10923	0
	万能险	108	8526	—	8634	98.8
	投连险	2	—	156	159	98.6
	寿险业务小计	20647	8526	156	29330	29.6
	意外险	596	—	—	596	0
	健康险	5581	—	—	5581	0
	寿险公司合计	26824	8526	156	35506	24.5
外资	普通险	859	—	—	859	0
	分红险	1244	—	—	1244	0
	万能险	1	185	—	186	99.3
	投连险	2	—	219	222	99.0
	寿险业务小计	2107	185	219	2511	16.1
	意外险	53	—	—	53	0
	健康险	645	—	—	645	0
	寿险公司合计	2805	185	219	3209	12.6

通过表9-3可以看出，在91家寿险公司中，65家公司非保险合同占比小于25%，可谓“姓保”；26家公司非保险合同占比大于25%，可谓“名保”。

表 9-3　2019 年 91 家寿险公司非保险合同占比情况

序号	公司名称	保费收入 / 亿元	保费收入和非保险合同交费合计 / 亿元	非保险合同交费 / 亿元	万能险保户投资款交费 / 亿元	投连险独立账户交费 / 亿元	非保险合同占比 /%
1	国寿股份	5684	6142	458	458	0	7.5
2	太保寿	2124	2285	162	162	0	7.1
3	平安寿	4939	5968	1029	1011	19	17.2
4	新华	1381	1445	64	64	0	4.4
5	泰康	1308	1660	352	298	54	21.2
6	太平人寿	1405	1476	71	71	0	4.8
7	建信人寿	292	452	160	160	0	35.4
8	天安人寿	521	714	194	194	0	27.1
9	光大永明	117	125	7	7	0	5.8
10	民生人寿	123	131	8	8	0	5.9
11	富德生命人寿	513	1164	651	651	0	55.9
12	国寿存续	6	6	0	0	0	0
13	平安养老	236	296	60	60	0	20.3
14	中融人寿	81	158	77	77	0	49.0
15	合众人寿	168	275	108	108	0	39.1
16	太平养老	50	55	5	5	0	9.2
17	人保健康	224	232	8	8	0	3.4
18	华夏人寿	1828	2679	851	851	0	31.8
19	君康人寿	362	684	322	322	0	47.1
20	信泰	210	302	92	92	0	30.6
21	农银人寿	232	245	12	12	0	5.0
22	长城	81	105	24	24	0	23.0
23	昆仑健康	34	81	47	47	0	58.0

续表

序号	公司名称	保费收入 / 亿元	保费收入和非保险合同交费合计 / 亿元	非保险合同交费 / 亿元	万能险保户投资款交费 / 亿元	投连险独立账户交费 / 亿元	非保险合同占比 /%
24	和谐健康	2	617	615	615	0	99.6
25	人保寿险	981	1036	55	55	0	5.3
26	国华	376	540	164	159	5	30.4
27	国寿养老	0	0	0	0	0	—
28	长江养老	0	0	0	0	0	—
29	英大人寿	97	160	63	63	0	39.4
30	泰康养老	90	144	54	54	0	37.5
31	幸福人寿	82	96	13	13	0	14.0
32	阳光人寿	481	654	172	172	0	26.4
33	百年人寿	456	527	71	71	0	13.4
34	中邮人寿	675	675	0	0	0	0
35	大家人寿	51	2336	2286	2286	0	97.8
36	利安人寿	131	141	9	9	0	6.6
37	前海人寿	765	769	3	3	0	0.4
38	华汇人寿	0	0	0	0	0	0
39	东吴人寿	36	59	23	23	0	39.1
40	珠江人寿	33	183	150	150	0	81.8
41	弘康人寿	127	212	85	6	79	40.1
42	吉祥人寿	20	45	25	25	0	55.5
43	大家养老	1	1	0	0	0	8.2
44	渤海人寿	61	62	0	0	0	0.8
45	国联人寿	17	17	0	0	0	0.7
46	太保安联健康	4	4	0	0	0	0
47	上海人寿	126	217	91	91	0	41.9
48	中华人寿	20	23	3	3	0	11.7
49	新华养老	0	0	0	0	0	—
50	三峡人寿	9	9	0	0	0	0

续表

序号	公司名称	保费收入 / 亿元	保费收入和非保险合同交费合计 / 亿元	非保险合同交费 / 亿元	万能险保户投资款交费 / 亿元	投连险独立账户交费 / 亿元	非保险合同占比 /%
51	横琴人寿	60	66	6	6	0	9.2
52	复星联合健康	18	18	0	0	0	0
53	信美人寿	20	20	0	0	0	0
54	华贵人寿	11	11	0	0	0	0
55	爱心人寿	8	16	8	8	0	51.9
56	和泰人寿	11	16	5	5	0	32.4
57	招商仁和	101	113	13	13	0	11.1
58	瑞华健康	0	0	0	0	0	0
59	北京人寿	13	17	4	4	0	23.3
60	人保养老	0	0	0	0	0	—
61	海保人寿	5	5	0	0	0	0
62	国富人寿	6	6	0	0	0	0
63	国宝人寿	9	11	2	2	0	17.6
中资小计		26824	35506	8682	8526	156	24.5
64	中宏人寿	100	102	3	3	0	2.7
65	中德安联	57	60	3	1	1	4.6
66	工银安盛	527	531	4	1	3	0.7
67	中信保诚	213	310	97	22	75	31.2
68	交银康联	113	143	31	31	0	21.3
69	中意	146	160	13	13	1	8.4
70	友邦	331	343	12	7	4	3.4
71	北大方正人寿	29	31	2	2	0	7.6
72	中荷人寿	54	55	1	1	0	2.0
73	中英人寿	94	98	4	4	0	3.9
74	同方全球人寿	51	53	2	2	0	4.2
75	招商信诺	180	181	1	1	0	0.8

续表

序号	公司名称	保费收入 / 亿元	保费收入和非保险合同交费合计 / 亿元	非保险合同交费 / 亿元	万能险保户投资款交费 / 亿元	投连险独立账户交费 / 亿元	非保险合同占比 /%
76	长生人寿	15	17	2	2	0	12.0
77	恒安标准	39	40	1	1	0	3.1
78	瑞泰人寿	7	7	1	0	0	7.3
79	中法人寿	0	0	0	0	0	0
80	华泰人寿	62	71	10	10	0	13.5
81	陆家嘴国泰	27	35	9	9	0	24.4
82	中美联泰	144	144	0	0	0	0.3
83	平安健康	61	62	0	0	0	0.7
84	中银三星	53	94	41	41	0	43.5
85	恒大人寿	420	557	137	9	128	24.6
86	新光海航	1	1	0	0	0	0.1
87	汇丰人寿	18	21	3	0	3	14.6
88	君龙人寿	6	6	0	0	0	2.9
89	复星保德信	41	62	22	22	0	34.7
90	中韩人寿	7	8	1	1	0	7.6
91	德华安顾	9	14	6	2	3	39.0
外资小计		2805	3209	404	185	219	12.6
合计		29628	38715	9087	8711	376	23.5

为了进一步分析非保险合同交费的影响（毕竟这也是旧会计准则下的保费），图9–8、图9–9分别给出了保费收入前10名的寿险公司、保费收入（含非保险合同交费）前10名的寿险公司。

通过图9–8、图9–9对比可以发现，除了中国人寿、平安寿险之外，其他公司的排名都发生了变化，考虑到非保险合同交费的影响，华夏人寿跃升第三名，安邦人寿（已改名大家人寿）和富德生命把前海人寿和中邮人寿挤出前10名。

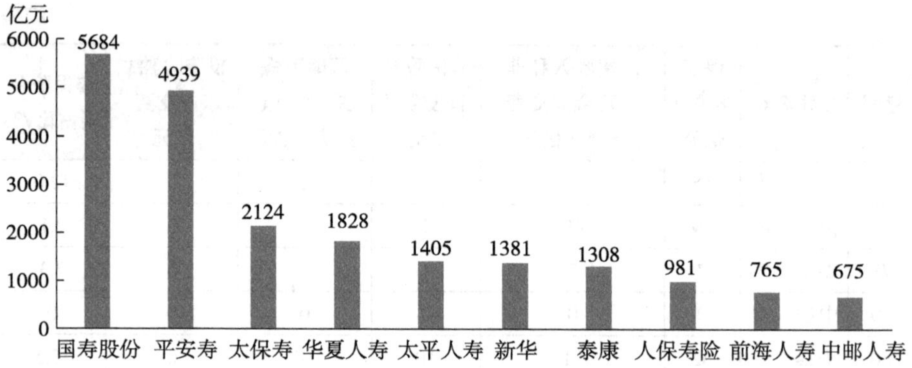

图 9-8　2019 年寿险公司保费收入前 10 名

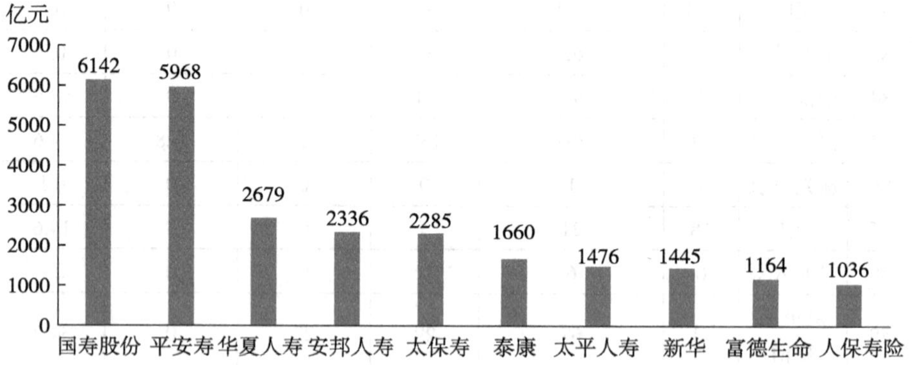

图 9-9　2019 年寿险公司保费收入（含非保险合同交费）前 10 名

三、“姓保”的公司

根据前文的分析，我们基于非保险合同占比是否超过25%来判断“姓保”与“名保”的问题。

通过分析发现，91家寿险公司中有65家公司非保险合同占比低于25%，其中15家寿险公司为0，这其中11家是寿险公司（主要是新设立的公司），还有4家养老保险公司（国寿养老、长江养老、新华养老、人保养老）。

65家公司非保险合同占比低于25%，有15家为0；有9家占比在0~1%；有25家占比在1%~10%；有16家占比在10%~25%，图9-10给出了这16家公司的情况。

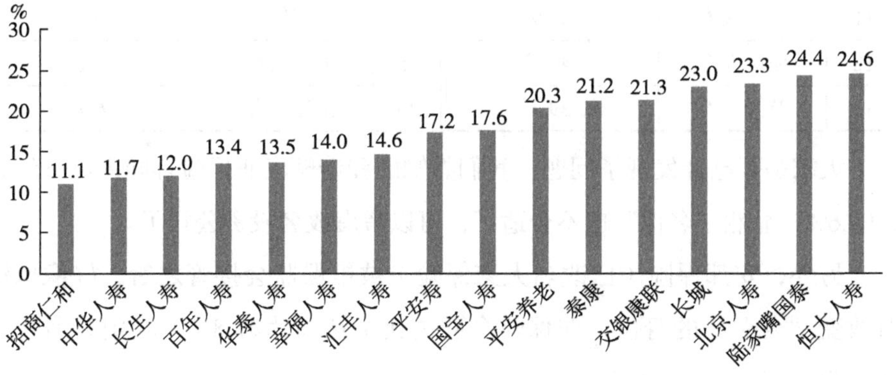

图 9-10　2019 年“姓保”的寿险公司后 16 名（非保险合同占比 10%~25%）

四、“名保”的公司

通过分析发现，91家寿险中有26家公司非保险合同占比高于25%，如表9-4所示。

表 9-4　2019 年“名保”的 26 家寿险公司（非保险合同占比超过 25%）

排名	公司名称	非保险合同占比 /%	排名	公司名称	非保险合同占比 /%
1	和谐健康	99.6	14	东吴人寿	39.1
2	大家人寿	97.8	15	合众人寿	39.1
3	珠江人寿	81.8	16	德华安顾	39.0
4	昆仑健康	58.0	17	泰康养老	37.5
5	富德生命人寿	55.9	18	建信人寿	35.4
6	吉祥人寿	55.5	19	复星保德信	34.7
7	爱心人寿	51.9	20	和泰人寿	32.4
8	中融人寿	49.0	21	华夏人寿	31.8

续表

排名	公司名称	非保险合同占比 /%	排名	公司名称	非保险合同占比 /%
9	君康人寿	47.1	22	中信保诚	31.2
10	中银三星	43.5	23	信泰	30.6
11	上海人寿	41.9	24	国华	30.4
12	弘康人寿	40.1	25	天安人寿	27.1
13	英大人寿	39.4	26	阳光人寿	26.4

大家是否已经发现了问题，我们熟知的和谐健康非保险合同占比竟然高达99.6%，显然“名保”也不合适了，可以考虑改名投资公司了。

另外，安邦保险（已改名大家保险）被银保监会接管之后，好像也没有改变“名保”的身份，非保险合同占比仍然高达97.8%，希望改名之后能够堂堂正正地“姓保”一次。

还有珠江人寿、昆仑健康、富德生命人寿、吉祥人寿、爱心人寿等公司，非保险合同占比都超过了50%。

在26家“名保”的公司中，既有新设立的公司，也有一些老牌公司，更有一些银行系公司，可谓各有各的想法，想不想“保险”就不知道了。

五、“姓”与“名”

姓氏一般是指“姓”，名字可以指“名”，也可以指“姓+名”，即名字可包括姓氏，但是姓氏不包括名字。

按照“姓”与“名”定义,“姓保”与“名保”好像无关紧要，因为“名保”可以包括“姓保”。所以，“姓保”与“名保”好像已经不是什么问题。

也许我们一开始就错了，就不存在“保险业姓保”这个命题，存在的只是如何在“姓保”与“名保”之间找到一个平衡点，或者说一个最优解。

既然谈到最优解，一定是基于一定约束条件的最优解；最优解是数学规划的基本概念之一，是指在数学规划问题中，使目标函数取最小值（对极大化问题取最大值）的可行解。

保险业的最优解，包含保险产品组合的利润最大化、风险最小化、保险价值的最大化、保险资本效率最大化等问题，所以“姓保”与“名保”的问题，是一个复杂的问题。

例如，对于和谐健康、大家人寿，当前现金流是最大的问题，所以得出了非保险合同占比高达99%的一个“解”，也就不足为奇了；当然，这肯定不是“保险”。

所以，关于“姓保”与“名保”的问题，笔者基于最近几年的数据给出了25%临界值，这对于行业来说可能是最优解，但对于各公司来说一定不是最优解，所以上面的“姓保”与“名保”也不用太在意，都是假设惹的祸。

例如，在非保险合同缴费规模100亿元以上的公司中（见图9-11），既有中国人寿、平安人寿、太保人寿、泰康人寿、天安人寿（24.78%）这5家“姓保”的公司，也有安邦人寿、富德生命人寿、华夏人寿、和谐健康、君康人寿等9家“名保”的公司。

“请不要问我的姓和名，这是对我最大的尊重”，这也许就是关于寿险公司“性质”的解答。

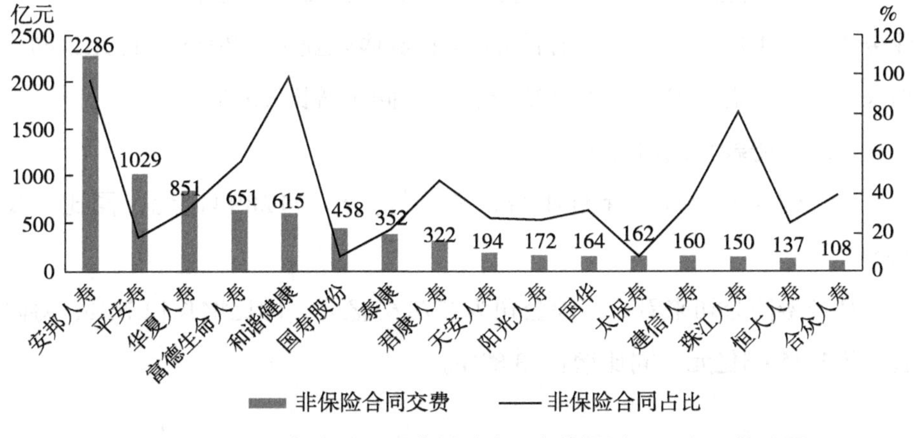

图 9-11　2019 年寿险公司非保险合同交费超过 100 亿元的公司

第十章 2019年保险数据回顾

产寿险2019年经营数据回顾

一、总体概况

（一）保险收入

从产寿险公司来看，产险公司为13016.33亿元，同比增长10.72%；人身险公司为29628.42亿元，同比增长12.82%。人身险公司未计入合同核算的保户投资款和独立账户本年新增交费为9086.94亿元，同比增长9.66%。

从产寿险业务来看，产险业务为11649.47亿元，同比增长8.17%；寿险业务为22754.14亿元，同比增长9.80%；健康险业务为7065.98亿元，同比增长29.70%；意外险业务为1175.16亿元，同比增长9.26%。

（二）赔款和给付支出

2019年1—12月，保险业赔款和给付支出为12894亿元，同比增长4.85%。

从产寿险公司来看，产险公司为7278.65亿元，同比增长12.76%；寿险公司为5615.05亿元，同比增长-3.89%。

从产寿险业务来看，财产险业务赔款为6501.62亿元，同比增长10.25%；寿险业务给付为3743.21亿元，同比下降14.70%；健康险业务赔款和给付为2351.48亿元，同比增长34.81%；意外险业务赔款为297.66亿元，同比增长11.19%。

（三）资金运用情况

2019年12月底，资金运用余额为185270.58亿元，较年初增长12.92%；银行存款为25227.42亿元，占比13.62%；债券为64032.00亿元，占比34.56%；证券投资基金为9423.29亿元，占比5.09%；股票为14941.94亿元，占比8.06%；投资性房地产为1894.27亿元，占比1.02%。

2019年1—12月，保险业实现资金运用收益共计8824.13亿元，资金运用平均收益率为4.94%。

（四）资产及盈利情况

2019年12月底，保险业总资产为205644.92亿元，较年初增长12.18%；净资产为24808.13亿元，较年初增长23.09%；经营活动产生的现金流量净额为8789.37亿元，同比增长117.73%；预计利润总额为3133.21亿元，同比增长15.61%。

2019年12月底，产险公司综合成本率为99.98%，同比下降0.15个百分点。其中，综合费用率为38.31%，同比下降2.43个百分点；综合赔付率为61.67%，同比上升2.27个百分点。

（五）其他经营指标

2019年12月底，保险业应收保费为2519.64亿元，较年初增长26.36%；产险公司为1864.01亿元，较年初增长30.46%，平均应收保费率为11.52%；人身险公司为668.38亿元，较年初增长13.43%。

2019年1—12月，寿险公司退保金为5841.34亿元，同比下降18.98%；退保率为4.97%，同比下降1.86个百分点。

2019年已经过去，面向2020年，我们必须清醒地知道，我们的步伐已经被打乱。

二、产险数据

（一）总体情况

2019年1—12月，产险公司实现保险保费收入13016亿元，同比增长10.72%。其中财产险保费收入为11649亿元，同比增长8.17%；意外险保费收入为527亿元，同比增长26.40%；健康险保费收入为840亿元，同比增长47.68%。

对于2020年全年的数据，我们基于历史数据进行了预测，预计实现保费收入14152亿元，如图10-1所示。

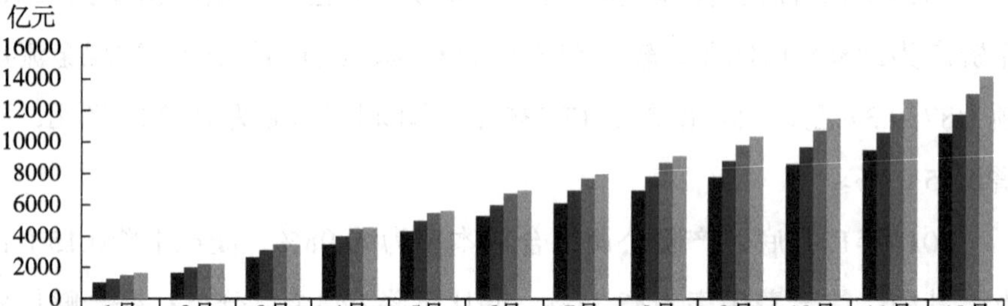

	1月	2月	3月	4月	5月	6月	7月	8月	9月	10月	11月	12月
2017年	1036	1654	2635	3486	4304	5276	6096	6901	7817	8590	9483	10541
2018年	1252	1946	3090	4049	4951	6024	6916	7810	8808	9674	10629	11756
2019年	1508	2213	3457	4504	5505	6706	7672	8669	9768	10736	11802	13016
2020年	1637	2250	3488	4559	5612	6929	7975	9103	10345	11485	12750	14152

图 10-1　2017—2019 年产险保费收入及 2020 年预测

2019年的增长主要是靠意外险和健康险拉动的，与2018年的增长趋势类似。但通过对比可以发现，2019年全年保费增长略低于2018年，可以预判2020年全年保费增长率在8.5%左右，如图10-2所示。

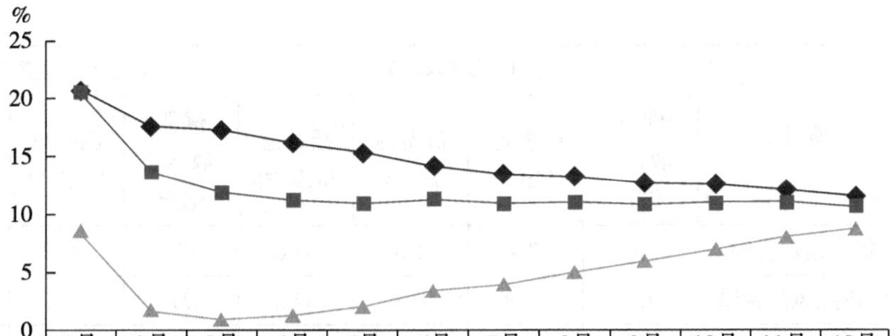

	1月	2月	3月	4月	5月	6月	7月	8月	9月	10月	11月	12月
2018年	20.8	17.6	17.3	16.1	15.3	14.2	13.5	13.2	12.7	12.6	12.1	11.5
2019年	20.5	13.7	11.9	11.2	11.0	11.3	10.9	11.0	10.9	11.0	11.0	10.7
2020年	8.5	1.7	0.9	1.2	2.0	3.3	3.9	5.0	5.9	7.0	8.0	8.7

图 10-2　2018—2019 年产险保费增长率及 2020 年预测

（二）险种情况

表10-1给出了2019年1—12月各险种保费收入及简单赔付率情况，根据图10-2给出的2020年增长率预测值8.5%，我们简单预测了2020年各险种的保费收入数据。

表 10-1　2019 年产险险种经营情况及 2020 年预测

项目	2019 年实际值				2020 年预测值		
	保费收入/亿元	保费增长率/%	保费占比/%	简单赔付率/%	保费收入/亿元	保费增长率/%	简单赔付率/%
保费收入合计	13016	10.7	100	55.9	14152	8.7	56.9
1. 企业财产保险	464	9.7	3.6	51.1	493	6.1	52.1
2. 家庭财产保险	91	18.8	0.7	40.2	105	15.0	41.2
3. 机动车辆保险	8188	4.5	62.9	56.3	8281	1.1	57.3
其中：交强险	2188	7.6	16.8	61.3	2277	4.1	62.3
4. 工程保险	118	–2.4	0.9	57.3	111	–5.6	58.3
5. 责任保险	753	27.5	5.8	45.4	929	23.4	46.4
6. 信用保险	200	–17.5	1.5	56.7	160	–20.2	57.7
7. 保证保险	844	30.8	6.5	44.7	1068	26.6	45.7
8. 船舶保险	56	4.8	0.4	63.3	56	1.4	64.3

续表

项目	2019 年实际值				2020 年预测值		
	保费收入/亿元	保费增长率/%	保费占比/%	简单赔付率/%	保费收入/亿元	保费增长率/%	简单赔付率/%
9. 货物运输保险	130	7.4	1.0	53.6	135	4.0	54.6
10. 特殊风险保险	69	15.8	0.5	57.3	77	12.1	58.3
11. 农业保险	672	17.4	5.2	78.5	764	13.6	79.5
12. 健康险	840	47.7	6.5	74.2	1201	42.9	75.2
13. 意外伤害保险	527	26.4	4.0	29.2	644	22.3	30.2
14. 其他险	64	107.0	0.5	67.0	128	100.3	68.0

（三）公司情况

表10-2给出了88家产险公司2019年1—12月的保费收入、保费增长率、市场份额、简单赔付率等，同时给出了各家公司2019年1—12月的业务结构占比情况。

表 10-2　2019 年各产险公司保费情况

序号	公司名称	保费收入及赔付率情况				业务结构		
		保费收入/亿元	保费增长率/%	市场份额/%	简单赔付率/%	财产险占比/%	意外险占比/%	健康险占比/%
1	人保股份	4316	11.3	33.2	60.8	86.7	2.1	11.3
2	大地财产	484	14.2	3.7	48.5	86.6	5.8	7.6
3	出口信用	147	–24.8	1.1	51.1	100.0	0	0
4	中华联合	486	15.0	3.7	63.7	87.7	4.0	8.3
5	太保财	1322	12.7	10.2	52.3	92.6	3.6	3.9
6	平安财	2709	9.5	20.8	51.6	95.2	4.3	0.4
7	华泰	78	–4.1	0.6	52.3	85.9	9.1	5.0
8	天安	156	3.4	1.2	53.5	90.4	6.5	3.1
9	华安	141	18.2	1.1	49.4	91.4	7.1	1.5
10	永安	118	12.7	0.9	52.8	83.8	13.6	2.7

续表

序号	公司名称	保费收入及赔付率情况				业务结构		
		保费收入 / 亿元	保费增长率 /%	市场份额 /%	简单赔付率 /%	财产险占比 /%	意外险占比 /%	健康险占比 /%
11	太平保险	269	11.1	2.1	44.6	85.5	8.1	6.4
12	亚太产险	48	27.6	0.4	45.6	90.0	7.8	2.2
13	中银保险	66	11.0	0.5	51.0	71.1	11.4	17.5
14	安信农业	14	12.1	0.1	69.6	90.0	9.5	0.4
15	永诚	63	2.5	0.5	51.7	90.2	5.9	3.9
16	大家财险	43	12.8	0.3	69.6	95.4	4.6	0.1
17	国任产险	48	17.2	0.4	45.1	91.6	7.7	0.7
18	安华农业	55	10.1	0.4	57.7	98.2	1.5	0.3
19	阳光财产	395	9.0	3.0	51.0	93.2	4.5	2.3
20	阳光农业	33	−2.3	0.3	124.6	98.1	1.6	0.3
21	都邦	38	−0.6	0.3	60.4	94.5	4.0	1.5
22	渤海	37	−7.0	0.3	65.4	96.6	2.1	1.2
23	华农	20	8.7	0.2	56.4	92.6	7.1	0.3
24	国寿财产	770	11.5	5.9	60.0	96.4	2.9	0.7
25	安诚	44	8.0	0.3	66.2	83.2	4.9	12.0
26	长安责任	28	−2.2	0.2	82.7	97.6	0.4	2.0
27	国元农业	56	−2.0	0.4	79.7	63.3	1.1	35.6
28	鼎和财产	49	9.8	0.4	42.7	91.4	6.4	2.1
29	中煤财产	15	5.9	0.1	50.3	93.4	4.9	1.7
30	英大财产	85	10.5	0.7	54.6	97.6	2.4	0
31	浙商财产	41	−6.1	0.3	65.3	97.4	1.6	1.0
32	紫金财产	64	16.9	0.5	50.8	94.3	3.5	2.2
33	泰山产险	22	30.3	0.2	53.2	96.3	2.8	0.8
34	众诚保险	17	27.9	0.1	49.5	93.3	2.4	4.3
35	锦泰财产	22	8.3	0.2	61.7	84.3	3.1	12.6
36	诚泰财产	15	23.8	0.1	49.2	89.2	9.0	1.8
37	长江财产	7	−7.7	0.1	61.6	95.1	3.8	1.1

续表

序号	公司名称	保费收入及赔付率情况				业务结构		
		保费收入/亿元	保费增长率/%	市场份额/%	简单赔付率/%	财产险占比/%	意外险占比/%	健康险占比/%
38	富德财产	24	3.5	0.2	55.9	95.0	4.5	0.5
39	鑫安汽车	8	25.5	0.1	38.8	98.9	0.9	0.2
40	北部湾财产	31	9.0	0.2	54.5	90.3	8.6	1.1
41	中石油专属保险	5	–5.9	0	54.7	100.0	0	0
42	众安财产	146	30.4	1.1	56.6	56.0	12.3	31.7
43	恒邦财产	11	53.1	0.1	41.2	93.6	3.6	2.8
44	合众财产	3	26.7	0	46.0	100.0	0	0
45	燕赵财产	8	2.7	0.1	54.6	90.5	4.9	4.6
46	华海财产	21	3.2	0.2	53.6	95.6	3.4	1.0
47	中原农业	20	23.4	0.2	48.2	85.7	3.1	11.2
48	中路财产	9	13.5	0.1	58.8	85.6	6.2	8.2
49	铁路自保	3	–37.7	0	40.8	30.2	69.8	0
50	阳光信用	2	–39.7	0	217.2	100.0	0	0
51	泰康在线	51	73.8	0.4	42.9	30.5	13.6	55.9
52	易安财产	10	–18.8	0.1	64.6	14.1	81.1	4.9
53	东海航运	3	52.1	0	59.7	100.0	0	0
54	久隆财产	2	18.2	0	39.3	100.0	0	0
55	安心财产	27	77.8	0.2	36.9	13.0	3.8	83.2
56	前海联合	18	60.6	0.1	20.6	49.9	49.9	0.2
57	珠峰产险	5	13.4	0	56.3	74.0	18.1	7.9
58	海峡金桥	4	11.3	0	50.9	79.9	12.0	8.1
59	建信财产	5	42.9	0	46.2	43.6	10.1	46.3
60	众惠相互	7	93.0	0.1	7.5	11.5	35.7	52.8
61	太平科技	1	72.4	0	68.1	69.2	30.8	0
62	中远海自保	5	30.1	0	17.2	99.7	0.3	0

续表

序号	公司名称	保费收入及赔付率情况				业务结构		
		保费收入/亿元	保费增长率/%	市场份额/%	简单赔付率/%	财产险占比/%	意外险占比/%	健康险占比/%
63	汇友互助	1	167.0	0	0.9	99.9	0.1	0
64	粤电自保	1	2.7	0	30.9	100.0	0	0
65	黄河产险	4	60.0	0	23.8	86.0	10.4	3.6
66	融盛产险	2	801.0	0	57.5	94.5	5.4	0.1
中资小计		12764	10.7	98.1	56.0	89.5	4.0	6.5
67	史带财产	3	29.9	0	45.3	51.8	48.2	0
68	美亚	15	−3.3	0.1	34.3	64.3	30.4	5.3
69	东京海上	6	0.6	0	31.9	97.5	1.5	1.0
70	瑞再企商	1	−12.6	0	30.5	91.6	8.4	0
71	安达保险	6	11.2	0	12.5	94.0	4.4	1.6
72	三井住友	6	4.0	0	32.8	97.6	2.4	0
73	三星	8	−3.4	0.1	40.9	94.6	5.4	0
74	安联	24	124.6	0.2	35.9	71.3	23.3	5.4
75	日本财产	4	1.6	0	53.5	92.8	2.6	4.6
76	利宝互助	23	15.9	0.2	53.1	95.1	4.4	0.5
77	中航安盟	22	−5.8	0.2	72.1	94.4	1.7	3.9
78	安盛天平	63	−0.3	0.5	56.1	93.1	4.0	2.9
79	苏黎世	6	4.2	0	41.6	99.6	0.3	0.1
80	现代财产	1	22.5	0	24.8	90.1	8.9	1.0
81	劳合社	0	1.3	0	1.4	100.0	0	0
82	中意财产	7	9.7	0.1	36.9	88.4	11.6	0
83	爱和谊	1	1.2	0	30.4	98.7	1.3	0
84	国泰财产	48	25.4	0.4	61.2	89.5	5.3	5.2
85	日本兴亚	1	4.5	0	130.4	97.9	2.1	0
86	乐爱金	2	14.6	0	46.5	94.8	3.1	2.0
87	富邦产险	7	−16.3	0.1	64.0	93.5	3.9	2.6
88	信利保险	0	−59.7	0	251.3	100.0	0	0

续表

序号	公司名称	保费收入及赔付率情况				业务结构		
		保费收入/亿元	保费增长率/%	市场份额/%	简单赔付率/%	财产险占比/%	意外险占比/%	健康险占比/%
外资小计		253	10.9	1.9	51.3	88.8	8.0	3.1
合计		13016	10.7	100.0	55.9	89.5	4.0	6.5

三、寿险数据

（一）总体情况

2019年1—12月，寿险公司实现保险保费收入29628亿元，同比增长12.82%。其中寿险保费收入为22754亿元，同比增长9.80%；意外险保费收入为649亿元，同比增长-1.57%；健康险保费收入为6226亿元，同比增长27.60%。

对于2020年全年的数据，笔者基于历史数据进行了预测，预计实现保费收入32539亿元，如图10-3所示。

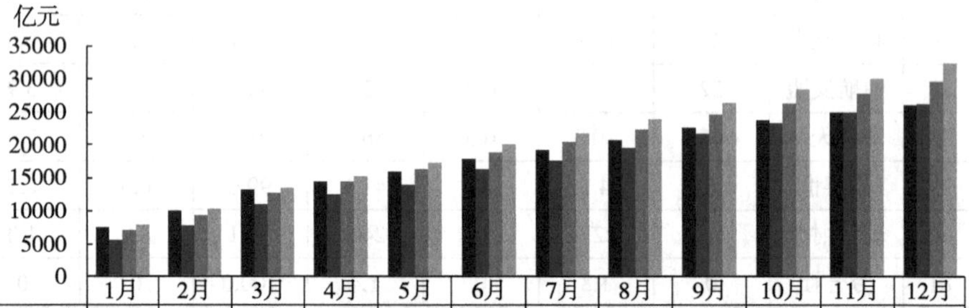

	1月	2月	3月	4月	5月	6月	7月	8月	9月	10月	11月	12月
2017年	7517	10248	13231	14510	15987	17864	19172	20753	22640	23799	24914	26040
2018年	5600	7757	10994	12537	14142	16345	17755	19639	21853	23358	24791	26261
2019年	6991	9426	12865	14556	16349	18831	20414	22359	24751	26322	27819	29628
2020年	7888	10322	13510	15299	17266	20000	21839	23890	26548	28346	30104	32539

图 10-3　2017—2019 年寿险保费收入及 2020 年预测

2019年的增长主要是靠健康险拉动的，与2018年的增长趋势类似。但通过对比可以发现，2019年保费增长比2018年同期大幅度上升，可以预判2020年全年保费增长率在9.8%左右，如图10-4所示。

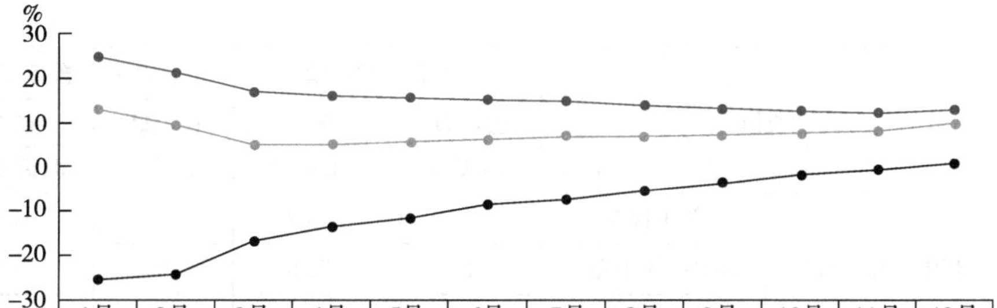

	1月	2月	3月	4月	5月	6月	7月	8月	9月	10月	11月	12月
2018年	–25.5	–24.3	–16.9	–13.6	–11.5	–8.5	–7.4	–5.4	–3.5	–1.9	–0.5	0.8
2019年	24.8	21.5	17.0	16.1	15.6	15.2	15.0	13.8	13.3	12.7	12.2	12.8
2020年	12.8	9.5	5.0	5.1	5.6	6.2	7.0	6.8	7.3	7.7	8.2	9.8

图 10–4　2019 年寿险保费增长率及 2020 年预测

（二）险种情况

表10–3给出了2019年1—12月各险种保费收入及简单赔付率情况，根据图10–4给出的2020年全年保费增长率预测值9.8%，简单预测了2020年各险种的保费收入数据。

表 10–3　2019 年寿险险种经营情况及 2020 年预测

项目		2019 年实际值		2020 年预测值	
		保费收入 / 亿元	保费增长率 /%	保费收入 / 亿元	保费增长率 /%
原保险保费收入		29628	12.8	32539	9.8
1. 寿险小计		22754	9.8	24096	5.9
（1）个人业务	新单保费	9011	8.9	9809	8.9
	其中：新单趸交	4252	2.8	4370	2.8
	续期保费	13680	10.3	15092	10.3
其中：年金保险	新单保费	3511	–15.9	2952	–15.9
	其中：新单趸交	330	–76.1	79	–76.1
	续期保费	7406	17.9	8734	17.9
（2）团体业务	新单保费	48	29.7	62	29.7
	其中：新单趸交	34	65.2	56	65.2
	续期保费	15	120.4	33	120.4

续表

项目		2019 年实际值		2020 年预测值	
		保费收入 / 亿元	保费增长率 /%	保费收入 / 亿元	保费增长率 /%
其中：年金保险	新单保费	9	–45.8	5	–45.8
	其中：新单趸交	1	–72.6	0	–72.6
	续期保费	12	227.0	40	227.0
2. 意外伤害险小计		649	–1.6	638	–1.6
（1）一年期以内业务		86	90.0	163	90.0
（2）一年期业务		348	–14.3	298	–14.3
（3）一年期以上业务		215	3.3	222	3.3
3. 健康险小计		6226	27.6	7944	27.6
（1）短期	个人业务	589	38.6	817	38.6
	团体业务	958	26.4	1210	26.4
（2）长期	个人业务	4557	27.4	5803	27.4
	团体业务	121	3.2	125	3.2

（三）公司情况

表10–4给出了91家寿险公司2019年1—12月的保费收入、保费增长率、市场份额、简单赔付率等，同时给出了2019年1—12月各家公司业务结构占比情况。

表 10–4　2019 年寿险公司保费情况

序号	公司名称	保费收入及赔付率情况				业务结构		
		保费收入 / 亿元	保费增长率 /%	市场份额 /%	简单赔付率 /%	寿险占比 /%	意外险占比 /%	健康险占比 /%
1	国寿股份	5684	6.0	19.2	22.5	78.6	2.6	18.8
2	太保寿	2124	5.5	7.2	27.2	71.0	2.6	26.4
3	平安寿	4939	10.5	16.7	13.7	71.9	3.7	24.4
4	新华	1381	13.0	4.7	43.9	59.7	1.6	38.7
5	泰康	1308	11.5	4.4	19.3	76.4	0.5	23.2

续表

序号	公司名称	保费收入及赔付率情况				业务结构		
		保费收入/亿元	保费增长率/%	市场份额/%	简单赔付率/%	寿险占比/%	意外险占比/%	健康险占比/%
6	太平人寿	1405	13.6	4.7	13.3	70.3	1.8	27.9
7	建信人寿	292	17.2	1.0	9.0	91.2	2.3	6.5
8	天安人寿	521	–11.1	1.8	7.5	86.7	0.1	13.2
9	光大永明	117	13.5	0.4	11.4	76.2	2.8	21.0
10	民生人寿	123	7.1	0.4	19.0	75.4	0.4	24.2
11	富德生命人寿	513	–28.5	1.7	13.2	73.0	1.4	25.6
12	国寿存续	6	–75.0	0	4292.2	92.2	0.6	7.2
13	平安养老	236	11.9	0.8	65.7	10.0	19.0	71.0
14	中融人寿	81	58.7	0.3	9.9	100	0	0
15	合众人寿	168	10.8	0.6	17.9	82.6	0.5	16.9
16	太平养老	50	3.3	0.2	49.4	5.6	15.0	79.4
17	人保健康	224	51.5	0.8	55.9	8.5	2.7	88.8
18	华夏人寿	1828	15.5	6.2	5.1	88.5	0.5	11.0
19	君康人寿	362	22.5	1.2	0.4	99.6	0	0.4
20	信泰	210	183.6	0.7	4.8	93.3	0.1	6.6
21	农银人寿	232	31.7	0.8	22.0	89.7	2.3	8.0
22	长城	81	30.7	0.3	10.9	79.8	0.4	19.8
23	昆仑健康	34	76.4	0.1	3.0	0	0.7	99.3
24	和谐健康	2	–34.5	0	118.0	0	14.2	85.8
25	人保寿险	981	4.7	3.3	18.1	77.6	1.9	20.5
26	国华	376	8.9	1.3	3.7	97.8	0	2.1
27	国寿养老	—	—	—	—	—	—	—
28	长江养老	—	—	—	—	—	—	—
29	英大人寿	97	79.4	0.3	6.9	84.5	6.2	9.3
30	泰康养老	90	31.6	0.3	17.0	15.9	5.4	78.7
31	幸福人寿	82	–10.0	0.3	31.8	83.3	2.8	13.8
32	阳光人寿	481	26.6	1.6	15.7	78.7	3.3	18.0

续表

序号	公司名称	保费收入及赔付率情况				业务结构		
		保费收入/亿元	保费增长率/%	市场份额/%	简单赔付率/%	寿险占比/%	意外险占比/%	健康险占比/%
33	百年人寿	456	18.4	1.5	6.6	87.8	0.3	11.9
34	中邮人寿	675	17.1	2.3	11.3	99.2	0.2	0.7
35	大家人寿	51	–74.2	0.2	477.5	97.4	0	2.6
36	利安人寿	131	18.4	0.4	6.2	95.2	1.4	3.3
37	前海人寿	765	54.5	2.6	1.4	99.4	0.1	0.5
38	华汇人寿	0	–39.1	0	2260.2	85.1	0	14.9
39	东吴人寿	36	89.0	0.1	19.9	64.1	1.1	34.8
40	珠江人寿	33	–20.9	0.1	13.1	94.7	1.1	4.2
41	弘康人寿	127	55.8	0.4	1.0	95.3	0	4.7
42	吉祥人寿	20	–28.1	0.1	13.7	74.0	4.5	21.5
43	大家养老	1	–63.3	0	112.3	100.0	0	0
44	渤海人寿	61	29.0	0.2	1.3	97.2	0	2.7
45	国联人寿	17	–9.4	0.1	4.2	93.3	1.9	4.7
46	太保安联健康	4	34.7	0	77.0	0	16.2	83.8
47	上海人寿	126	97.0	0.4	1.1	98.7	0.4	0.9
48	中华人寿	20	51.4	0.1	3.9	87.4	2.9	9.7
49	新华养老	—	—	—	—	—	—	—
50	三峡人寿	9	8204.8	0	0.4	93.7	1.4	4.9
51	横琴人寿	60	141.9	0.2	0.6	96.2	0.3	3.5
52	复星联合健康	18	248.0	0.1	12.3	0	7.1	92.9
53	信美人寿	20	273.3	0.1	2.6	97.7	0	2.3
54	华贵人寿	11	68.8	0	3.3	97.0	0.9	2.1
55	爱心人寿	8	154.3	0	6.7	85.4	0.5	14.0
56	和泰人寿	11	60.8	0	0.3	97.3	0.2	2.5
57	招商仁和	101	386.9	0.3	0.5	94.9	0.8	4.3
58	瑞华健康	0	2971.4	0	1.0	0	2.7	97.3
59	北京人寿	13	565.2	0	9.0	82.2	0.5	17.4

续表

序号	公司名称	保费收入及赔付率情况				业务结构		
		保费收入/亿元	保费增长率/%	市场份额/%	简单赔付率/%	寿险占比/%	意外险占比/%	健康险占比/%
60	人保养老	—	—	—	—	—	—	—
61	海保人寿	5	492.3	0	1.0	34.0	39.7	26.3
62	国富人寿	6	302.8	0	0.3	95.5	1.6	2.8
63	国宝人寿	9	614.8	0	0.6	95.1	0.3	4.7
中资小计		26824	11.1	90.5	19.5	77.0	2.2	20.8
64	中宏人寿	100	23.1	0.3	11.5	60.5	1.4	38.1
65	中德安联	57	15.9	0.2	8.5	83.2	0.8	16.0
66	工银安盛	527	56.5	1.8	21.1	93.0	0.3	6.7
67	中信保诚	213	38.7	0.7	6.7	72.6	1.7	25.8
68	交银康联	113	40.7	0.4	2.5	93.6	1.4	5.0
69	中意	146	4.5	0.5	28.8	71.8	2.4	25.7
70	友邦	331	26.8	1.1	14.0	42.8	3.2	53.9
71	北大方正人寿	29	37.0	0.1	10.9	71.6	2.1	26.2
72	中荷人寿	54	15.8	0.2	30.5	78.7	0.9	20.4
73	中英人寿	94	18.0	0.3	16.8	58.9	1.7	39.4
74	同方全球人寿	51	37.2	0.2	23.8	40.8	1.7	57.5
75	招商信诺	180	19.5	0.6	9.5	75.3	4.0	20.7
76	长生人寿	15	–35.9	0.1	12.3	65.9	1.4	32.7
77	恒安标准	39	18.1	0.1	15.1	64.4	4.0	31.7
78	瑞泰人寿	7	19.0	0	9.9	48.2	3.3	48.5
79	中法人寿	0	–56.4	0	5962.5	13.0	24.7	62.3
80	华泰人寿	62	16.2	0.2	13.4	72.0	1.3	26.6
81	陆家嘴国泰	27	15.4	0.1	10.6	72.9	3.4	23.8
82	中美联泰	144	23.9	0.5	12.3	72.9	6.3	20.9
83	平安健康	61	66.0	0.2	31.2	0.0	2.5	97.5
84	中银三星	53	85.1	0.2	5.2	86.0	6.1	7.8
85	恒大人寿	420	29.8	1.4	3.0	95.8	0.2	4.0

续表

序号	公司名称	保费收入及赔付率情况				业务结构		
		保费收入/亿元	保费增长率/%	市场份额/%	简单赔付率/%	寿险占比/%	意外险占比/%	健康险占比/%
86	新光海航	1	–4.6	0	90.9	82.4	0	17.6
87	汇丰人寿	18	28.1	0.1	5.7	99.5	0	0.5
88	君龙人寿	6	–7.6	0	27.4	80.5	1.5	18.0
89	复星保德信	41	222.6	0.1	1.3	92.1	0.2	7.7
90	中韩人寿	7	32.6	0	7.6	73.5	0.6	25.9
91	德华安顾	9	46.9	0	9.5	56.6	3.6	39.8
外资小计		2805	31.9	9.5	13.4	75.1	1.9	23.0
合计		29628	12.8	100.0	19.0	76.8	2.2	21.0

四、2020 年展望

在回顾中展望保险业，笔者穷尽了2019年的关键词。2020年，中国保险的关键词是什么？笔者认为我们已经有了答案：

（1）党的十九届四中全会、2019年中央经济工作会议关于保险的新要求。

（2）低利率环境下，寿险公司如何生存（日本进入低利率环境后，7家寿险公司和1家财险公司破产）？

（3）面临商业车险改革，产险公司如何生存（从全球来看，商业车险改革成功的经验几乎没有，改革注定是赢者通吃）？

（4）什么决定中国健康险的未来（面对健康险，保险公司有“资本”疯狂吗？投资资本为何如此“疯狂”）？

（5）养老问题的灰犀牛，作为第三支柱的商业养老保险能做什么？

（6）信贷风险的灰犀牛，保险如何助力金融体系安全？

（7）自然灾害的黑天鹅，面对巨灾保险能做什么？

（8）保险如何助力“人民的获得感、幸福感、安全感”？

（9）保险如何参与国家现代治理体系建设？

（10）保险如何助力构架国家安全网（安全是广义概念，包括自然灾害、养老、就业）？

2020年，中国保险的关键词是什么？我想我们已经有了答案：面对新冠肺炎疫情，保险业应该做什么？

意健险2019年经营数据回顾

一、总体概况

（一）保险收入

从产寿险公司来看，产险公司为13016.33亿元，同比增长10.72%；人身险公司为29628.42亿元，同比增长12.82%。人身险公司未计入合同核算的保户投资款和独立账户本年新增交费9086.94亿元，同比增长9.66%。

从产寿险业务来看，产险业务为11649.47亿元，同比增长8.17%；寿险业务为22754.14亿元，同比增长9.80%；健康险业务为7065.98亿元，同比增长29.70%；意外险业务为1175.16亿元，同比增长9.26%。

从意健险占比来看，全行业意健险保费为8241亿元，占比19.33%。其中产险公司意健险保费为1367亿元，占产险公司保费的10.50%；寿险公司意健险保费为6874亿元，占寿险公司保费的23.20%。

（二）赔款和给付支出

2019年1—12月，保险业赔款和给付支出为12894亿元，同比增长4.85%。

从产寿险公司来看，产险公司赔款和给付支出为7278.65亿元，同比增长12.76%；寿险公司赔款和给付支出为5615.05亿元，同比增长-3.89%。

从产寿险业务来看，财产险业务赔款为6501.62亿元，同比增长10.25%；寿险业务给付为3743.21亿元，同比下降14.70%；健康险业务赔款和给付为2351.48亿元，同比增长34.81%；意外险业务赔款为297.66亿元，同比增长11.19%。

从意健险占比来看，全行业意健险赔款支出为2649亿元，占比20.55%；产险公司意健险赔款支出为777亿元，占产险公司赔款支出的10.68%；寿险公司意健险赔款支出为1872亿元，占寿险公司赔款支出的33.34%。

2019年已经过去，面向2020年，我们必须清醒地知道，我们的步伐已经被打乱。

二、意外险数据

（一）总体情况

2019年1—12月，意外险实现保险保费收入为1175亿元，同比增长9.26%。对于2020年的数据，笔者基于历史数据进行了预测，预计实现保费收入1272亿元，同比增长8%左右，如图10-5所示。

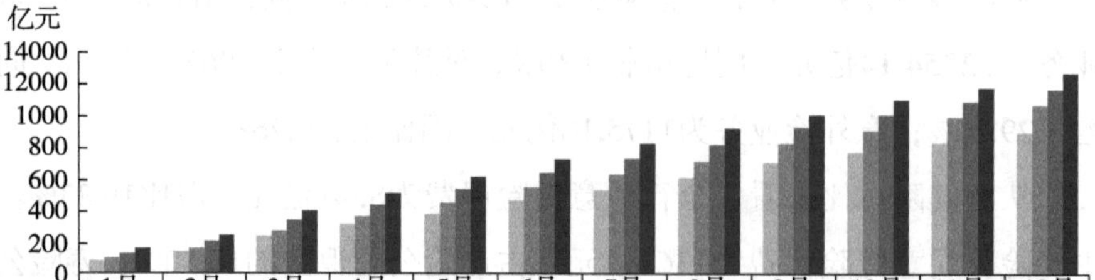

	1月	2月	3月	4月	5月	6月	7月	8月	9月	10月	11月	12月
2017年	77	130	233	306	378	462	530	606	703	770	835	901
2018年	95	155	269	358	444	547	628	715	831	915	995	1076
2019年	125	197	334	435	532	641	733	823	930	1015	1094	1175
2020年	156	241	397	506	613	726	831	923	1017	1105	1186	1272

图 10-5　2017—2019 年意外险保费收入及 2020 年预测

图10-6给出了2018年、2019年保费增长率和赔付支出增长率的对比情况，总体来看，保费增长率和赔付支出增长率变动基本一致，说明意外险的经营结果比较稳定，风险波动性较小。

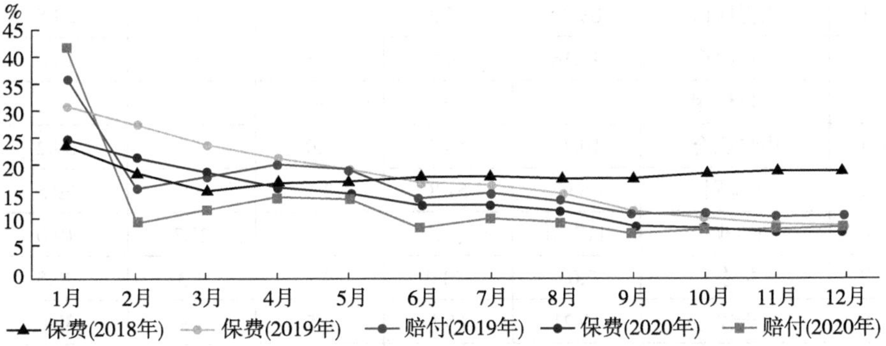

图 10-6　2019 年意外险保费和赔付增长率及 2020 年预测

图10-7给出了2017年、2018年、2019年意外险赔付率变动情况，可以看出，赔付率在20%~30%，波动率较小。

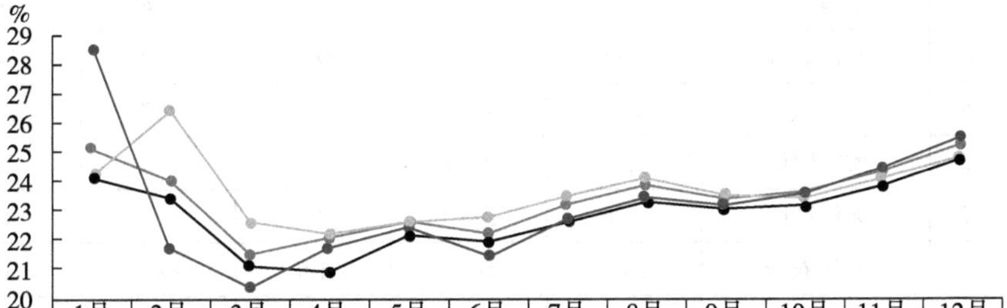

	1月	2月	3月	4月	5月	6月	7月	8月	9月	10月	11月	12月
2017年	24.2	23.5	21.1	20.9	22.2	22.0	22.7	23.3	23.1	23.2	23.9	24.8
2018年	24.3	26.5	22.6	22.2	22.6	22.8	23.5	24.1	23.5	23.5	24.1	24.9
2019年	25.2	24.1	21.6	22.1	22.6	22.2	23.2	23.9	23.4	23.7	24.4	25.3
2020年	28.6	21.8	20.4	21.8	22.5	21.5	22.7	23.5	23.2	23.7	24.5	25.5

图 10-7　2017—2019 年意外险赔付率走势及 2020 年预测

（二）产险公司

表10-5给出了2019年1—12月88家产险公司意外险保费收入、保费收入增长率、公司意外险保费占比、市场占有率及简单赔付率，88家产险公司中有79家经营了意外险。

表 10-5　2019 年各产险公司意外险经营情况

序号	公司名称	2019 年实际值				
		保费收入 / 亿元	同比增长 / %	公司占比 / %	市场份额 / %	简单赔付率 /%
1	人保股份	88.76	25.3	2.1	16.9	39.5
2	大地财产	28.16	19.8	5.8	5.3	19.8
3	出口信用	—	—	—	—	—
4	中华联合	19.44	14.7	4.0	3.7	39.2
5	太保财	46.97	51.8	3.6	8.9	29.5
6	平安财	117.50	39.5	4.3	22.3	19.0
7	华泰	7.07	–21.5	9.1	1.3	36.5
8	天安	10.21	16.5	6.5	1.9	32.0
9	华安	10.06	36.0	7.1	1.9	24.8
10	永安	15.96	2.9	13.6	3.0	16.2
11	太平保险	21.71	36.9	8.1	4.1	23.8
12	亚太产险	3.71	97.9	7.8	0.7	27.3
13	中银保险	7.50	3.2	11.4	1.4	16.4
14	安信农业	1.31	31.1	9.5	0.2	76.1
15	永诚	3.73	–3.7	5.9	0.7	32.0
16	大家财险	1.98	15.8	4.6	0.4	51.4
17	国任产险	3.70	198.1	7.7	0.7	8.8
18	安华农业	0.83	61.9	1.5	0.2	32.8
19	阳光财产	17.84	37.8	4.5	3.4	20.5
20	阳光农业	0.54	5.8	1.6	0.1	31.1
21	都邦	1.50	7.9	4.0	0.3	37.1
22	渤海	0.80	19.9	2.1	0.2	26.8
23	华农	1.43	–5.9	7.1	0.3	9.8
24	国寿财产	22.46	25.2	2.9	4.3	53.5
25	安诚	2.16	19.3	4.9	0.4	57.3
26	长安责任	0.12	–86.9	0.4	0	288.5
27	国元农业	0.61	–3.9	1.1	0.1	74.4
28	鼎和财产	3.16	23.1	6.4	0.6	42.3

续表

序号	公司名称	2019 年实际值				
		保费收入 / 亿元	同比增长 / %	公司占比 / %	市场份额 / %	简单赔付率 /%
29	中煤财产	0.74	–21.1	4.9	0.1	53.4
30	英大财产	2.06	28.8	2.4	0.4	47.8
31	浙商财产	0.66	–15.8	1.6	0.1	60.2
32	紫金财产	2.24	52.3	3.5	0.4	33.3
33	泰山产险	0.63	31.2	2.8	0.1	31.6
34	众诚保险	0.39	29.7	2.4	0.1	14.8
35	锦泰财产	0.67	55.4	3.1	0.1	19.5
36	诚泰财产	1.33	25.0	9.0	0.3	74.0
37	长江财产	0.26	8.8	3.8	0	47.7
38	富德财产	1.09	60.1	4.5	0.2	28.8
39	鑫安汽车	0.07	234.5	0.9	0	54.9
40	北部湾财产	2.66	20.7	8.6	0.5	48.7
41	中石油专属保险	—	—	—	—	—
42	众安财产	17.98	–18.3	12.3	3.4	30.3
43	恒邦财产	0.40	38.3	3.6	0.1	66.2
44	合众财产	—	—	—	—	—
45	燕赵财产	0.41	5.8	4.9	0.1	48.3
46	华海财产	0.71	82.9	3.4	0.1	28.3
47	中原农业	0.64	10.1	3.1	0.1	41.3
48	中路财产	0.56	36.4	6.2	0.1	42.7
49	铁路自保	2.39	–11.8	69.8	0.5	3.3
50	阳光信用	—	—	—	—	—
51	泰康在线	6.96	7.4	13.6	1.3	45.7
52	易安财产	8.45	52.7	81.1	1.6	3.8
53	东海航运	—	—	—	—	—
54	久隆财产	—	—	—	—	—
55	安心财产	1.03	–61.0	3.8	0.2	166.6
56	前海联合	9.21	136.1	49.9	1.7	3.3
57	珠峰产险	0.95	18.8	18.1	0.2	69.9

续表

序号	公司名称	2019 年实际值				
		保费收入 / 亿元	同比增长 / %	公司占比 / %	市场份额 / %	简单赔付率 /%
58	海峡金桥	0.54	57.6	12.0	0.1	40.1
59	建信财产	0.55	-4.9	10.1	0.1	2.7
60	众惠相互	2.64	8.9	35.7	0.5	0.7
61	太平科技	0.25	—	30.8	0	0
62	中远海自保	0.01	14.2	0.3	0	0.9
63	汇友互助	—	—	—	—	—
64	粤电自保	—	—	—	—	—
65	黄河产险	0.43	160.8	10.4	0.1	20.8
66	融盛产险	0.08	—	5.4	0	54.1
中资小计		506.24	26.1	4.0	96.1	28.8
67	史带财产	1.27	30.7	48.2	0.2	40.3
68	美亚	4.67	3.5	30.4	0.9	35.9
69	东京海上	0.09	6.4	1.5	0	16.3
70	瑞再企商	0.11	59.8	8.4	0	7.4
71	安达保险	0.27	33.4	4.4	0.1	50.3
72	三井住友	0.14	11.0	2.4	0	12.0
73	三星	0.45	-0.4	5.4	0.1	57.7
74	安联	5.48	61.5	23.3	1.0	38.8
75	日本财产	0.10	-21.9	2.6	0	25.5
76	利宝互助	0.99	5.2	4.4	0.2	26.9
77	中航安盟	0.37	44.5	1.7	0.1	35.0
78	安盛天平	2.52	35.4	4.0	0.5	23.4
79	苏黎世	0.02	-82.4	0.3	0	28.5
80	现代财产	0.10	60.8	8.9	0	74.1
81	劳合社	—	—	—	—	—
82	中意财产	0.85	-8.9	11.6	0.2	56.7
83	爱和谊	0.01	-7.8	1.3	0	14.2
84	国泰财产	2.58	235.3	5.3	0.5	61.0

续表

序号	公司名称	2019 年实际值				
		保费收入 / 亿元	同比增长 / %	公司占比 / %	市场份额 / %	简单赔付率 /%
85	日本兴亚	0.01	8.9	2.1	0	38.5
86	乐爱金	0.05	–23.2	3.1	0	104.4
87	富邦产险	0.26	–22.5	3.9	0	22.9
88	信利保险	—	—	—	—	—
外资小计		20.33	33.0	8.0	3.9	39.4
合计		526.57	26.4	4.0	100.0	29.2

从保费规模来看，产险公司意外险保费收入为527亿元，同比增长26.40%，高于行业平均值。79家产险公司的保费增长率波动较大，简单赔付率波动也比较大。

（三）寿险公司

表10–6给出了2019年1—12月91家寿险公司意外险保费收入、保费收入增长率、公司意外险保费占比、市场占有率及简单赔付率，91家产险公司中有84家经营了意外险。

表 10–6　2019 年各寿险公司意外险经营情况

序号	公司名称	2019 年实际值					业务结构分析	
		保费收入 / 亿元	同比增长 /%	公司占比 /%	市场份额 /%	简单赔付率 /%	一年期及以下占比 /%	一年期以上占比 /%
1	国寿股份	149.40	1.9	2.6	23.0	41.2	95.9	4.1
2	太保寿	54.99	–9.1	2.6	8.5	27.0	94.9	5.1
3	平安寿	184.03	3.4	3.7	28.4	7.1	18.6	81.4
4	新华	21.59	10.8	1.6	3.3	30.4	100.0	0
5	泰康	6.23	–6.8	0.5	1.0	19.4	38.2	61.8
6	太平人寿	25.15	13.9	1.8	3.9	11.2	37.8	62.2
7	建信人寿	6.72	5.8	2.3	1.0	17.3	100.0	0
8	天安人寿	0.55	–68.8	0.1	0.1	65.5	100.0	0

续表

序号	公司名称	2019年实际值					业务结构分析	
		保费收入/亿元	同比增长/%	公司占比/%	市场份额/%	简单赔付率/%	一年期及以下占比/%	一年期以上占比/%
9	光大永明	3.33	−23.6	2.8	0.5	14.6	100.0	0
10	民生人寿	0.52	18.7	0.4	0.1	207.0	55.9	44.1
11	富德生命人寿	6.94	6.2	1.4	1.1	16.2	100.0	0
12	国寿存续	0.04	−2.5	0.6	0	113.5	100.0	0
13	平安养老	44.89	−34.6	19.0	6.9	21.3	100.0	0
14	中融人寿	0.01	1.1	0	0	8.8	100.0	0
15	合众人寿	0.83	−31.7	0.5	0.1	21.4	100.0	0
16	太平养老	7.53	5.3	15.0	1.2	25.3	100.0	0
17	人保健康	5.95	−10.7	2.7	0.9	58.1	77.7	22.3
18	华夏人寿	9.50	20	0.5	1.5	17.2	98.6	1.4
19	君康人寿	0.01	86.1	0	0	28.3	100.0	0
20	信泰	0.17	57.9	0.1	0	28.3	100.0	0
21	农银人寿	5.40	9.4	2.3	0.8	8.2	100.0	0
22	长城	0.32	4.7	0.4	0.1	13.3	100.0	0
23	昆仑健康	0.25	−74.1	0.7	0	24.5	44.4	55.6
24	和谐健康	0.34	−28.0	14.2	0.1	139.8	99.3	0.7
25	人保寿险	18.41	−6.1	1.9	2.8	26.8	68.6	31.4
26	国华	0.16	−34.2	0	0	97.6	100.0	0
27	国寿养老	—	—	—	—	—	—	—
28	长江养老	—	—	—	—	—	—	—
29	英大人寿	6.01	0.7	6.2	0.9	34.6	100.0	0
30	泰康养老	4.86	−8.4	5.4	0.7	22.3	81.1	18.9
31	幸福人寿	2.32	6.7	2.8	0.4	21.1	94.9	5.1
32	阳光人寿	15.97	16.6	3.3	2.5	11.4	51.8	48.2
33	百年人寿	1.29	7.9	0.3	0.2	17.4	100.0	0
34	中邮人寿	1.22	20.6	0.2	0.2	71.1	100.0	0
35	大家人寿	0.01	−95.8	0	0	12497.5	100.0	0
36	利安人寿	1.89	25.4	1.4	0.3	23.3	100.0	0

续表

序号	公司名称	2019 年实际值					业务结构分析	
		保费收入 / 亿元	同比增长 /%	公司占比 /%	市场份额 /%	简单赔付率 /%	一年期及以下占比 /%	一年期以上占比 /%
37	前海人寿	0.81	–30.8	0.1	0.1	109.8	96.5	3.5
38	华汇人寿	—	—	—	—	—	—	—
39	东吴人寿	0.38	–6.6	1.1	0.1	30.7	59.8	40.2
40	珠江人寿	0.36	9.8	1.1	0.1	12.3	100.0	0
41	弘康人寿	0	–89.9	0	0	0	101.3	0
42	吉祥人寿	0.90	5.2	4.5	0.1	14.5	86.7	13.3
43	大家养老	0	–84.0	0	0	0	100.0	0
44	渤海人寿	0.02	–17.6	0	0	0	100.0	0
45	国联人寿	0.32	–5.2	1.9	0	69.0	100.0	0
46	太保安联健康	0.57	55.2	16.2	0.1	34.1	100.0	0
47	上海人寿	0.46	117.8	0.4	0.1	75.5	100.0	0
48	中华人寿	0.58	–25.4	2.9	0.1	1.9	100.0	0
49	新华养老	—	—	—	—	—	—	—
50	三峡人寿	0.13	348.2	1.4	0	18.6	100.0	0
51	横琴人寿	0.17	0.1	0.3	0	23.1	94.4	5.6
52	复星联合健康	1.28	288.4	7.1	0.2	17.9	98.9	1.1
53	信美人寿	0.01	–18.5	0	0	12.9	100.0	0
54	华贵人寿	0.09	–1.9	0.9	0	46.4	100.0	0
55	爱心人寿	0.04	27.3	0.5	0	17.7	88.6	11.4
56	和泰人寿	0.02	106.5	0.2	0	50.2	100.0	0
57	招商仁和	0.78	474.6	0.8	0.1	19.4	99.8	0.2
58	瑞华健康	0.01	275.8	2.7	0	0	100.0	0
59	北京人寿	0.06	446.7	0.5	0	21.0	100.0	0
60	人保养老	—	—	—	—	—	—	—
61	海保人寿	1.92	145.3	39.7	0.3	1.2	100.0	0.0
62	国富人寿	0.10	—	1.6	0	13.3	100.0	0
63	国宝人寿	0.02	329.6	0.3	0	0	100.0	0
中资小计		595.86	–2.0	2.2	91.9	23.1	67.3	32.7

续表

序号	公司名称	2019年实际值					业务结构分析	
		保费收入/亿元	同比增长/%	公司占比/%	市场份额/%	简单赔付率/%	一年期及以下占比/%	一年期以上占比/%
64	中宏人寿	1.42	2.7	1.4	0.2	20.3	86.0	14.0
65	中德安联	0.48	5.4	0.8	0.1	10.9	98.5	1.5
66	工银安盛	1.72	15.0	0.3	0.3	12.4	97.7	2.3
67	中信保诚	3.57	1.4	1.7	0.6	18.2	94.0	6.0
68	交银康联	1.63	−14.6	1.4	0.3	11.5	91.4	8.6
69	中意	3.57	9.3	2.4	0.6	15.3	83.6	16.4
70	友邦	10.70	17.5	3.2	1.7	5.0	43.2	56.8
71	北大方正人寿	0.61	16.3	2.1	0.1	16.5	92.6	7.4
72	中荷人寿	0.50	0.6	0.9	0.1	20.6	100.0	0
73	中英人寿	1.62	−10.8	1.7	0.3	17.2	43.5	56.5
74	同方全球人寿	0.86	−4.1	1.7	0.1	17.8	74.7	25.3
75	招商信诺	7.26	−5.3	4.0	1.1	7.6	16.7	83.3
76	长生人寿	0.20	−45.3	1.4	0	22.9	77.7	22.3
77	恒安标准	1.53	7.9	4.0	0.2	5.4	99.7	0.3
78	瑞泰人寿	0.22	−37.9	3.3	0	30.2	99.9	0.1
79	中法人寿	0	−63.0	24.7	0	0	100.0	0
80	华泰人寿	0.83	−15.2	1.3	0.1	18.5	77.5	22.5
81	陆家嘴国泰	0.90	3.4	3.4	0.1	43.3	97.6	2.4
82	中美联泰	9.01	10.1	6.3	1.4	8.7	44.6	55.4
83	平安健康	1.52	108.5	2.5	0.2	15.0	100.0	0
84	中银三星	3.25	5.8	6.1	0.5	1.6	96.9	3.1
85	恒大人寿	0.80	−45.7	0.2	0.1	90.6	94.1	5.9
86	新光海航	—	—	0	—	—	100.0	0
87	汇丰人寿	—	—	0	—	—	—	—
88	君龙人寿	0.09	−73.4	1.5	0	72.9	83.3	16.7
89	复星保德信	0.09	205.5	0.2	0	63.0	100.0	0
90	中韩人寿	0.04	−24.7	0.6	0	45.8	100.0	0
91	德华安顾	0.31	−11.0	3.6	0	67.5	100.0	0

续表

序号	公司名称	2019 年实际值					业务结构分析	
		保费收入 / 亿元	同比增长 /%	公司占比 /%	市场份额 /%	简单赔付率 /%	一年期及以下占比 /%	一年期以上占比 /%
外资小计		52.73	3.9	1.9	8.1	12.4	62.3	37.7
合计		648.60	−1.6	2.2	100.0	22.2	66.9	33.1

从保费规模来看，寿险公司意外险保费收入为649亿元，同比增长-1.57%，低于行业平均值。84家寿险公司的保费增长率波动较大，简单赔付率波动也比较大。

三、健康险数据

（一）总体情况

2019年1—12月，健康险实现保险保费收入7066亿元，同比增长29.70%。

对于2020年的数据，我们基于历史数据进行了预测，预计实现保费收入9094亿元，同比增长28.5%，如图10-8所示。

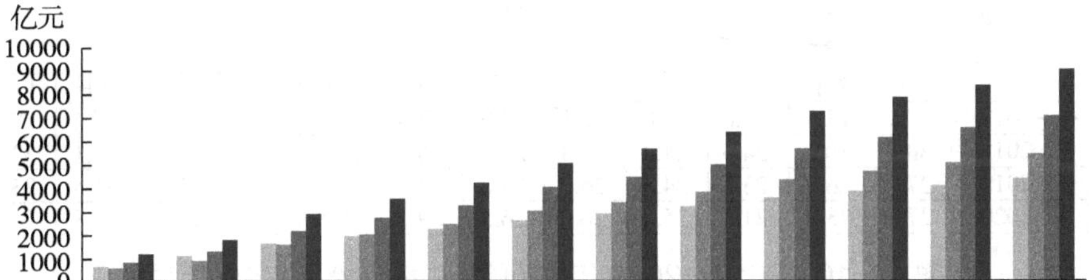

	1月	2月	3月	4月	5月	6月	7月	8月	9月	10月	11月	12月
2017年	641	1070	1600	1914	2240	2616	2886	3195	3583	3842	4106	4389
2018年	532	875	1562	2029	2449	3019	3390	3796	4337	4714	5059	5448
2019年	798	1263	2172	2732	3265	3976	4444	4991	5677	6141	6564	7066
2020年	1147	1747	2901	3541	4205	5078	5670	6411	7290	7877	8420	9094

图 10-8　2019 年健康险保费收入及 2020 年预测

图10-9给出了2018年、2019年保费增长率和赔付支出增长率的对比情况，总体来看，保费增长率低于赔付支出增长率，这说明健康险的经营状况有恶化的趋势，或者是经营的产品类型发生了变化。

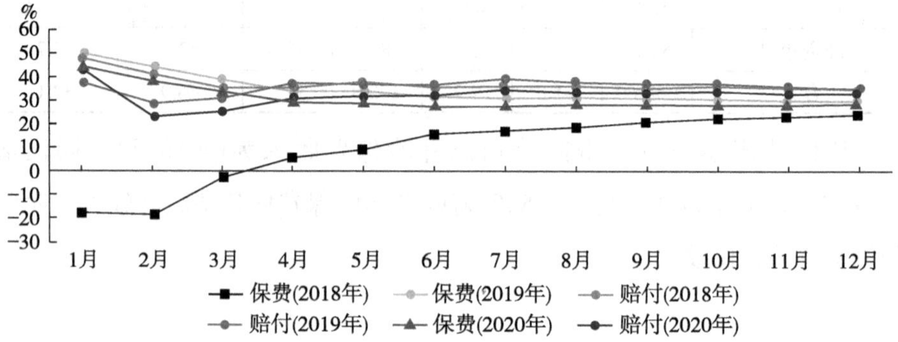

图 10-9　2018—2019 年健康险保费和赔付增长率及 2020 年预测

图10-10给出了2017年、2018年、2019年健康险赔付率变动情况，可以看出，赔付率为15%~35%，波动较大。

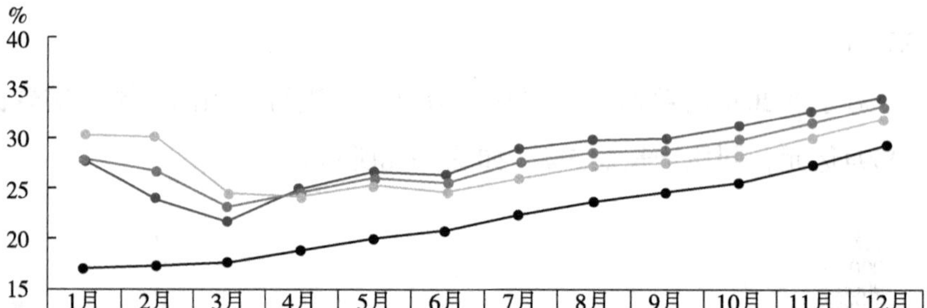

	1月	2月	3月	4月	5月	6月	7月	8月	9月	10月	11月	12月
2017年	17.1	17.5	17.8	19.0	20.1	20.9	22.5	23.9	24.7	25.6	27.4	29.5
2018年	30.4	30.1	24.6	24.3	25.3	24.7	26.1	27.4	27.6	28.4	30.1	32.0
2019年	27.9	26.9	23.2	24.8	26.0	25.6	27.7	28.6	28.8	29.9	31.5	33.3
2020年	27.8	23.9	21.8	25.0	26.6	26.5	29.2	29.8	30.0	31.3	32.8	34.3

图 10-10　2017—2019 年健康险赔付率走势及 2020 年预测

（二）产险公司

表10-7给出了2019年1—12月88家产险公司健康险保费收入、保费收入增长率、公司健康险保费占比、市场占有率及简单赔付率情况，88家产险公司中有69家经营了健康险。

表 10-7　2019 年各产险公司健康险经营情况

序号	公司名称	2019 年实际值				
		保费收入 / 亿元	同比增长 / %	公司占比 / %	市场份额 / %	简单赔付率 /%
1	人保股份	486.76	46.0	11.3	57.9	85.5
2	大地财产	36.58	40.9	7.6	4.4	69.7
3	出口信用	—	—	—	—	—
4	中华联合	40.51	58.9	8.3	4.8	81.3
5	太保财	51.46	71.3	3.9	6.1	57.0
6	平安财	11.62	11.3	0.4	1.4	92.2
7	华泰	3.89	6.7	5.0	0.5	37.7
8	天安	4.84	2.2	3.1	0.6	56.4
9	华安	2.12	18.8	1.5	0.3	14.7
10	永安	3.14	–5.4	2.7	0.4	81.4
11	太平保险	17.19	550.0	6.4	2.0	14.7
12	亚太产险	1.03	59.3	2.2	0.1	73.4
13	中银保险	11.51	29.1	17.5	1.4	91.6
14	安信农业	0.06	2.9	0.4	0	108.3
15	永诚	2.44	44.4	3.9	0.3	70.9
16	大家财险	0.03	–32.3	0.1	0	81.8
17	国任产险	0.31	–28.5	0.7	0	50.0
18	安华农业	0.15	14.6	0.3	0	84.2
19	阳光财产	9.00	40.8	2.3	1.1	36.3
20	阳光农业	0.11	5.7	0.3	0	168.0
21	都邦	0.56	–2.8	1.5	0.1	60.7
22	渤海	0.46	–3.3	1.2	0.1	122.5
23	华农	0.07	37.0	0.3	0	112.0
24	国寿财产	5.42	54.5	0.7	0.6	42.8
25	安诚	5.30	20.2	12.0	0.6	104.6
26	长安责任	0.56	–26.1	2.0	0.1	451.6
27	国元农业	20.11	–4.7	35.6	2.4	110.5
28	鼎和财产	1.05	17.3	2.1	0.1	70.6

续表

序号	公司名称	2019 年实际值				
		保费收入 / 亿元	同比增长 / %	公司占比 / %	市场份额 / %	简单赔付率 /%
29	中煤财产	0.26	192.0	1.7	0	18.5
30	英大财产	0	44.6	0	0	282.1
31	浙商财产	0.40	5.4	1.0	0	78.7
32	紫金财产	1.40	32.9	2.2	0.2	60.3
33	泰山产险	0.19	8.7	0.8	0	80.8
34	众诚保险	0.71	6.6	4.3	0.1	135.6
35	锦泰财产	2.75	23.2	12.6	0.3	78.9
36	诚泰财产	0.27	27.7	1.8	0	110.2
37	长江财产	0.07	–2.0	1.1	0	32.7
38	富德财产	0.12	19.3	0.5	0	49.3
39	鑫安汽车	0.02	274.0	0.2	0	54.6
40	北部湾财产	0.33	–49.2	1.1	0	117.5
41	中石油专属保险	—	—	—	—	—
42	众安财产	46.40	99.5	31.7	5.5	22.7
43	恒邦财产	0.31	29.7	2.8	0	3.1
44	合众财产	—	—	—	—	—
45	燕赵财产	0.38	3.4	4.6	0	97.4
46	华海财产	0.22	–61.2	1.0	0	177.3
47	中原农业	2.28	11.1	11.2	0.3	115.1
48	中路财产	0.74	28.3	8.2	0.1	101.3
49	铁路自保	—	—	—	—	—
50	阳光信用	—	—	—	—	—
51	泰康在线	28.68	67.3	55.9	3.4	36.9
52	易安财产	0.51	–91.5	4.9	0.1	1215.0
53	东海航运	—	—	—	—	—
54	久隆财产	—	—	—	—	—
55	安心财产	22.63	279.4	83.2	2.7	11.9
56	前海联合	0.04	118.2	0.2	0	9.4

续表

序号	公司名称	2019 年实际值				
		保费收入 / 亿元	同比增长 / %	公司占比 / %	市场份额 / %	简单赔付率 /%
57	珠峰产险	0.41	–28.9	7.9	0	111.7
58	海峡金桥	0.36	–0.3	8.1	0	83.9
59	建信财产	2.54	99.9	46.3	0.3	0.9
60	众惠相互	3.91	414.6	52.8	0.5	10.3
61	太平科技	—	—	—	—	—
62	中远海自保	—	—	—	—	—
63	汇友互助	—	—	—	—	—
64	粤电自保	—	—	—	—	—
65	黄河产险	0.15	389.5	3.6	0	48.8
66	融盛产险	0	0	0.1	0	53.8
中资小计		832.35	49.6	6.5	99.1	74.0
67	史带财产	—	—	—	—	—
68	美亚	0.82	53.2	5.3	0.1	45.3
69	东京海上	0.06	142.0	1.0	0	46.5
70	瑞再企商	—	—	—	—	—
71	安达保险	0.10	65.6	1.6	0	25.8
72	三井住友	—	—	—	—	—
73	三星	—	—	—	—	—
74	安联	1.28	40.6	5.4	0.2	66.2
75	日本财产	0.19	15.5	4.6	0	85.4
76	利宝互助	0.11	23.7	0.5	0	65.9
77	中航安盟	0.85	28.3	3.9	0.1	81.3
78	安盛天平	1.81	22.9	2.9	0.2	59.4
79	苏黎世	0	–54.2	0.1	0	1029.2
80	现代财产	0.01	15.4	1.0	0	0
81	劳合社	—	—	—	—	—
82	中意财产	—	—	—	—	—
83	爱和谊	—	—	—	—	—

续表

序号	公司名称	2019年实际值				
		保费收入/亿元	同比增长/%	公司占比/%	市场份额/%	简单赔付率/%
84	国泰财产	2.50	–70.7	5.2	0.3	147.4
85	日本兴亚	0	0.8	0	0	0
86	乐爱金	0.03	22.4	2.0	0	58.2
87	富邦产险	0.17	104.7	2.6	0	30.6
88	信利保险	—	—	—	—	—
外资小计		7.94	–36.8	3.1	0.9	89.3
合计		840.29	47.7	6.5	100.0	74.2

从保费规模来看，产险公司健康险保费收入为840亿元，同比增长47.68%，高于行业平均值。69家产险公司的保费增长率波动较大，简单赔付率波动也较大。

（三）寿险公司

表10–8给出了2019年1—12月91家寿险公司健康险保费收入、保费收入增长率、公司健康险保费占比、市场占有率及简单赔付率情况，91家产险公司中有87家经营了健康险。

表10–8　2019年各寿险公司健康险经营情况

序号	公司名称	2019年实际值					业务结构分析	
		保费收入/亿元	同比增长/%	公司占比/%	市场份额/%	简单赔付率/%	短期占比/%	长期占比/%
1	国寿股份	1068.83	27.2	18.8	17.2	44.6	52.9	47.1
2	太保寿	561.66	34.6	26.4	9.0	25.8	21.2	78.8
3	平安寿	1206.28	16.8	24.4	19.4	21.7	3.2	96.8
4	新华	534.39	23.6	38.7	8.6	13.8	8.7	91.3
5	泰康	302.94	34.8	23.2	4.9	20.8	23.2	76.8
6	太平人寿	392.48	31.8	27.9	6.3	18.5	20.7	79.3
7	建信人寿	19.00	65.6	6.5	0.3	44.3	58.1	41.9
8	天安人寿	68.89	29.8	13.2	1.1	13.2	0.5	99.5

续表

序号	公司名称	2019 年实际值					业务结构分析	
		保费收入 / 亿元	同比增长 /%	公司占比 /%	市场份额 /%	简单赔付率 /%	短期占比 /%	长期占比 /%
9	光大永明	24.63	56.0	21.0	0.4	36.1	35.9	64.1
10	民生人寿	29.84	9.8	24.2	0.5	16.2	5.9	94.1
11	富德生命人寿	131.56	34.8	25.6	2.1	13.3	12.5	87.5
12	国寿存续	0.44	−94.1	7.2	0	2047.2	81.1	18.9
13	平安养老	167.61	18.4	71.0	2.7	82.6	99.0	1.0
14	中融人寿	0.01	−11.7	0	0	82.0	95.5	4.5
15	合众人寿	28.28	10	16.9	0.5	18.1	15.5	84.5
16	太平养老	39.90	1.7	79.4	0.6	55.7	55.7	44.3
17	人保健康	199.12	50.1	88.8	3.2	59.3	57.3	42.7
18	华夏人寿	201.42	33.8	11.0	3.2	15.9	16.9	83.1
19	君康人寿	1.53	91.3	0.4	0	9.7	3.4	96.6
20	信泰	13.90	79.8	6.6	0.2	7.0	4.6	95.4
21	农银人寿	18.48	28.1	8.0	0.3	15.5	10.5	89.5
22	长城	16.04	42.6	19.8	0.3	11.6	5.7	94.3
23	昆仑健康	33.55	84.4	99.3	0.5	2.8	1.7	98.3
24	和谐健康	2.06	−35.5	85.8	0	114.4	−4.0	104.0
25	人保寿险	201.11	27.6	20.5	3.2	27.2	12.7	87.3
26	国华	7.92	42.1	2.1	0.1	12.5	2.8	97.2
27	国寿养老	—	—	—	—	—	—	—
28	长江养老	—	—	—	—	—	—	—
29	英大人寿	9.01	32.4	9.3	0.1	14.9	26.9	73.1
30	泰康养老	71.01	34.3	78.7	1.1	18.4	15.0	85.0
31	幸福人寿	11.42	13.8	13.8	0.2	26.1	23.1	76.9
32	阳光人寿	86.39	30.7	18.0	1.4	23.9	15.8	84.2
33	百年人寿	54.33	87.9	11.9	0.9	9.8	9.8	90.2
34	中邮人寿	4.48	32.9	0.7	0.1	70.5	60.6	39.4
35	大家人寿	1.33	−16.7	2.6	0	21.8	7.0	93.0
36	利安人寿	4.38	17.6	3.3	0.1	36.5	52.3	47.7

续表

序号	公司名称	2019年实际值					业务结构分析	
		保费收入/亿元	同比增长/%	公司占比/%	市场份额/%	简单赔付率/%	短期占比/%	长期占比/%
37	前海人寿	3.63	–5.8	0.5	0.1	29.2	26.4	73.6
38	华汇人寿	0.02	–7.4	14.9	0	34.3	0	100
39	东吴人寿	12.48	5.5	34.8	0.2	50.9	47.1	52.9
40	珠江人寿	1.40	35.1	4.2	0	42.8	42.1	57.9
41	弘康人寿	5.98	38.6	4.7	0.1	9.3	0.3	99.7
42	吉祥人寿	4.32	26.1	21.5	0.1	21.3	23.4	76.6
43	大家养老	0	–42.0	0	0	0	100.0	0
44	渤海人寿	1.68	113.5	2.7	0	36.4	29.7	70.3
45	国联人寿	0.78	40.9	4.7	0	25.4	20.8	79.2
46	太保安联健康	2.97	31.3	83.8	0	85.3	98.3	1.7
47	上海人寿	1.18	147.3	0.9	0	51.4	46.6	53.4
48	中华人寿	1.96	–22.8	9.7	0	33.0	21.6	78.4
49	新华养老	—	—	—	—	—	—	—
50	三峡人寿	0.45	—	4.9	0	3.4	12.3	87.7
51	横琴人寿	2.11	75.8	3.5	0	10.9	13.1	86.9
52	复星联合健康	16.82	245.3	92.9	0.3	11.9	16.6	83.4
53	信美人寿	0.46	–53.7	2.3	0	106.1	62.0	38.0
54	华贵人寿	0.23	168.9	2.1	0	74.0	100	0
55	爱心人寿	1.08	121.7	14.0	0	45.4	61.3	38.7
56	和泰人寿	0.27	—	2.5	0	2.9	6.6	93.4
57	招商仁和	4.32	178.3	4.3	0.1	6.9	11.1	88.9
58	瑞华健康	0.22	—	97.3	0	1.0	15.5	84.5
59	北京人寿	2.20	108.8	17.4	0	49.7	86.6	13.4
60	人保养老	—	—	—	—	—	—	—
61	海保人寿	1.27	—	26.3	0	2.0	0.1	99.9
62	国富人寿	0.17	—	2.8	0	3.5	24.0	76.0
63	国宝人寿	0.43	138.2	4.7	0	12.2	24.8	75.2
中资小计		5580.63	27.4	20.8	89.6	28.6	24.9	75.1

续表

序号	公司名称	2019 年实际值					业务结构分析	
		保费收入 / 亿元	同比增长 /%	公司占比 /%	市场份额 /%	简单赔付率 /%	短期占比 /%	长期占比 /%
64	中宏人寿	37.98	26.9	38.1	0.6	12.6	3.6	96.4
65	中德安联	9.15	20	16.0	0.1	25.1	20.7	79.3
66	工银安盛	35.16	31.0	6.7	0.6	28.1	26.6	73.4
67	中信保诚	54.99	18.8	25.8	0.9	17.3	16.5	83.5
68	交银康联	5.61	23.0	5.0	0.1	19.9	17.8	82.2
69	中意	37.71	34.7	25.7	0.6	52.7	54.7	45.3
70	友邦	178.69	31.0	53.9	2.9	11.6	15.9	84.1
71	北大方正人寿	7.51	34.1	26.2	0.1	23.7	27.3	72.7
72	中荷人寿	11.08	26.7	20.4	0.2	15.8	1.4	98.6
73	中英人寿	36.99	20.6	39.4	0.6	17.6	12.2	87.8
74	同方全球人寿	29.05	21.7	57.5	0.5	16.7	10.7	89.3
75	招商信诺	37.20	8.6	20.7	0.6	27.8	23.4	76.6
76	长生人寿	4.86	86.2	32.7	0.1	24.8	22.7	77.3
77	恒安标准	12.26	17.0	31.7	0.2	19.1	13.1	86.9
78	瑞泰人寿	3.24	60.7	48.5	0.1	16.5	15.0	85.0
79	中法人寿	0	–54.3	62.3	0	0	100.0	0
80	华泰人寿	16.46	17.5	26.6	0.3	12.3	13.6	86.4
81	陆家嘴国泰	6.37	21.3	23.8	0.1	26.7	24.8	75.2
82	中美联泰	30.01	34.8	20.9	0.5	16.5	16.3	83.7
83	平安健康	59.95	65.1	97.5	1.0	31.6	87.3	12.7
84	中银三星	4.15	25.6	7.8	0.1	22.9	21.4	78.6
85	恒大人寿	16.80	45.5	4.0	0.3	15.3	3.9	96.1
86	新光海航	0.16	4.8	17.6	0	33.3	0	100.0
87	汇丰人寿	0.10	–2.4	0.5	0	27.1	–0.1	100.1
88	君龙人寿	1.01	–1.6	18.0	0	23.8	6.3	93.7
89	复星保德信	3.12	91.3	7.7	0.1	9.3	4.6	95.4
90	中韩人寿	1.94	18.0	25.9	0	12.0	4.3	95.7

续表

序号	公司名称	2019年实际值					业务结构分析	
		保费收入/亿元	同比增长/%	公司占比/%	市场份额/%	简单赔付率/%	短期占比/%	长期占比/%
91	德华安顾	3.51	31.4	39.8	0.1	12.4	18.3	81.7
外资小计		645.05	29.6	23.0	10.4	20.2	24.4	75.6
合计		6225.68	27.6	21.0	100	27.8	24.9	75.1

从保费规模来看，寿险公司健康险保费收入为6226亿元，同比增长27.60%，低于行业平均值。84家寿险公司的保费增长率波动较大，但简单赔付率波动较小。

四、2020年展望

我们现在已经在2020年，站在这个特殊时点回顾2019年的数据，更多的是为了预测2020年。

图10-11给出了2017年、2018年、2019年每个月的意健险保费收入情况，基于此预计2020年同比增长25%左右。

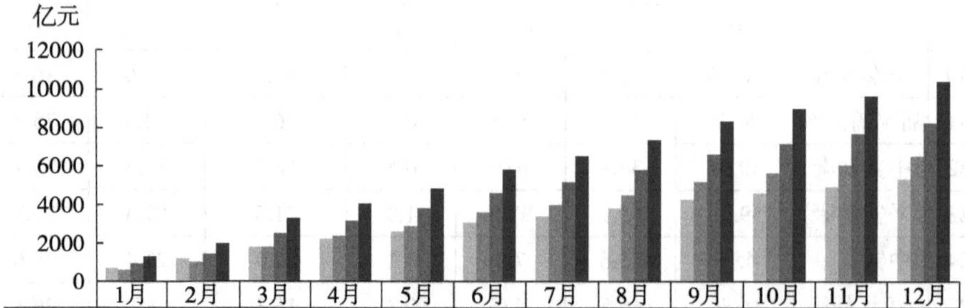

	1月	2月	3月	4月	5月	6月	7月	8月	9月	10月	11月	12月
2017年	718	1200	1832	2220	2618	3078	3417	3801	4286	4612	4940	5291
2018年	628	1030	1831	2387	2893	3566	4018	4511	5168	5629	6054	6521
2019年	923	1460	2506	3166	3797	4617	5177	5814	6607	7156	7659	8241
2020年	1304	1988	3298	4047	4818	5804	6501	7334	8308	8982	9606	10366

图10-11 2017—2019年意健险保费收入及2020年预测

表10-9给出了2019年意健险市场情况，产险、寿险公司的保费收入分布、增长率情况，总体来看，产险公司略胜一筹，但也发现“略胜一筹”背后隐藏着风险。

表 10-9　2019 年意健险保费收入情况

险种	保费收入			保费收入占比			保费收入增长率		
	行业 / 亿元	产险 / 亿元	寿险 / 亿元	行业 / %	产险 / %	寿险 / %	行业 / %	产险 / %	寿险 / %
意外险	1175	527	649	14.3	44.8	55.2	9.3	26.4	-1.6
健康险	7066	840	6226	85.7	11.9	88.1	29.7	47.7	27.6
意健险	8241	1367	6874	100	16.6	83.4	26.3	38.7	23.8

回顾中展望保险业，笔者穷尽了2019年的关键词。2020年，中国保险的关键词是什么？笔者认为我们已经有了答案：面对新冠肺炎疫情，保险业应该做什么？

参考文献

一、参考的相关书籍

[1] 陈辉. 金融科技：框架与实践[M]. 北京：中国经济出版社，2018.

[2] 陈辉. 监管科技：框架与实践[M]. 北京：中国经济出版社，2019.

[3] 陈辉. 相互保险：开启保险新方式[M]. 北京：中国经济出版社，2017.

[4] 陈辉. 相互保险：定义保险新方式[M]. 北京：中国经济出版社，2018.

[5] 陈辉. 相互保险：创新保险新方式[M]. 北京：中国经济出版社，2018.

[6] 陈辉. 相互保险：开创保险新未来[M]. 北京：中国经济出版社，2019.

[7] 陈辉. 相互保险：理论与实务教程[M]. 北京：中国经济出版社，2019.

[8] 陈辉. 小数据之美：精准捕捉未来的商业小趋势[M]. 北京：中信出版社，2019.

[9] 陈辉. 股票连接保险的定价、准备金评估和风险对冲研究[M]. 北京：中国财政经济出版社，2011.

[10] 张宁，陈辉，赵亮. 中国金融科技创新发展指数报告（2018）[M].

北京：财经科学出版社，2019.

［11］寇业富，张宁，陈辉，等. 中国保险公司竞争力评价研究报告（2011）[M]. 北京：中国文史出版社，2011.

［12］寇业富，陈辉，张宁，等. 中国保险公司竞争力评价研究报告（2012）[M]. 北京：中国文史出版社，2012.

［13］寇业富，陈辉，张宁，等. 中国保险公司竞争力评价研究报告（2013）[M]. 北京：中国财政经济出版社，2013.

［14］寇业富，陈辉，张宁，等. 中国保险公司竞争力评价研究报告（2014）[M]. 北京：中国财政经济出版社，2014.

［15］寇业富，陈辉，张宁，等. 中国保险公司竞争力评价研究报告（2015）[M]. 北京：中国财政经济出版社，2015.

［16］寇业富，陈辉，张宁，等. 中国保险公司竞争力评价研究报告（2016）[M]. 北京：中国财政经济出版社，2016.

［17］寇业富，陈辉，张宁，等. 中国保险公司竞争力评价研究报告（2017）[M]. 北京：中国财政经济出版社，2017.

［18］寇业富，陈辉，张宁，等. 中国保险公司竞争力评价研究报告（2018）[M]. 北京：中国财政经济出版社，2018.

［19］寇业富，陈辉，张宁，等. 中国保险公司竞争力评价研究报告（2019）[M]. 北京：中国经济出版社，2019.

［20］寇业富，陈辉，张宁，等. 中国保险市场发展分析蓝皮书（2016）[M]. 北京：中国经济出版社，2016.

［21］寇业富，陈辉，张宁，等. 中国保险市场发展分析蓝皮书（2017）[M]. 北京：中国经济出版社，2017.

［22］寇业富，陈辉，周桦. 中国保险市场发展分析蓝皮书（2018）[M]. 北京：中国财政经济出版社，2018.

［23］寇业富，陈辉，周桦. 中国保险市场发展分析蓝皮书（2019）[M].

北京：中国财政经济出版社，2019.

［24］张宁，林锦添，陈辉.每个人都可以成为精算师——新非寿险精算实务[M].北京：财经科学出版社，2020.

［25］陈辉，李晓林.寿险公司价值评估研究[M].北京：中国财政经济出版社，2017.

［26］奚玉莉，杨芮，陈辉，等.互联网保险新模式[M].北京：中信出版集团，2016.

［27］陈辉，参编.人身保险产品研究——机理、发展与监管[M].北京：中国财政经济出版社，2010.

［28］保险学词典[M].李晓林，寇业富，陈辉，等，译.上海：上海财经大学出版社，2010.

二、参考的其他相关资料

［1］小城不小公众号，Small Is The New Big。

［2］央财国际研究院网站，http：//www.yangcai.org。

［3］中国精算科技实验室数据库，http：//www.ciaslab.com。

［4］中国人民银行网站，http：//www.pbc.gov.cn。

［5］中国银行保险监管管理委员会网站，http：//www.cbrc.gov.cn。

［6］中国保险行业协会网站，http：//www.iachina.cn。

［7］国家统计局网站，http：//www.stats.gov.cn。

［8］国家数据网站，http：//www. data.stats.gov.cn。

［9］百度百科网站，http：//baike.baidu.com。

［10］维基百科网站，http：//zh.wikipedia.org。

［11］国际研究数据库，http：//www.lexis.com。

［12］百度、谷歌等网站以及微信公众号发表的一些文献，不再详述。